墨香财经学术文库

"十二五"辽宁省重点图书出版规划项目

U0674518

Research on the Fiscal and Taxation Policies

to Promote the Rational Use of Natural Resources

中国促进自然资源合理利用财税政策研究

李媛媛 ◎ 著

东北财经大学出版社
Dongbei University of Finance & Economics Press

大连

图书在版编目（CIP）数据

中国促进自然资源合理利用财税政策研究 / 李媛媛著. —大连 ： 东北财经大学出版社，2019.5
（墨香财经学术文库）
ISBN 978-7-5654-3499-0

Ⅰ．中⋯　Ⅱ．李⋯　Ⅲ．①自然资源-资源利用-财政政策-研究-中国 ②自然资源-资源利用-税收政策-研究-中国　Ⅳ．①F124.5 ②F812

中国版本图书馆CIP数据核字（2019）第067368号

东北财经大学出版社出版发行

　　大连市黑石礁尖山街217号　邮政编码　116025
　　网　　　址：http：//www.dufep.cn
　　读者信箱：dufep @ dufe.edu.cn
大连永盛印业有限公司印刷

幅面尺寸：170mm×240mm　字数：250千字　印张：12.75　插页：1
2019年5月第1版　　　　　　2019年5月第1次印刷
责任编辑：孙晓梅　吴　奂　　责任校对：吴　非
封面设计：冀贵收　　　　　　版式设计：钟福建
定价：36.00元

教学支持　售后服务　　联系电话：（0411）84710309
版权所有　侵权必究　　举报电话：（0411）84710523
如有印装质量问题，请联系营销部：（0411）84710711

前言

　　自然资源是人类社会赖以生存和发展的重要物质基础，如何合理地配置和利用有限的资源是人类社会永恒的主题。中国作为世界上人口最多、面积最大的发展中国家，正面临着资源约束趋紧、生态环境恶化的严峻形势。虽然我国合理利用自然资源工作已取得明显成效，但与国际先进水平相比仍存在很大差距。我国现阶段的基本国情、资源禀赋和经济发展特征，决定了必须要全面提高资源利用水平。

　　党的十八大报告指出，要坚持节约资源和保护环境的基本国策，同时明确了全面促进资源节约的主要方向、基本领域和重点工作。《中共中央关于制定国民经济和社会发展第十三个五年规划的建议》作出全面节约和高效利用资源的战略部署，这是我国今后五年甚至更长时期内资源利用工作应遵循的基本准则，也是破解我国资源、经济、社会和环境发展难题的关键。

　　由于存在"市场失灵"，无法单纯依靠市场机制的力量实现全面节约和高效利用资源，因而政府必须介入节约资源活动。财税政策作为政府宏观调控经济的重要手段，具有优化资源配置、调节收入分配和稳定经济发展等重要作用，在实现我国经济社会协调可持续发展中处于不可替代的重要地位，因此，充分发挥财税政策在资源节约活动中的作用，保证全面节约和高效利用资源工作顺利实施，对于实现经济发展、资源有效利用及环境保护的有机统一具有重要的现实意义。

本书以促进自然资源合理利用财税政策研究为主线，主要研究内容如下：

首先，在合理界定自然资源合理利用、财税政策等相关概念的基础上，详细阐述了征税、税收优惠、政府投资、财政补贴、政府采购等财税政策工具的作用机理，为本书促进自然资源合理利用财税政策的研究奠定坚实的理论基础。

其次，从财政支出工具和税费政策两个角度将我国现有与自然资源合理利用相关的财税政策进行全面系统梳理，着重分析资源税费、政府投资、财政补贴、政府绿色采购政策，并对财税政策总体实施情况加以总结。

再次，对中国促进自然资源合理利用财税政策效果进行实证分析，从资源效益、经济效益、社会效益和环境效益等四个方面构建合理利用自然资源财税政策效果评价指标体系，采用熵值法构建评价模型，并运用该模型对我国 29 个省、自治区、直辖市 2012—2016 年间促进自然资源合理利用财税政策效果进行实证分析。研究结果表明，财税政策在一定程度上促进了我国自然资源的合理利用，但地区间财税政策实施效果的差距仍然很大。

在对上述政策实施现状和效果进行实证分析的基础上，从税费政策和财政支出政策两个角度归纳出我国目前促进自然资源合理利用财税政策存在的主要问题，并从我国经济特定发展阶段、财税体制、市场机制、社会文化等四个方面深入剖析问题产生的根源。

最后，提出中国促进自然资源合理利用财税政策的建议：一是提出促进中国自然资源合理利用财税政策设计的总体思路，包括政策目标、设计原则。二是提出从优化促进自然资源合理利用税费政策体系、完善促进自然资源合理利用财政支出政策以及加强促进自然资源合理利用财税政策配套措施建设。

　　本书的出版得到大庆师范学院著作基金项目"中国促进自然资源合理利用财税政策研究"（项目编号：17RW06）及大庆师范学院经济管理学院的资助，在此深表谢意。此外，本书在合理利用自然资源财税政策方面的研究仅是一次努力的尝试，受时间、资源以及个人水平所限，恐有不当之处，恳请同仁们批评指正。

李媛媛

2019 年 1 月

目录

1 导论

1.1 研究背景与意义

1.1.1 研究背景

人类的生产过程，就是利用自然界中的各种资源作为原料，通过劳动把它们转化为产品的过程。这一过程被马克思称为"人与自然之间的物质变换"。资源是人类赖以生存的基础，如何合理地配置和利用有限的资源是人类社会永恒的主题。在生产过程中，并非所有的原料都能够转变成产品，还有一部分作为"污染物"被排放到自然界中。而生产出来的产品在被消费之后，最终变成"废物"，也就是人们眼中的"垃圾"。时至今日，人们已经逐渐认识到，不论是生产过程产生的"污染物"还是消费过程中产生的"废物"，实际上都是宝贵的资源。正是由于人们使用资源的方式不合理，才使得这些宝贵的资源变成了危害环境的污染物。

中国作为世界上人口最多、面积最大的发展中国家，正面临着资源约束趋紧、环境污染严重、生态系统退化的严峻形势。自改革开放以来，中国经济突飞猛进，工业化、城镇化步伐加快，然而，长期以来，我国经济增长依靠的是高投入、高消耗、高排放、低效率的粗放发展方式，这必然造成大量的资源浪费和严重的生态环境破坏。资源环境矛盾日益尖锐，资源约束进一步加剧。要从根本上解决我国资源、环境和经济发展之间的矛盾，关键在于资源利用方式的转变。

近年来，党中央、国务院高度重视资源的节约和高效利用。党的十八大报告将节约资源和保护环境作为我国的基本国策，明确了全面促进资源节约的主要方向、基本领域和重点工作。《中共中央关于制定国民经济和社会发展第十三个五年规划的建议》作出全面节约和高效利用资源的战略部署。国家大力提倡的清洁生产、循环经济、废物回收、资源综合利用等措施，其实质都是节约、高效利用资源的方式。其目的是，通过这些政策，尽量把有限的资源更多地转化为产品，将资源浪费降到最低，同时将污染排放控制到最低限度。

"十三五"时期，我国资源节约和高效利用工作取得明显成效。矿产资源节约利用方面，矿产资源产能结构进一步优化，大型矿山产能占比提高，矿产资源集约化程度显著提高。与"十二五"初期相比，"十三五"初期，我国铁矿、锌矿、钨矿、锑矿大型矿山产能占比提高 20% 以上，萤石、镍矿大型矿山产能占比提高 10% 以上，其他矿种大型矿山产能占比均有一定程度的提升，我国 20 多种矿产资源平均采矿集约化程度达到 69.68%。土地资源节约利用方面，我国采取了总量和强度双控措施。"十三五"期间，土地资源管理要完成如下约束性指标：全国适宜稳定利用的耕地保有量在 18.65 亿亩以上，基本农田保护面积在 15.46 亿亩以上，确保建成高标准农田 8 亿亩、力争 10 亿亩，新增建设用地总量控制在 3 256 万亩。水资源节约利用方面，实行最严格的水资源管理制度，并印发《"十三五"实行最严格水资源管理制度考核工作实施方案》以确保水资源管理工作的顺利开展。尽管如此，我国自然资源管理工作水平仍然不高，传统的资源管理理念仍然存在，资源产权制度建设尚不完善，资源资产价值核算和计量仍处于探索阶段，资源有偿使用制度改革进展不平衡，要实现我国自然资源管理工作现代化仍然任重而道远。要充分保证节约和高效利用资源政策的有效性，就必须对资源节约活动有更为深入的理解。由于合理利用资源活动极具外部性和公益性，单纯依靠市场机制无法实现对资源节约和高效利用的有效调节，因此，政府必须介入促进资源合理利用活动。财税政策作为政府宏观调控经济的重要手段，对实现我国经济社会协调可持续发展发挥着举足轻重的作用，因此，正确运用财税政策工具促进自然资源合理利用，不仅可以充分体现政府全面节约和高效利用资源的战略意图，还可以将节能降耗的成本内化，有效引导市场行为，保障资源利用管理工作顺利实施。

有鉴于此，加强对促进自然资源合理利用财税政策的研究，正确评估现行促进自然资源合理利用财税政策的实施效果，找出其存在的问题并予以完善，是解决我国资源环境问题、实现经济可持续发展的必然选择。

1.1.2 研究意义

（1）理论意义

①丰富财税政策促进自然资源合理利用研究

现有研究多从低碳、环保、可持续发展角度研究财税政策的效果，单独研究促进自然资源合理利用财税政策的很少，且主要是针对某一类自然资源（如矿产资源、水资源、太阳能等）财税政策进行研究。就财税政策工具而言，现有研究主要关注税收政策和财政补贴，对其他政策工具研究不多，因此，本书试图从财税政策组合的角度，对某一区域内促进所有自然资源综合利用的财税政策进行研究，选题具有重要的研究价值。

②深化促进自然资源合理利用财税政策效果研究

现有对促进自然资源合理利用财税政策效果的研究多以理论分析为主，实证分析很少，且主要是针对某一具体地区财税政策效果进行研究。有鉴于此，本书基于熵值法构建财税政策效果实证分析模型，并以2012—2016 年财税统计数据为依据，对我国 29 个省、自治区、直辖市的财税政策效果进行评价，基于评价结果总结我国促进自然资源合理利用财税政策存在的问题，并对其改进建议进行探讨。

（2）现实意义

①有利于缓解自然资源供给的紧张局面

资源环境与经济发展问题已成为世界关注的焦点，各国都在积极寻求有效、可行的手段解决资源环境问题。虽然我国幅员辽阔，资源丰富，但是自然资源的有限性决定了我国资源禀赋难以满足高速经济增长对资源的需求。从我国的国情来看，资源约束现象将长期存在，因此，通过完善促进自然资源合理利用财税政策，可以抑制资源的过度开采和浪费，鼓励通过科技创新提高自然资源的利用效率，积极开发新能源代替传统能源，进而有效缓解自然资源供给与需求之间的矛盾。

②有利于完善合理利用自然资源财税政策

要解决我国现有的自然资源合理利用问题，需要政府利用经济手段和行政手段调控宏观经济运行。财税政策作为重要的经济调控手段之一，可以有效纠正市场失灵，引导市场主体行为，实现资源、经济、环境的可持续发展，因此，本书运用经济学的研究方法对现有促进自然资源合理利用财税政策进行综合评价，以期揭示现行财税政策的不足之处，为完善促进自然资源合理利用财税政策提供改进的方向。

③有利于促进自然资源合理利用工作的有序开展

本书在对财税政策工具作用机制研究的基础上，系统梳理我国促进自然资源合理利用财税政策现状，运用实证分析法检验现行财税政策效果，并以此为基础，发现问题、剖析原因，进而提出促进我国自然资源合理利用的财税政策建议。完善的财税政策有利于解决我国现有资源管理中存在的问题，不断提高资源利用效率，保证自然资源合理利用工作的有序开展。

1.2　相关概念的界定

1.2.1　自然资源合理利用

（1）资源与自然资源

"资"就是有用、有价值的东西，即一切生产资料和生活资料。

"源"就是来源。资源所涉及的领域众多，它不仅涉及资源产生和消亡的自然形成规律，而且涉及资源利用和流通中的社会经济规律。根据对资源一词的理解侧重点的不同，可以将资源的概念分为两种：一种是广义的概念；另一种是狭义的概念。

广义的资源是指人类在生产、生活中和精神上所需要的物质、能量、信息、劳力、资金和技术等"初始投入"的总称。这一概念从哲学的角度，从主客体的角度阐述了资源的概念。其具体分为三个基本要素：一是主体，资源是针对个体性或者群体性的人而言的，离开人类本身谈资源没有任何意义；二是客体中的物质和非物质要素，资源是指对生产、生活和精神有用的那部分东西，它既包括看得见摸得着的实物资源，也包括精神层面的非实物资源；三是初始投入，只有通过初始投入，才能发现资源对人类社会生活的正面或者负面影响。

狭义的资源通常是指自然资源，关于自然资源的定义主要有以下几种代表性观点：

地理学家金梅曼（Zimmermann，1933）在《世界资源与产业》一书中较早给自然资源下了较为完备的定义，至今仍然受到学术界的推崇。他指出："环境或者其某些部分，只有它们能（或被认为能）满足人类需要时，才能称之为自然资源。自然禀赋（或者称之为环境禀赋）只是'中性材料'，在其能够被人类感知、认识到其满足人类需求的重要性并找到开发利用方法之后，才是真正意义上的自然资源。"

《辞海》对自然资源的定义是："广泛存在于自然界并能为人类利用的自然要素。它们是人类生存的重要基础，是人类生产生活所需的物质和能量的来源，是生产布局的重要条件和场所，一般可分为气候资源、土地资源、水资源、生物资源、矿产资源、旅游资源和海洋资源。"这个定义从地理科学的角度，强调了自然资源的天然性。

联合国环境规划署（1972）将自然资源定义为："在一定时间条件下，能够产生经济价值以提高人类当前和未来福利的自然环境因素的总称。"这个定义是从经济学的角度作出的，概括得相当准确：首先定义其自然属性，它是非人为的；其次限定其必须在"一定时间条件下"，说明资源与技术和需求之间的重大关联关系。这就意味着现在不是资源的东西将来有可能成为一种资源。最后强调其有用性，资源是对人类的一种"福利"。

《不列颠百科全书》将自然资源定义为："人类可以利用的自然生成物，以及生成这些成分的环境功能。前者包括土地、水、大气、岩石、矿物及林木、草地、矿产和海洋等，后者则指太阳能、生物系统的环境机能、生物地球化学循环机能等。"这个定义除了明确自然资源的自然属性之外，还将自然资源拓展到环境中，强调"生成这些成分的环境功能"。这是迄今为止自然科学研究领域最重要的进展，它大大拓展了把自然资源仅仅作为一种生产原料、生活原料的传统概念，突出了自然资源开发与生态系统之间可持续发展的新观念。

上述对自然资源的定义都把自然资源看成天然生成物，但实际上在自然资源的开发利用过程中已经不同程度地融入了人类劳动成果，因此，本书对自然资源进行如下定义：在一定社会经济条件下，能够产生生态价值或者经济效益，以提高人类当前或可预见未来生存质量的自然物质和自然能量的总和。自然资源是人类社会取自自然界的初始投入。

（2）自然资源分类

根据研究目的和出发点的不同，可以对自然资源进行多种分类。每一种分类都是为了说明自然资源某一方面的特征，都有其自身的应用价值。根据自然资源所处的地球圈层不同，可以将其分为矿产资源、水资源、土地资源、生物资源、气候资源五大类。根据资源耗竭属性的不同，可以将自然资源划分为耗竭性资源和非耗竭性资源。对于耗竭性资源可进一步划分为可更新资源和不可更新资源。对于非耗竭性资源又可以进一步划分为恒定性资源和循环性资源。按照资源开发利用的程度不同，可将自然资源分为一次资源、二次资源与多次性资源。

目前对自然资源的分类多是从单一角度出发进行的，使得分类方法众多且彼此存在重复交叉的问题。有鉴于此，本书采用复合分类方法对自然资源进行分类，以自然资源的可更新性作为首要分类依据，依次考虑可重复利用性及起源等固有属性，如图 1-1 所示。

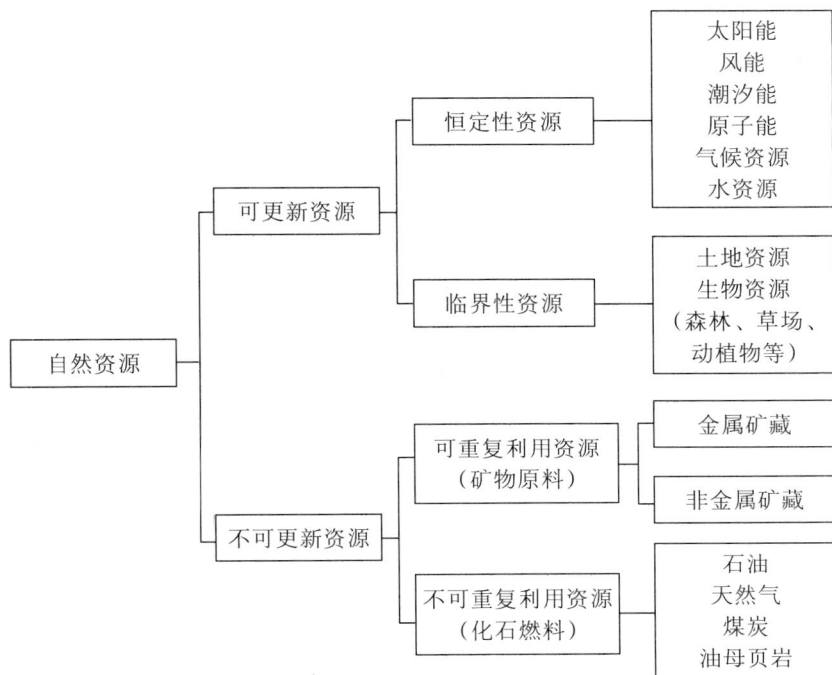

图 1-1　自然资源分类

①可更新资源

可更新资源，又称可再生资源，是指在正常情况下可通过自然过程得以再生的自然资源。生物、土壤、地表水等都属于可更新资源。对于可更新资源又可以进一步分为恒定性资源和临界性资源。恒定性资源是指在人类存续的历史时期内使用不尽，并且不因人类的利用而耗竭的资源，如潮汐能、原子能、太阳能等。临界性资源是指对资源的使用速度超过其自身更新速度，可能导致其耗竭的可更新资源，如土地资源、森林、草场、动植物等生物资源。

②不可更新资源

不可更新资源主要是地壳中储量固定的资源，即矿产资源。不可更新资源又进一步分为两类：一类是可以重复利用的不可更新资源，这类资源虽经过亿万年的地质作用形成，不可更新，但却可以重复利用，如铜、铁、石棉、云母、矿物肥料等；另一类是不可以重复利用的不可更新资源，又称为不可再生资源，这类资源由于物质转化而不能被重复利用，如石油、天然气、煤炭等。

（3）自然资源合理利用范围界定

要实现自然资源的合理利用，归根结底就是要推动自然资源利用方式的根本转变，从外延扩张的粗放利用模式向注重内涵的集约利用模式转变。这既是生态文明建设的内在要求，也是实现经济可持续增长的重要途径。党的十八大报告，特别是《中华人民共和国国民经济和社会发展第十三个五年规划纲要》（以下简称"十三五"规划）中，对全面节约和高效利用资源作出了战略部署。有鉴于此，本书将促进自然资源合理利用的范围界定为促进自然资源的节约、集约、循环利用，着力推进绿色发展、循环发展和低碳发展。

第一，促进资源节约，主要是指促进矿产资源、土地资源、水资源和森林资源的全面节约利用。节约利用矿产资源、土地资源和水资源是在我国"十三五"规划中明确提出的。之所以将森林资源加入进来，主要是从生态环境保护的角度考虑，充分发挥森林资源对自然生态系统恢复和环境保护的重要作用。

第二，促进资源集约利用，其实质是转变矿产资源、水资源、土地资源、森林资源的利用模式，更加注重产出效益、集约效益。通过创新资源利用方式，切实降低单位产出的能源消耗，高效利用土地资源、水资源和森林资源，全面提高资源利用的综合效益。

第三，促进资源循环利用，就是改变以往"大量生产、大量消费、大量废弃"的资源利用模式，减少生产、流通、消费等各环节资源消耗量和废弃物产生，鼓励和支持循环经济的发展，推动资源再生利用产业化，将"污染物""废弃物"全部转化为可用的资源，实现资源的永续循环利用。

1.2.2　财税政策

（1）财政政策的内涵

我国财政政策的思想由来已久，早在古代就有"量入为出""轻徭薄赋""藏富于民"等朴素的、颇有见地的财政思想。但受到当时自然经济条件的限制，财政政策的目标单一，手段简单，对经济发展的作用有限，只是现在我们所研究的财政政策的雏形。

1929 年爆发的世界性资本主义经济危机使得当时的社会经济陷入大萧条之中。美国总统富兰克林·罗斯福实施了"新政"，即运用财政政策刺激经济的增长。罗斯福"新政"大大缓解了经济危机给美国带来的冲击和社会矛盾，也为其他资本主义国家经济的恢复提供了宝贵的经验。与此同时，主张政府干预经济的凯恩斯学说也由此盛行，这标志着现代意义上的财政政策的形成。

概括来讲，财政政策是指一国政府为实现一定的宏观经济目标，而调整财政收支规模和收支平衡的指导原则及其相应的措施①。财政政策贯穿于一国财政工作的始终，由支出政策、税收政策、预算平衡政策和国债政策等构成。

财政政策作为我国宏观调控的重要手段，在不同的经济体制下发挥的作用大不相同。在计划经济体制下，财政政策服从于国民收入的统配计划，内容、形式都很单一。在市场经济体制下，财政政策主要通过各种政策工具间接调节宏观经济的运行，财政政策的目标、内容、工具都更加丰富，财政政策的合理运用对国民经济的发展具有重要意义。财政政策运用得好，就会促进经济稳定、持续、协调发展，反之，就会引起经济的波动和失衡。

（2）财政政策体系

概括来说，一个完整的财政政策体系包括财政政策主体、财政政策目标、财政政策工具和财政政策传导机制，四者之间的关系如图 1-2 所示。

从图 1-2 可以看出，财政政策的主体是财政政策的制定者和执行者，即各级政府。在我国，财政政策的主体主要是中央政府。财政政策目标是财政政策预期要实现的期望值。财政政策工具主要包括税收、公共支出、政府投资和国债等。其中公共支出包括购买性支出（政府采购等）和转移性支出（财政补贴等）。而税收政策作为财政政策最主要的

---

① 陈共. 财政学 [M]. 6 版. 北京：中国人民大学出版社，2009：395.

主　体‑‑‑‑‑‑‑‑‑‑‑‑‑‑‑‑‑‑‑‑‑‑‑‑ 各级政府

工　具‑‑‑‑‑‑‑ 税　收　｜公共支出｜政府投资｜国　债

媒　介‑‑‑‑‑ 收入分配　货币供应　价　格

目　标‑‑‑‑‑‑‑ 经济稳定增长｜物价基本稳定｜提供较多就业｜收入合理分配｜生活质量提高

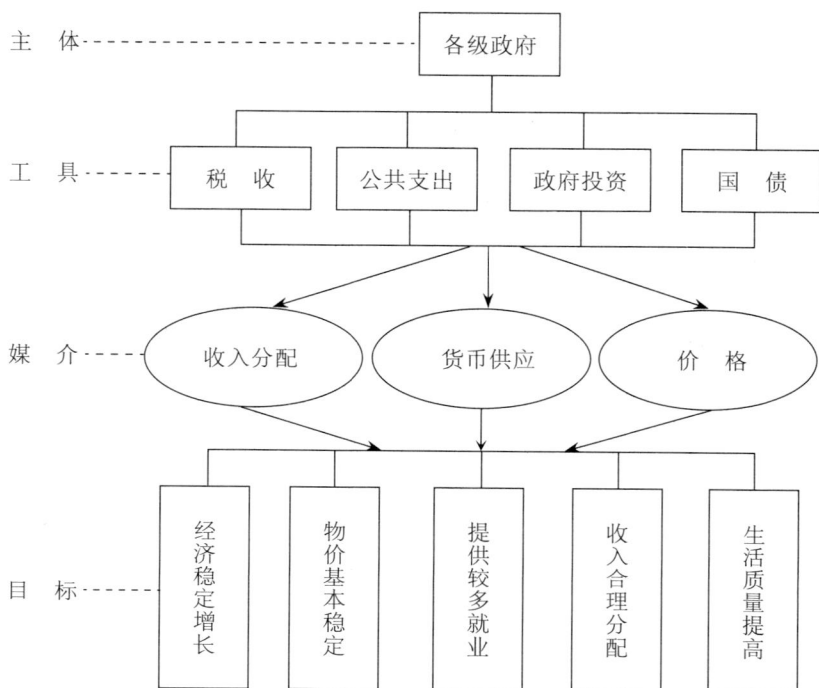

图 1-2　财政政策体系框架图

政策工具，对国民经济发展产生重大影响。财政政策媒介主要包括收入分配、货币供应与价格。财政政策的目标一般包括经济稳定增长、物价基本稳定、提供较多就业、收入合理分配和生活质量提高五个方面。财政政策传导机制就是财政政策工具通过传导媒介发生作用进而实现财政政策目标的复杂过程。

（3）财税政策范围的界定

国内学术界和实务界经常使用财政政策和财税政策这两个术语，但对二者之间的关系进行探究的文献很少。蔡自力（2005）认为，尽管税收政策是财政政策的组成部分，但因其调控经济运行的作用有别于其他财政政策工具，应该单独予以体现。一般来说，财税政策使用的频率会更高一些。

对于财税政策的具体界定，主要有以下三种代表性的观点：一是将财税政策等同于财政政策和税收政策，这是目前国内大多数学者的观点，但这种说法不是很严谨①。二是将财税政策等同于财政收入政策和财政支出政策两大方面。例如，张卫国（2015）将大气污染防治的财税政策分为财政收入政策和财政支出政策。三是认为财税政策包括税收政策和财政支出政策。例如，迟美青（2015）将促进节能财税政策分为税收政策、财政支出政策和政府采购政策。

鉴于以上不同观点，有必要对本书研究的财税政策范畴进行明确的界定。

本书所研究的财税政策范畴界定如下：促进自然资源合理利用财税政策包括税费政策和财政支出政策，其中税费政策包括各种与自然资源合理利用相关的税收、收费和税收优惠②，财政支出政策包括政府投资、财政补贴和政府采购。需要说明的是，按照财政学的理论，税收优惠实际上是一种特殊的、隐性的财政转移支出，采用"税式支出"的概念更为准确③。但从我国目前的情况来看，税收优惠仍然限定在税收减免的范畴，并非真正意义上的税式支出，故本书将其作为税费政策工具更为确切。

1.3　国内外研究文献综述

1.3.1　国外研究现状

西方经济学家早在 19 世纪末就开始进行合理利用自然资源财税政策的研究和实践探索，业已形成较为完整的研究体系。新古典经济学家乔治·卡特利特·马歇尔（George Catlett Marshal，1890）在其发表的《经济学原理》一书中最先提出"外部经济"这一概念。福利经济学创始人阿瑟·塞西尔·庇古（Arthur Cecil Pigou，1912）发展了马歇尔的外部性理论，首次运用现代经济学方法从福利经济学角度系统研究外部性问题，并最早提出征收"庇古税"（Pigouvian Taxes），以实现外部效应的内部化。"庇古税"又称为直接环境税，是环境税的前身，合理利

① 王美田. 我国天然气产业财税政策研究 [D]. 青岛：中国石油大学（华东），2013.
② 张玉. 财政政策的环境治理效应研究 [D]. 济南：山东大学，2014：11.
③ 王丽辉. 税式支出与税收优惠的比较分析 [J]. 财会月刊，2010（9）：58-59.

用自然资源财税政策也起源于此。根据研究的需要，本书将国外促进自然资源合理利用财税政策的研究分为税收政策研究和财政政策研究两方面进行阐述。

（1）促进自然资源合理利用税收政策的研究

国外关于促进自然资源合理利用税收政策的研究主要集中在三方面：一是资源税制的设计，包括征税范围、税率设置等；二是运用数学模型分析开征资源税对经济的影响；三是资源税征收与不可再生资源开采之间的关系。

①资源税制的设计

20 世纪 70 年代，随着资源价格的迅速上涨，资源税制对资源开采和经济发展的调节作用越来越受到世界各国的重视，最典型的变化是权利金征收方式的改革。20 世纪 90 年代，资源价格低迷，一些国家又开始降低所得税税率，取消超额利润税。进入 21 世纪，为了抑制资源价格的暴涨和生态环境的恶化，部分国家又开始征收暴利税。简言之，资源税费制度的设计与社会经济的发展紧密联系在一起。国外对资源税制的研究，主要集中在资源税的税率设置、征税范围及设计原则三方面。

在税率设置方面，Margaret E. Slade（1980）认为资源税税率的变化情况和市场利率决定了资源的开发速度，当资源税税率的变化率高于市场税率时，人们就会加快对自然资源的开采，反之，人们就会延迟对自然资源的开采，当二者相等时，资源税设置对开采不会产生影响。Mitch Kunce，Shelby Gerking，William Morgan 和 Ryan Maddux（2003）通过研究美国石油产业的政府税收、开采和产量的关系，认为提高税率能够减少早期的开采，对未来的产量影响较小，并能显著提高折现后的税收收入。Parry 和 Small（2005）在综合考虑交通拥堵、交通事故成本和环境污染等因素的基础上建立了 CGE 模型，通过一般均衡分析求得美国和英国最优的汽油税税率。

在征税范围方面，Jose Fredetic Deroubaix 和 Francois Leveque（2006）认为在目前全球能源紧张和温室效应明显的情况下，要对水、二氧化碳和森林资源征税，使其达到增加财政收入和保护环境的双重作用。Hung 和 Quyen（2009）利用动态霍特林模型研究表明，对于不可再生资源来说，从价征收资源税比从量征收能够带来更大的好处。Patrik Sderholm（2011）分析了欧洲各国针对自然资源征税的具体做法，认为尽管对原材料征税很少，但能够很好控制生产过程中初级资源的消耗。

在设计原则方面，Philip Daniel，Michael Keen 和 Charles McPherson（2010）从理论上分析了资源税的设计原则，并分析了石油和矿产资源税的特点、设计原则，最后指出现有政策存在的问题。Dennis Frestad（2010）以挪威的石油、水电税收政策为例，研究了资源税制设计对企业经营利润和成本的双重影响，认为设置资源税时应充分考虑资源开发企业的经济行为和选择。

②开征资源税对经济的影响

国外学者很早就开始研究开征资源税对经济的影响这一问题。Robert Shelton 和 Williame Morgan（1977）对美国洛基山脉地区的煤炭能源政策和税收政策进行研究，研究表明该地区当前和未来煤炭政策是符合本地区经济目标的，并认为在实现这一目标的过程中，税收比财政支出政策更为有效。从研究方法来看，国外学者多运用模型研究开征资源税对经济的影响。Bovenberg，Goulder 和 Jacobsen（2007）通过构建CGE 模型，在生产模块引入污染物排放，研究资源税对产业布局效率的影响，为资源税税率的合理性判断拓宽了思路。Stefanb Giljum 和 Arno Behrens（2008）运用 MOSUS 模型对这一问题进行研究，认为征税可以通过影响资源性产品及相关产品的价格，最终影响经济的发展。Christian Groth 和 Poul Schou（2007）运用内生增长模型对传统的资本利得税和资源税的增长效应进行研究，认为开征资源税对经济增长起着重要甚至是决定性的作用。Francesco Caselli 和 Tom Cunningham（2009）从资源诅咒的角度出发，将资源使用和政府行为联系起来分析资源税政策，认为可以通过资源租金诱导政府改变其自身行为。

③征收资源税与不可再生资源开采之间的关系

美国经济学家哈罗德·霍特林（Harold Hotelling，1931）发表了《可耗竭资源的经济学》一文，最早开始资源税的研究。他认为大部分自然资源都是可耗竭资源，并用数学模型对可耗竭资源的最优开采问题进行研究，提出"时间倾斜"的概念，认为政府可以通过制定税收政策来控制可耗竭资源的开采数量和开采速度。他的研究为矿产资源经济学研究奠定了坚实基础，其结论被称为霍特林定律（Hotelling Rule）。

在霍特林研究的基础上，国外学者针对征收资源税与不可再生资源开采之间的关系展开了广泛研究。Dasgupta 和 Heal（1974）认为，人们对资源生产和消费的速度与资源价格成正比，也就是说，政府可以通过征税来调节资源价格，进而达到降低资源消耗速度的目的。Long 和 Sinn（1985）认为开采企业开采资源的多少主要是由市场需求的长期预期决定的，短期内税收对资源价格的影响不会改变资源开采企业的开采计划。Jan Szargut 和 Wojciech Stanek（2008）对电力产品课税进行研究，运用热电生态成本模型进行分析，认为按照资源性产品所消耗的不可再生资源比例对其进行征税是十分合理的。

（2）促进自然资源合理利用财政政策的研究

国外促进自然资源合理利用的财政政策比较完善，西方发达国家综合运用财政补贴、政府采购等多种财政支出工具促进自然资源有效利用。现有文献主要集中在财政政策设计及其经济效应的研究。

①财政政策

就财政政策而言，Susumu Uchida 和 Yoshiro Higano（2005）认为，通过对从废物中生产能源的行业予以最恰当和最有效的补贴，可以促进废物中潜在能源的有效利用和现有能源系统的重建。Norimichi Matsueda 和 Yoko Nagase（2008）在假设产品回收市场产品来源于回收材料和自然资源的基础上，构造了一个静态模型，用以研究不同经济政策工具对从事资源开采活动的个别生产者的影响，认为提高消费者的回收补贴能够显著提高资源利用水平。Simone Gingrich（2011）在气候变化背景下，探讨了澳大利亚等国家和地区长期碳排放变化与能源消耗对经济、环境的压力，提出能源管理的政策框架。George Fane（2012）对提高矿产资源收入的途径进行研究，研究结果表明，如果印尼能够放松对采矿企业的直接控制权，允许采用拍卖和较低租赁税的方式，矿产配置的效率和政府收入都会增加。

此外，由于能源环境问题本身较为复杂且涉及许多方面，要解决能源环境问题需要综合运用各种政策工具。单一政策工具容易造成非环境原因的市场失灵，如果使用多种政策工具，则可实现相互促进作用，更加有利于问题的解决。Barbara Buchner，Michela Catenacci 和 Alessandra Sgobbi（2007）通过研究欧盟碳减排交易制度发现，国家行动者、自上而下的利益相关者以及灵活的减排策略共同促进欧盟碳减排交易制度的快速发展。

②财政政策经济效应

对于财政政策的经济效应分析，国外多运用定量分析方法进行研究。Markandya，Ortiz 等（2009）通过对比不同欧盟国家的能源税税率，提出了促进能源高效利用的税收政策建议，同时指出，多数情况下节能补贴的作用没有税收抵免的作用大。John M. Reilly（2012）运用一般均衡模型研究绿色增长和自然资源有效利用之间的关系，通过该模型可以发现资源损耗和环境恶化是如何影响经济的，以及如何降低这些环境和资源约束产生的影响。Amany A. El Anshasy，Marina Selini Katsaiti（2013）通过分析 1984—2008 年 79 个资源和非资源国家的面板数据，发现财政政策的质量关系到资源丰富国家经济的增长，高效的治理、强大的民主制度和透明的预算能引起经济更快的增长。

1.3.2 国内研究现状

20 世纪 50 时代，为了适应国民经济发展的需要，我国开始进行自然资源的调查、评价、区划和地理研究。20 世纪 80 年代我国开始促进自然资源合理利用财税政策研究。由于当时我国经济正处于计划经济向市场机制的过渡阶段，其研究主要集中在政府管理研究。20 世纪 90 年代中期开始，市场机制的作用开始得到重视，研究也转向如何将市场机制和政府管理相结合以促进自然资源的优化配置。本书主要对 20 世纪 90 年代中期以后我国促进自然资源合理利用的财税政策的研究进行梳理，现有研究主要集中在资源税改革、财政政策及其评价。

（1）资源税改革研究

国内研究认为现行资源税制无法适应当前经济形势，急需改革。现有研究主要集中在资源税征收范围、计征方式、税率、税费关系、资源税改革的经济效应及与国外对比研究等方面。

在资源税征收范围研究方面，虽然现有资源税制改革已将水资源纳入其中，但资源税的征收范围仍需进一步扩大。马苗飞（2012）认为，要逐步将所有自然资源都纳入征税范围，按照储量消耗征收资源税，适度提高资源税税率，将资源税暂行条例提升为国家法律，以规范资源税收的管理。蔡红英，胡凯和魏涛（2014）基于对资源税改革理论与实践的演变逻辑，认为应逐步将森林、草原、地热、滩涂等资源纳入资源税。

在资源税计征方式研究方面，李国平等（2011）从产权、经济租金、社会福利等方面对我国矿产资源税收计征方式和理论进行梳理，并基于矿产资源有偿使用理论，针对不同矿产资源，设计了适应我国国情的资源税从价计征方式。谢洪涛，陈志勇（2014）对煤炭资源税改革中的税费关系调整、税率、价格效应等问题进行了详细分析，针对现行煤炭资源税改革中存在的问题，提出了具体的改革建议。高琪，张萌旭（2014）通过定量模拟不同计征方式下煤炭资源税收对代际公平、市场效率和税负转嫁的影响，认为从量计征方式可以使政府获得稳定的税收收入，而从价计征方式则能够提高市场效率并实现税负转嫁。

关于资源税税率设置的研究，缪勇，董春诗（2011）认为设计合理的资源税不但能够体现资源自身的价值，而且能够为资源型地区的转型发展和产业升级提供资金支持，同时可以弥补资源开发对生态环境造成的损害。林伯强，刘希颖，邹楚沅等（2012）运用动态 CGE 模型研究从价计征方式下煤炭资源税率设置对经济的影响，认为煤炭资源税的从价征收税率设定在 5%～12% 的区间范围内比较合理。徐晓亮，许学芬（2012）通过构建可计算一般均衡模型进行资源税税率设计研究，认为应根据社会发展时期的不同选择不同的税率，在经济发展相对稳定的时期，税率应该在 5%～7% 之间；在经济发展较快时期，税率应该在 7%～9% 之间；而在经济发展波动较大时期，税率应该在 3%～5% 之间。

关于资源税与资源收费的关系，多数研究认为应该实行"费改税"，但从目前我国的实际情况来看，"费改税"不能一蹴而就，必须循序渐进。陈少克（2012）认为，资源税既要体现国家对自然资源的所有权，也要调节极差收入，因此，我国应该将矿产资源补偿费并入资源税，统一采用国际通用的权利金形式，按照统一的比例征税。范振林（2013）针对我国现阶段矿业税费存在的问题，通过借鉴国外经验，从资源税改革、矿产资源补偿费改革、矿业权价款规范、矿业权使用费调整、完善收益分配制度等五方面提出我国矿产资源税费改革的整体思路。赵荣辉（2014）在系统梳理自然资源收费与资源税政策的基础上，厘清资源税与资源收费的关系，认为"资源费改税"是扩大资源税征收范围的一个重要方面。

关于资源税改革的经济效应，国内学者运用定量分析方法进行的研究越来越多。王京诚（2014）将能源要素引入生产函数理论，依据我国29个省、自治区、直辖市10年的面板数据进行研究。研究结果表明：现行资源税制对经济增长起到了正激励作用。林炳豪（2014）采用泰尔指数及资源贡献率对我国区域财政收入差距的影响进行实证分析，认为征收资源税可以缩小区域间财政收入的差距。李冬梅，马静（2014）运用Eviews软件研究资源税改革对资源开采企业、资源消耗企业的影响，得出如下结论：资源税改革总体上会增加税收收入，但对资源开采量和消费量几乎不会产生影响。资源税负增加迫使企业进行自我改造，有利于企业的良性发展。时佳睿、汤铃等（2015）运用可计算一般均衡（CGE）方法对煤炭资源税计征方式改革的影响进行研究，认为煤炭资源税从价计征改革短期会对我国GDP产生一定的负面冲击，但从长远来看，将有利于我国能源结构调整和节能减排。

与国外资源税改革对比研究，国外资源税改革的成熟经验对于我国资源税改革具有重要的借鉴意义。李志学，彭飞鹤和吴文洁（2010）通过对比国内外石油资源税费制度，认为我国当前资源补偿费率偏低，资源税税率过高，特别收益金以"非税"形式存在，十分不合理。康玮（2011）在对比中美两国矿业税费生态补偿制度的基础上，分析当前我国生态补偿制度存在的问题，并以生态补偿为目标提出完善矿业资源税费制度的政策建议。王敏等（2012）通过系统梳理英国、德国、法国和荷兰四个国家水资源税（费）征收管理的情况，得出对我国水资源税费制度的启示，如应发挥政府的监管作用、明确资源税的政策目的、制定合理的税费政策、选择适合国情的征管方式等。

（2）财政政策研究

我国促进自然资源合理利用财政政策的研究起步较晚，但发展较快。由于税收政策已经在前文单独介绍，这里主要介绍财政支出政策。现有研究主要集中在以下两方面：一是促进某一类自然资源合理利用的财政政策研究；二是资源型城市转型的财政政策研究。

国内关于促进某一类自然资源合理利用的财政政策研究较多。苏明等（2013）针对现有海洋经济发展的制约因素，提出要加大海洋基础设施投入、发挥财政政策的引导作用、增加科技投入、完善海洋资源与生态保护的财税制度。焦晋鹏（2009）在分析我国现行促进农林资源保护与利用财政政策存在的问题的基础上，从转移支付、绿色投资、促进科技进步等方面提出促进具体政策建议。孙家胜，王春婷（2014）认为应该发挥油气资源财税政策的调节作用，建立覆盖油气资源勘探开发、油气田运营及衰竭后矿区经济社会接续发展的全程财税调控体系，完善油气资源价值补偿财税体系等措施，以此促进油气企业的健康发展。刘璨，李成金等（2014）在系统回顾我国林业财政投入制度变迁的基础上，认为应制定林业财政投入机制、强化林业基础设施建设、加大林业经营环节补贴力度，完善林业产业发展政策，实现林业的绿色发展。王振宇，连家明和郭艳娇（2014）基于辽宁生态足迹的样本分析，对生态文明、经济增长及其财税政策取向进行研究，认为应采取调整生态文明建设的财税政策体系、建立长效的财政投入增长机制、加大对重点和薄弱环节的支持力度等政策支持生态文明建设。胥力伟（2015）对促进太阳能资源开发利用的财税政策进行研究，针对现有问题从利用财政补贴和政府采购政策、适度调整支持领域和范围，以及充分利用税收激励政策等方面提出政策建议。苏京春（2017）对我国构建绿色财税制度体系的难点、障碍进行深入研究，提出应以能源管理体制改革促进能源价格改革、理顺租税费体系、完善财政支出政策等五方面的具体建议。

关于资源型城市转型的财政政策研究，国内的研究也比较丰富，2010—2012 年达到顶峰。多项研究认为资源型城市转型过程中应充分发挥财税政策作用以鼓励矿山企业节约资源和提高资源综合利用效率。房红，贾欣宇和裴英凡（2015）在全面总结我国资源型城市财政支持体系现状的基础上，从增加财政收入、平衡财政转移支付、拓宽融资渠道、对事业单位工人提供援助、优化产业结构等方面提出了具体的政策建议。2013 年开始，资源型城市转型的研究内容由单一城市资源型城市转型向以某一类资源为主导产业的资源型城市转型转变，杨磊、乌日斯哈乐（2016）对东营市生产性服务业与资源型产业的互动发展进行研究，认为二者是一种双向的互动发展关系，但资源型产业发展对生产性服务业的拉动作用大于生产性服务业发展对资源型产业的带动作用。曾贤刚，段存儒（2018）对煤炭资源枯竭型城市绿色转型绩效评价进行研究，认为目前的煤炭资源型城市转型虽然取得了一些成绩，但仍处于初级阶段，不同城市间转型绩效的差距明显。

（3）财税政策评价研究

近年来，我国促进自然资源合理利用财税政策评价研究越来越多，研究方法也从定性分析方法转向定量分析方法。现有研究主要集中在区域自然资源综合利用评价指标体系的构建和评价方法的选择两方面。

①评价指标体系的构建

在自然资源综合利用评价指标体系的构建方面，黄静，董锁成（1994）较早开始自然资源综合评价研究，在其发表的《自然资源综合评价研究》一文中，对矿产资源、水资源、生物资源等不同类型自然资源综合评价的项目指标进行了详细阐述，介绍了模糊聚类、层次分析等定量分析方法的评价步骤，并以此为基础构建了自然资源综合评价系统。南箫，梅建波和陈永洮（2010）建立了一个由 1 个一级指标、6 个二级指标、69 个三级指标构成的自然资源综合评价指标体系，其中，自然资源包括矿产资源、水资源、土地资源、生物资源、气候资源和旅游资源等六类资源。纪瑞鹏，陈鹏狮和冯锐等（2010）在从光能资源、热量资源、水分资源三大资源系统中，选取年太阳总辐射、年日照时数、年平均气温、年降水量等 11 个要素构建了农业气候资源综合评价指标体系。李臻谛，罗郧（2011）基于生态文明视角提出构建自然资源综合评价的概念框架，并从自然资源系统的适应性评价、价值评估、核算体系、开发利用的环境影响评价及关联评价等方面进行详细论述。

②评价方法的选择

近年来，国内学者多采用定量分析方法进行财税政策评价研究，主要分为效果评价和效率评价两方面。在财税政策效果评价方面，杨波（2013）采用熵值法和灰色综合评价模型构建资源型城市转型的效果评价模型，并选取山东招远市2002—2011年的统计数据进行实证分析，对资源型城市转型效果评价研究具有重要的意义。马杰（2015）从经济效果和生态效果两个维度构建了我国清洁能源财税政策效果评价指标体系，运用模糊优选法对我国清洁能源财税政策的绩效进行定量分析。在财税政策效率评价方面，国内学者多采用 DEA 方法构建模型。齐晓娟（2014）运用 DEA 方法构建评价模型，并据此对内蒙古矿产资源可持续发展财政支出效率进行定量分析。张雄化等（2014）基于1978—2012年全国时间序列数据和省际面板数据，运用 DEA-MALQUIST-TOBIT 三步法对农业自然资源利用效率及其影响因素进行研究。仲倩雯（2017）从节能税收政策和财政支出政策两方面选取投入指标，从能源效率、经济效率和社会效率三方面选取产出指标，运用 DEA-Tobit 二阶段模型对我国节能财税政策的实施效果及效率影响因素进行深入分析。

1.3.3　国内外研究述评

（1）国外研究述评

国外学者对促进自然资源合理利用财税政策的研究起步很早，并已形成比较系统的理论体系。学者们基于资源与环境可持续发展的理念对促进自然资源合理利用财税政策进行研究和设计，取得了丰富的研究成果。具体来说：第一，从研究内容来看，主要是研究合理利用自然资源效果较好的发达国家财税政策，特别是针对某一类资源合理利用效果比较好的国家的研究较多。第二，从财税政策工具来看，许多国家都比较重视财税政策的组合效应，综合运用税收政策、财政补贴、政府采购等多种政策工具促进资源的合理利用，经过各国实践检验都取得了较好的政策效果。第三，从研究方法来看，国外学者多立足于宏观研究视角，运用 CGE 模型、MOSUS 模型、内生增长模型等定量分析方法研究资源税改革及财政支出政策的经济效应，具有很强的可操作性，为其促进自然资源合理利用财税政策的制定提供了有力支撑。

国外研究的不足之处主要体现在以下两方面：一是现有研究侧重于发达国家促进自然资源合理利用财税政策研究，缺少对发展中国家合理利用自然资源财税政策的研究。由于发达国家和发展中国家在经济发展、社会环境、资源利用等方面明显存在差异，甚至可能存在社会性质的不同，因此，发展中国家不可能照搬发达国家的成功经验，必须结合自己的国情，从这个角度来说，发展中国家促进自然资源合理利用成功经验的借鉴意义更大。二是国外研究主要集中在促进自然资源合理利用税收政策研究，财政支出政策研究相对少一些。资源税费政策研究已经逐步成熟，应将现有促进自然资源合理利用财税政策研究的重心向财政支出政策转移，使之更加完善。

（2）国内研究述评

国内促进自然资源合理利用财税政策的研究起步较晚，但呈现较快增长态势。现有财政政策与低碳、生态保护、循环经济相关的研究很多，真正意义上合理利用资源的财税政策研究不多。具体来说：第一，从研究内容来看，从矿产资源、水资源等单个自然资源合理利用转向整个自然资源系统的合理利用，最终实现资源的最优配置。第二，从财税政策工具来看，资源税制对促进我国自然资源合理利用发挥着主导作用。财政补贴和政府投资政策运用较多，而政府采购政策运用较少，从目前政策实施情况来看，我国促进自然资源合理利用财税政策效果并不是很理想。第三，从研究方法来看，学者们多从定性分析角度进行资源税制、财政支出政策设计，部分学者运用熵值法、灰色综合评价模型以及 DEA 等定量分析方法构建模型研究合理利用自然资源财税政策的效果。

国内研究的不足之处在于：一是对于促进自然资源合理利用财税政策研究主要集中在资源税费改革，对财政补贴涉及不多，政府采购就更少，财税政策工具运用十分有限，且具体政策"各自为政"，缺乏系统性，不利于发挥促进自然资源合理利用财税政策整体效应。二是对于促进自然资源合理利用财税政策的理论研究比较多，主要探讨资源税制及财政支出政策的具体设计，而对财税政策效果实证研究少，且定量分析方法有限，尤其是缺乏基于省级层面的财税政策效果分析，不利于我国各地区促进自然资源合理利用财税政策效果的比较研究。

促进自然资源合理利用财税政策的研究具有重要的现实意义，国内外学者针对这一问题都已展开大量专题研究，并取得了丰富的研究成果。本书在系统梳理国内外促进自然资源合理利用财税政策的最新研究成果的基础上，从税收政策和财政支出政策两个角度进行论述，然后总结现有国内外合理利用自然资源财税政策研究取得的成果和存在的不足。本书认为，在后续的研究中，应从财税政策工具组合的角度研究促进自然资源合理利用财税政策，加深对政府投资、财政补贴、政府采购等财政支出政策工具的研究，同时引入更为有效的计量分析方法进行地方政府合理利用自然资源的财税政策评价，不断丰富合理利用自然资源财税政策体系。

1.4 研究内容与方法

1.4.1 研究内容

本书围绕"提出问题→理论基础→政策现状→实证分析→问题及原因分析→政策建议"这一思路展开研究，如图 1-3 所示。

本书共分 6 章，主要内容安排如下：

第 1 章导论，主要阐述本书的研究背景和研究意义；对自然资源合理利用、财税政策等相关概念进行界定；归纳梳理国内外研究文献并进行述评；介绍本书的研究内容、主要研究方法；阐述本书的创新点与不足之处。

第 2 章财税政策促进自然资源合理利用的作用机制。在阐述财税政策促进自然资源合理利用作用机制框架的基础上，从税收政策工具和财政支出政策工具两个角度入手，详细介绍了征税、税收优惠、政府投资、财政补贴和政府采购等政策工具的作用机制，为下文财税政策研究奠定坚实的理论基础。

```
提出
问题          研究背景、意义

        相关概念界定          国内外研究现状

                研究目标
```

```
        理论分析              实证分析

分析
问题   财税政策作用机制框架      中国促进自然资源利用合理财税政策

      税收│政府│财政│政府      实施现状          实施效果
      制度│投资│补贴│采购      税费政策          构建模型

                          财政支出          效果分析

        中国促进自然资源合理利用财税政策存在的问题及原因分析
```

```
解决
问题          中国促进自然资源合理利用财税政策总体设计

      优化税费政策设计      完善财政支出政策      配套措施建设
```

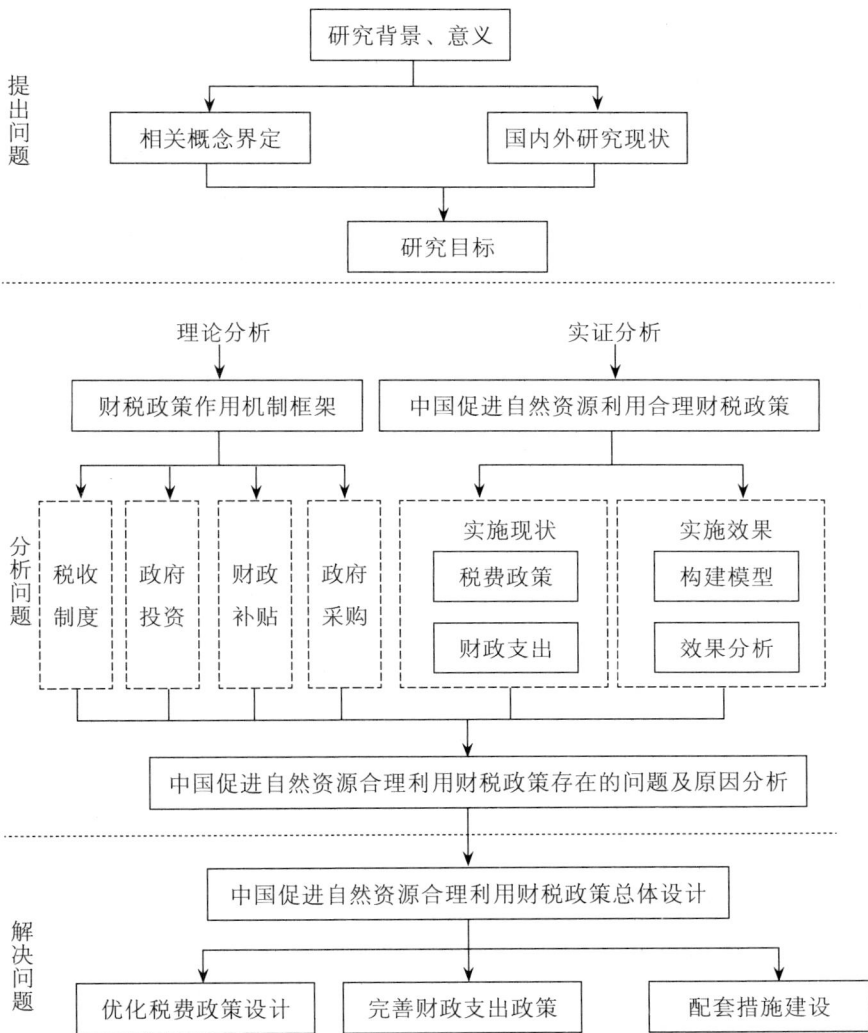

图 1-3   研究框架

第 3 章中国促进自然资源合理利用财税政策现状。从税费政策和财政支出工具两方面对我国现有促进自然资源合理利用的财税政策进行全面系统梳理，着重分析资源税费、政府投资、财政补贴、政府绿色采购政策，并对财税政策总体实施情况加以总结。

第 4 章中国促进自然资源合理利用财税政策效果实证分析。从资源效益、经济效益、社会效益和环境效益等四个维度构建促进中国自然资源合理利用财税政策效果评价指标体系，采用熵值法赋权构建评价模型，并运用该模型对我国 29 个省、自治区、直辖市 2012—2016 年间促进自然资源合理利用财税政策效果进行实证分析。

第 5 章中国促进自然资源合理利用财税政策存在的问题及原因分析。通过对我国促进自然资源合理利用财税政策实施情况和效果进行分析，归纳出我国目前促进自然资源合理利用财税政策存在的主要问题，如自然资源税费关系错位、缺乏有效的税收支撑、财政资金支持力度不够、财政补贴制度设计不合理、政府绿色采购制度不健全等。此外，还从我国经济发展阶段、财政体制、市场机制、社会文化四个方面深入剖析问题产生的根源。

第 6 章提出中国促进自然资源合理利用财税政策建议。首先，提出促进中国自然资源合理利用财税政策设计的总体思路，包括政策目标、设计原则；其次，提出了优化促进自然资源合理利用税费政策体系、完善促进自然资源合理利用财政支出政策以及加强促进自然资源合理利用财税政策配套措施建设。本章内容是本书的重点。

1.4.2　研究方法

（1）文献分析法

本书通过广泛查阅文献资料和政策法规，总结归纳我国促进自然资源合理利用财税政策的作用机制及实施情况，并从税费政策、财政补贴、政府采购等财税政策工具角度进行详细阐述，为研究我国促进自然资源合理利用财税政策存在的问题及对策奠定坚实的基础。

（2）实证分析法

本书运用实证分析法对我国促进自然资源合理利用财税政策效果进行分析，在设计促进自然资源合理利用财税政策效果评价指标体系的基础上，运用熵值法赋权构建评价模型，检验我国 29 个省、自治区、直辖市 2012—2016 年促进自然资源合理利用财税政策的实施效果，为促进自然资源合理利用财税政策的制定提供实践支撑。

（3）比较分析法

通过对比国内外促进自然资源合理利用财税政策的理论和实践，发现我国现有合理利用自然资源财税政策设计上存在的问题，借鉴国外一些成熟的经验和做法，提出适合我国国情的促进自然资源合理利用的财税政策改革构想。

（4）规范分析法

本书运用规范分析法对中国促进自然资源合理利用财税政策进行研究。首先从税收制度、税收优惠、政府投资、财政补贴、政府采购等财税政策工具入手系统阐述财税政策促进自然资源合理利用的作用机制，并以此为基础，分析现有财税政策的现状，找出其存在的问题及产生原因，最后提出促进我国自然资源合理利用的财税政策建议。

1.5 创新与不足

1.5.1 创新之处

本书的创新之处主要体现在以下三个方面：

第一，试图建立一个促进自然资源合理利用财税政策效果评价系统。评价指标的选取要符合自然资源属性、经济评价、社会发展、生态环境的要求，运用熵值法赋权建立综合评价模型。预期运用该模型对我国促进自然资源合理利用的财税政策效果进行实证研究，为促进我国自然资源合理利用财税政策体系的构建提供实践依据。

第二，从财税政策组合角度对我国合理利用自然资源问题进行研究。在认真查阅和梳理国内外财税政策文献资料的基础上，研究当前我国促进自然资源合理利用财税政策的实施情况及存在的问题，立足我国国情，试图建立一个能有效促进我国自然资源合理利用的财税政策组合系统。

第三，分类研究每类自然资源合理利用的财税政策实施情况。财税政策作为宏观经济调控的重要手段，对于促进自然资源合理利用发挥着不可替代的作用。但每种自然资源的利用都有其自身的特点，财税政策的设计也不能千篇一律，因此，本书在全面介绍我国促进自然资源合理利用财税政策的基础上，系统归纳矿产资源、土地资源、水资源和森林资源四类资源的财税政策实施情况，为其各自财税政策的制定提供依据。

1.5.2　不足之处

本书的不足之处主要体现在两个方面：

第一，研究角度不全面。促进自然资源合理利用是一项复杂的系统工程，涉及地理学、生态学、经济学、管理学、法学、信息学等多门学科。鉴于笔者知识结构所限，难以全面涉及与自然资源合理利用相关的所有学科，仅从经济学、管理学角度研究自然资源利用问题。

第二，自然资源合理利用研究的范围有限。囿于研究数据及写作时间，在促进自然资源合理利用财税政策研究时，自然资源仅包括矿产资源、土地资源、水资源、森林资源四类资源，对草场资源、海洋资源没有涉及，有待在今后的研究中加以完善。

2 财税政策促进自然资源合理利用的作用机制

2.1 财税政策促进自然资源合理利用的综合作用机制

自然资源作为人类赖以生存的重要物质基础，因其本身所具有的竞争性但非排他的属性，单纯依靠市场机制本身，必然面临"公地的悲剧"，因此，政府有必要运用财税政策对自然资源利用行为进行干预，避免资源利用的负外部性和市场失灵，促进资源、经济、社会、环境的可持续发展。

如前所述，一个完整的促进自然资源合理利用的财税政策体系通常包括财税政策主体、目标、实施手段和传导机制四个部分。毋庸置疑，促进自然资源合理利用财税政策的主体自然是各级政府，因此，本书财税政策作用机制研究仅对合理利用自然资源财税政策的目标、实施手段及其传导机制予以阐述，如图 2-1 所示。

促进自然资源合理利用的财税政策目标主要有两个：一是经济目

标，遵循"成本-效益"原则，分析自然资源利用对经济的影响，从而制定财税政策的经济目标。二是社会目标，在不干扰市场经济正常运行的前提下，把资源的利用量控制在环境承载范围之内，保证资源满足人类的可持续利用。

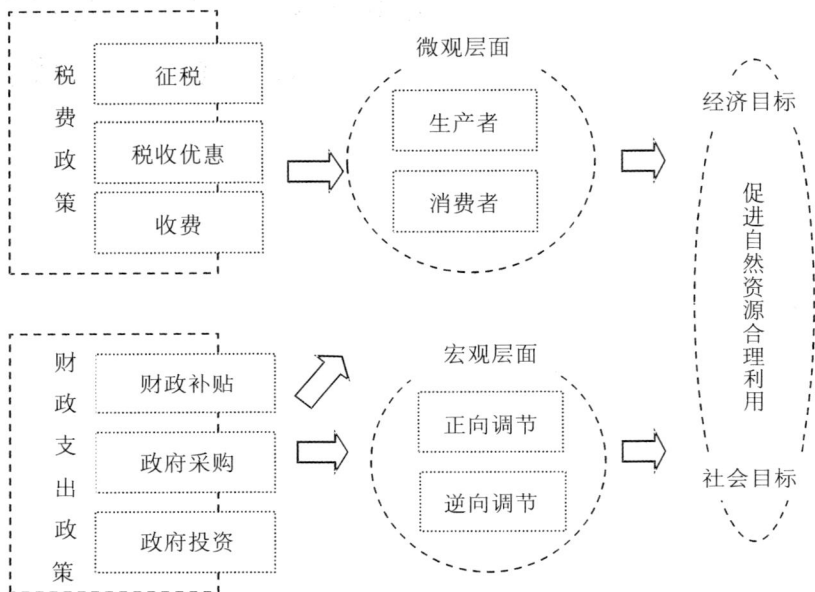

图 2-1 财税政策促进自然资源合理利用综合作用机制

促进自然资源合理利用的手段主要分为税费政策和财政支出政策两大类。税费政策主要通过作用于微观领域发挥作用，而财政支出政策则是同时作用于宏观和微观两个领域。虽然实施手段和作用领域有所不同，但最终都将达到促进自然资源合理利用的政策目标。

（1）税费政策

就税费政策而言，促进自然资源合理利用的作用机制主要有征税、税收优惠和收费三个手段。税收优惠和征税一般都是通过微观个体（生产者或消费者）发挥作用的。征税使得生产高能耗产品厂商产生的负外部成本内部化，提高企业生产成本，促使企业改变生产结构，转而进行促进资源节约产品的生产。税收优惠则是对节约资源产品实行减免税措施，降低该类企业的生产成本，增加其税后收益，进而提高企业促进自然资源合理利用的积极性。收费是对滥用资源行为的惩罚措施，其作用机制与税收十分相似。加之"费改税"已经成为一种必然趋势，故将收费机制在税费政策中予以体现。

（2）财政支出政策

从财政支出政策的作用机制来看，主要有政府投资、财政补贴、政府采购三个政策手段。财政补贴一般是通过生产者和消费者等微观主体发挥作用。无论是对节约资源的生产者还是对节约资源产品的消费者予以补贴，都会对促进自然资源合理利用行为产生正面的积极引导。而政府采购则是通过宏观层面和微观层面共同起作用的。在宏观经济层面，政府采购通过购买性支出乘数发挥经济调节作用。在微观层面，政府采购可以扩大节约资源产品的需求量，进而调节社会产品结构，最终促进自然资源的合理利用。政府投资主要作用于宏观经济层面，政府投资所产生的效应，并不局限于其投资本身，而是作为一种诱发性投资，将压抑的民间资本潜力释放出来，使得促进资源合理利用投资达到更大的规模。

2.2 税收促进自然资源合理利用的作用机制

2.2.1 征税

税收的经济效应是指纳税人的经济选择或经济行为对国家征税所作出的反应，或者从另一个角度说，是国家征税对消费者乃至生产者决策产生的影响①。税收的经济效应可以分解为收入效应和替代效应两个方面。

征税对促进自然资源合理利用的影响表现为两方面：一是对生产者的影响；二是对消费者的影响。无论对于哪一类主体而言，最终的影响都是由税收的收入效应和替代效应共同构成的。自然资源税收对生产者或消费者的影响，主要是通过税收对市场价格机制的干预来实现的。税

---

① 陈共. 财政学［M］. 6 版. 北京：中国人民大学出版社，2009：237.

收按照其计税依据的不同，可分为从量税、从价税和总额税[①]三种类型。不同类型的税收对经济的影响也有所不同，但归根结底都是通过影响消费者的预算约束进而影响商品的价格和产量的。

（1）对生产者决策的影响

①替代效应

对于生产者而言，自然资源税收的替代效应是指政府征税后，生产者减少征税或者重税的高能耗商品生产量，增加无税或者轻税的节约资源商品的生产量，也就是生产者以无税或者轻税商品生产替代征税或者重税商品的生产，如图 2-2 所示。

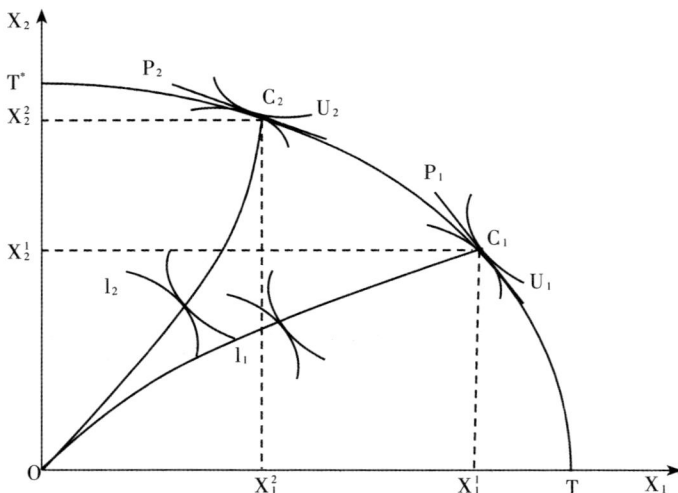

图 2-2　征税对生产者的替代效应

假设生产者只生产 X_1、X_2 两种商品，其中 X_1 是高能耗商品，X_2 是节约资源商品。TT^* 是生产者生产两种商品的生产可能性曲线，它表示在技术水平和投入数量给定的条件下可能实现的所有产出集合。假设市场上只有两个消费者，连接所有帕累托有效配置点形成契约曲线 l_1，它是帕累托有效率的消费束集。契约曲线 l_1 与生产可能性曲线 TT^* 相交于 C_1 点，同时该点也是无差异曲线 U_1 与生产可能性曲线 TT^* 的切点，P_1 为公切线。在 C_1 点，两种商品的最优组合是（X_1^1，X_2^1）。此时，生产和消费

① 范里安. 微观经济学：现代观点［M］. 费方域，等，译. 8 版. 上海：上海三联书店出版社，上海人民出版社，2011：22.

同时达到帕累托最优，消费者的边际替代率等于生产者的边际转换率。

如果政府为了促进自然资源的合理利用，对高能耗商品 X_1 进行征税。假设生产者无法实现税负转嫁，政府征税使得商品 X_1 的生产成本增加，进而导致 X_1 的市场价格提高。随着 X_1 市场价格的提高，消费者对两种商品的偏好发生变化，引起实现消费者帕累托最优的契约曲线由 l_1 变成 l_2。新契约曲线 l_2 与生产可能性曲线 TT^* 相交于 C_2 点，同时该点也是无差异曲线 U_2 与生产可能性曲线 TT^* 的切点，P_2 为公切线。在 C_2 点，两种商品的最优组合是（X_1^2，X_2^2）。此时，生产和消费也同时达到帕累托最优。

比较对高能耗商品征税前后的生产情况可知，对商品 X_1 征税改变了生产者的生产决策，将 X_1 的生产量从 X_1^1 减少至 X_1^2，而将 X_2 的生产量从 X_2^1 增加至 X_2^2。也就是说，对高能耗商品征税，可以促使厂商减少高能耗商品的产量，从而增加节约资源商品的产量，最终达到促进自然资源合理利用的目的。

②收入效应

政府对高能耗商品征税后，使生产者的收入减少，从而缩减可支配生产要素的投入，最终降低了生产规模，抑制了高能耗商品的生产，如图 2-3 所示。

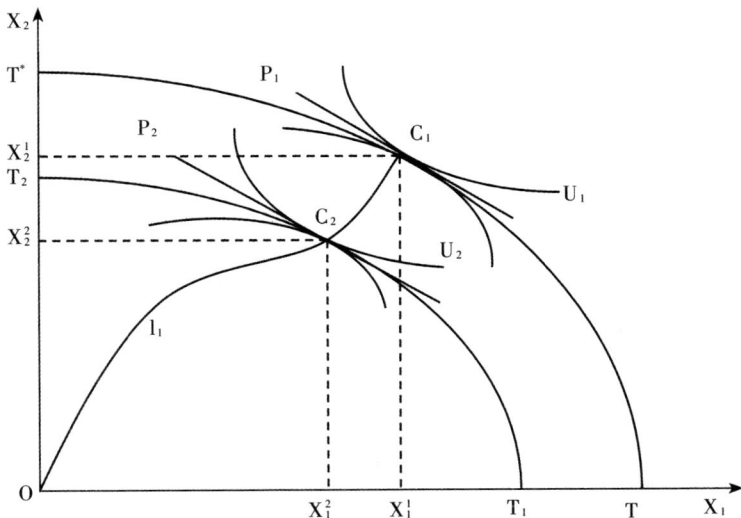

图 2-3　征税对生产者的收入效应

假设生产者只生产 X_1、X_2 两种商品，且两种商品都是高能耗商品。如前所述，TT*是生产者生产两种商品的生产可能性曲线。市场上只有两个消费者，两个消费者帕累托有效率的消费束集为契约曲线 l_1。最初契约曲线 l_1 与生产可能性曲线 TT*相交于 C_1 点，此时生产和消费同时达到帕累托最优，两种商品的最优组合是（X_1^1，X_2^1）。

假设政府对两种商品同时征税，且生产者无法实现税负转嫁。征税使得商品 X_1、X_2 的生产成本增加，降低了生产者的收入，导致生产者减少对可支配生产要素的投入，使得生产可能性曲线由 TT*变成 T_1T_2。契约曲线 l_1 与新的生产可能性曲线 T_1T_2 相交于 C_2 点，两种商品的最优组合是（X_1^2，X_2^2）。此时，生产和消费同时达到帕累托最优。

从征税前后的情况对比来看，对两种高能耗商品征税改变了生产者的生产决策。由于生产者的整体收入降低，厂商同时减少两种商品的生产要素投入，进而达到降低两种高能耗商品产量的政策目标。

（2）对消费者决策的影响

作为一个理性的消费者，必须在既定收入水平下做出使得自己获得最大满足的决策。自然资源税收对消费者行为的影响体现在两个方面：一是替代效应，二是收入效应。

①替代效应

自然资源税收对消费者的替代效应是指当政府对高能耗商品和节约资源商品差别征税时，会使得消费者增加资源节约商品的购买数量而减少高能耗商品的购买数量，如图2-4所示。

假定消费者将全部收入用于购买 X_1、X_2 两种商品，X_1 是高能耗商品，X_2 是节约资源商品。在未征税之前，代表消费者收入水平的预算线 AA_1 与无差异曲线 U 相切于 E_1 点。此时，消费者获得在既定收入下的最大满足，其最优选择为（X_1^1，X_2^1）。当对高能耗商品 X_1 征税时，商品 X_1 的价格会增加。此时，X_1、X_2 两种商品的相对价格发生变化，预算线变得更加陡峭（预算线 BB_1）。预算线 BB_1 与无差异曲线 U 相切于 E_2 点。此时，消费者满足程度最大，其最优选择为（X_1^2，X_2^2）。

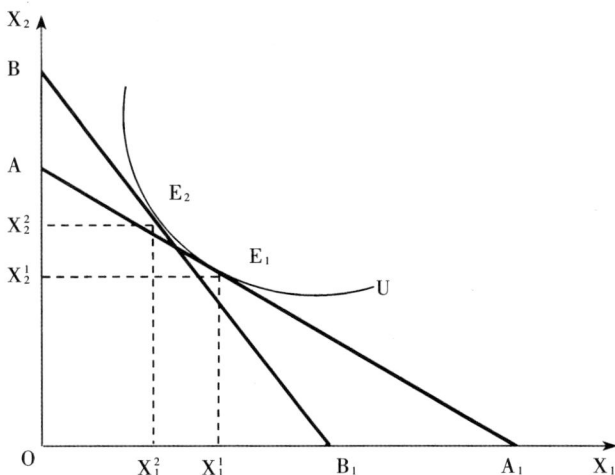

图 2-4　征税对消费者的替代效应

由此可见，由于政府对 X_1 征税，改变消费者购买两种商品的选择，消费者的最优选择由 (X_1^1, X_2^1) 变为 (X_1^2, X_2^2)。对比这两点可以发现，征税不仅意味着消费者购买两种商品的数量比例发生了变化，而且意味着消费者的满足程度下降了。

②收入效应

自然资源税收对消费者的收入效应是指政府征税将消费者的一部分收入转移到政府手中，从而使消费者的收入下降，从而减少了消费者购买商品的数量，降低了消费者的消费水平，如图 2-5 所示。

仍假定消费者将全部收入用于购买 X_1、X_2 两种商品，X_1 是高能耗商品，X_2 是节约资源商品。在政府未征税之前，消费者购买 X_1、X_2 两种商品的预算线为 AB，其与无差异曲线 U_1 相切于 E_1 点，此时，消费者的最优选择为 (X_1^1, X_2^1)。当政府决定对消费者征收一次性税收（如个人所得税）T 元，消费者的收入必将减少 T 元，使得预算线 AB 向下平移到新的预算线 A_1B_1。预算线 A_1B_1 与无差异曲线 U_2 相切于 E_2 点。此时，消费者的最优选择为 (X_1^2, X_2^2)。

由此可见，由于政府征收一次性税收改变消费者购买两种商品的选择，消费者的最优选择由 (X_1^1, X_2^1) 变为 (X_1^2, X_2^2)。但对比这两点可以发现，征税确实减少了消费者购买商品的数量，降低了消费者的消费

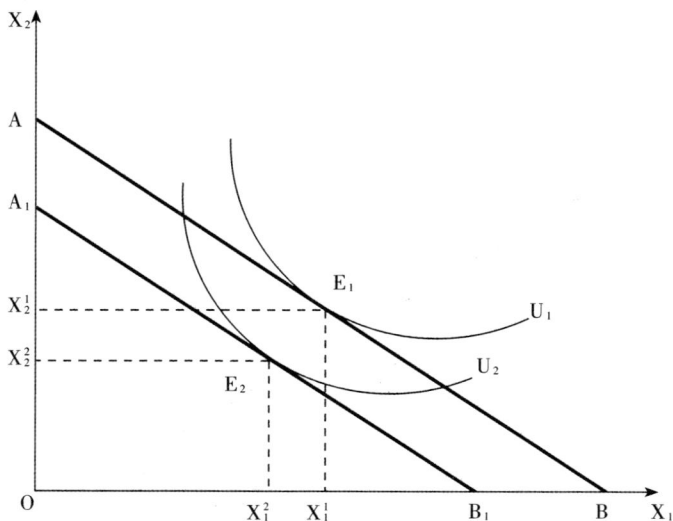

图 2-5　征税对消费者的收入效应

水平，但消费者购买两种商品的数量组合比例并未发生变化。

2.2.2　税收优惠

税收优惠是指一个国家或地区为了达到一定的经济、社会目标，对某些特定的纳税人或者征税对象给予的一定税收照顾、鼓励而采取的减免税负措施。税收优惠政策可以作用于资源产品生产的所有环节，包括采购环节、产销环节和售后环节等。税收优惠对促进自然资源合理利用的作用机制表现在对生产者的作用机制和对消费者的作用机制两方面。由于税收优惠对生产者的作用机制与财政补贴相似，故其作用机制将在财政补贴中予以详细阐述，这里只介绍税收优惠对消费者影响的作用机制。

税收优惠促进自然资源合理利用的作用机制如下：政府通过实施促进自然资源合理利用的减免税优惠政策，牺牲国家部分的税收利益，让利于消费者，鼓励消费者加大对节约资源商品的购买，从而促使节约资源商品的消费结构进行调整，如图 2-6 所示。

假定消费者将全部收入用于购买 X_1、X_2 两种商品，X_1 是节约资源商品，X_2 是高能耗商品。消费者购买 X_1、X_2 两种商品的预算线 AB 与表示消费者偏好的无差异曲线 U_1 相切于 E_1 点。此时，消费者的最优选

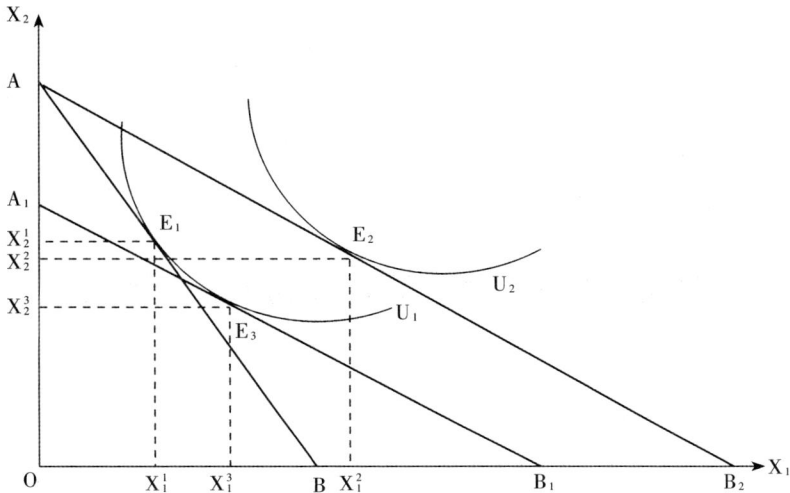

图 2-6　税收优惠对消费者的影响

择为（X_1^1，X_2^1）。当对节约资源商品 X_1 实行税收优惠时，商品 X_1 的价格下降会促使消费者购买更多的商品 X_1 来替代商品 X_2，最终引起预算线 AB 向外旋转至新预算线 AB_2。预算线 AB_2 与无差异曲线 U_2 相切于 E_2 点，此时，消费者的最优选择为（X_1^2，X_2^2）。比较 E_1 和 E_2 两个均衡点，X_1 需求量的增加了 $X_1^1 X_1^2$，这便是对商品 X_1 实行税收优惠所引起的总效应。如前所述，这个总效应是由替代效应和收入效应两部分构成的。

先分析替代效应，由于新的均衡点 E_2 出现在无差异曲线 U_2（$U_2 > U_1$）上。为了分析替代效应的影响，必须剔除实际收入水平变化的影响，做一条平行于预算线 AB_2 且与无差异曲线 U_1 相切的补偿预算线①A_1B_1。补偿预算线 A_1B_1 与无差异曲线 U_1 相切于均衡点 E_3 点，此时，消费者的最优选择是（X_1^3，X_2^3）。实行税收优惠使得商品 X_1 的价格下降，消费者为了维持原有的效用水平不变，只能增加商品 X_1 的购买，减少商品 X_2 的购买。与均衡点 E_1 相比，商品 X_1 需求量增加了 $X_1^1 X_1^3$，这个增加量就是商品 X_1 价格变动所引起的替代效应。

① 当商品的价格发生变化引起消费者的实际收入水平发生变化时，补偿预算线是用来表示以假定的货币收入增减来维持消费者的实际收入水平不变的一种分析工具。

再分析收入效应，商品 X_1 价格下降引起消费者实际收入水平增加，进而使得消费者获得更大效用的满足。当补偿预算线 A_1B_1 再次回到预算线 AB_2 的位置，均衡点由 E_3 变成 E_2，消费者的最优选择也由（X_1^3，X_2^3）变成（X_1^2，X_2^2）。相比之下，商品 X_1 的需求量增加了 $X_1^3X_1^2$，这个增加量就是对商品 X_1 征税所引起的收入效应。

2.3 财政支出促进自然资源合理利用的作用机制

2.3.1 政府投资

政府投资主要用于那些具有自然垄断特征、外部效应大、产业关联度高的公共设施、基础产业及高科技主导产业。政府的投资能力与投资方向对国民经济结构的调整起着关键性的作用。政府对促进自然资源合理利用的投资主要有两类：一是基础设施投资；二是环境治理投资。由于二者的作用机制基本相同，本书以基础设施投资为代表研究政府投资的作用机制。

促进自然资源合理利用的政府投资作用机制如下：政府通过增加预算投资加强资源基础产业建设，进而提高促进资源合理利用企业的投资回报率，吸引更多的社会资金进入该行业，最终促进整个资源高效利用产业的健康发展。政府投资所产生的效应，并不局限于本身的投资效应，而是作为一种诱发性投资，将民间部门压抑的生产潜力释放出来，促使国民经济达到一个更高的发展水平。基础性产业投资的"乘数效应"如图 2-7 所示。

在图 2-7 中，TT^* 线是原来的生产可能性曲线，SW_1 线是原来的社会无差异曲线，TT^* 线与 SW_1 线相切于 E_1 点，E_1 点代表了社会的总体经济效益。当政府增加对促进资源合理利用基础产业的投资，使得生产可能性曲线由 TT^* 向外推移到 T_1T_2 时，T_1T_2 线与代表更高效用的社会无差异曲线 SW_2 相切，均衡点为 E_2 点。此时，社会的总体经济效应明显高于 E_1 点，这就是基础性产业投资的乘数效应。

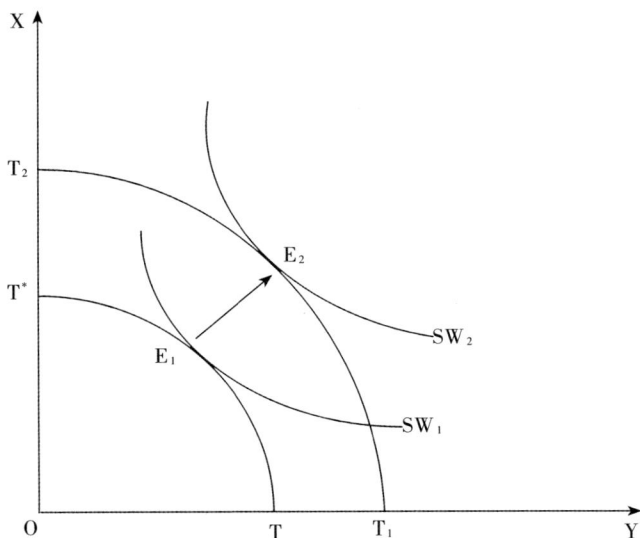

图 2-7 基础性产业投资的"乘数效应"

当政府投资支持资源合理利用产业发展后，受政府投资直接的拉动作用及间接的政策引导，该产业的总投资额迅速增加，呈现投资的乘数效应。值得注意的是，随着投资规模的不断扩大，政府投资对该产业投资总额的带动作用呈递减趋势，这也是符合边际收益递减规律的。

2.3.2 财政补贴

财政补贴分为从量补贴、从价补贴和总额补贴三种类型。从量补贴和从价补贴以同样的方式影响着预算线，使预算线变得平缓，而总额补贴却使预算线向外平行移动。虽然这三种补贴对预算线的影响有所不同，但最终都会引起均衡价格和产量发生变动，因此，本书仅以从量补贴为例，运用比较静态分析方法分别研究财政补贴对促进自然资源合理利用生产者和消费者的影响。值得注意的是，无论单独对生产者还是单独对消费者实行财政补贴，最终的财政补贴收益都由生产者和消费者共同分享。

（1）对生产者补贴

对促进自然资源合理利用的生产者进行从量补贴，使得到补贴的厂商获得成本优势，有利于其扩大生产规模，增加节约资源产品的供给，最终引发节约资源产品市场供求均衡发生变化，对生产者和消费者的收益均产生影响，如图 2-8 所示。

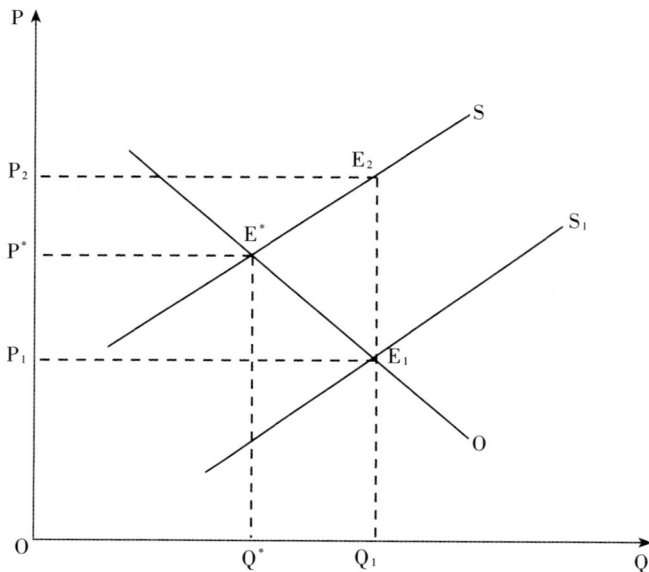

图 2-8　对生产者补贴的作用机制

在政府未进行财政补贴之前，假设节约资源产品的市场均衡由需求曲线 D 与供给曲线 S 的交点 E* 决定，此时，均衡价格为 P*，均衡产量为 Q*。当政府鼓励节约资源产品生产时，给予每一单位产品 s 元的从量补贴。实施从量补贴后，消费者实际支付的单位产品价格都下降了 s 元，使得原来的供给曲线向下平行移动 s 个单位，形成新的供给曲线 S₁。新供给曲线 S₁ 和需求曲线 D 相交于 E₁，此时，新的市场均衡形成，均衡价格为 P₁，均衡产量为 Q₁。通过比较 E* 和 E₁ 可以发现，Q₁ 明显大于 Q*，由此可见，对节约资源产品的生产者进行补贴，可以吸引厂商增加该产品的生产，从而达到促进自然资源合理利用的政策目标。

进一步对财政补贴的经济效应进行分析。对于政府而言，对每一单位产品给予生产者 s 元补贴，政府支付的财政补贴共计 (P₂-P₁) Q₁。其中，生产者获得的补贴总额为 (P₂-P*) Q₁，消费者获得的补贴总额为 (P*-P₁) Q₁。至于生产者和消费者各自获得补贴数量的多少则要根据供求曲线的弹性来决定。当需求曲线不变时，供给曲线越平缓，消费者获得的补贴越多，供给曲线越陡峭，则生产者获得的补贴越多。

（2）对消费者补贴

消费者是产品的最终需求者，消费者的需求变动必将对生产者的决策产生影响。由于节约资源产品的价格相对较高，要鼓励这类产品的消费，只能通过财政补贴的形式，以引起该类产品的市场均衡发生变化，如图 2-9 所示。

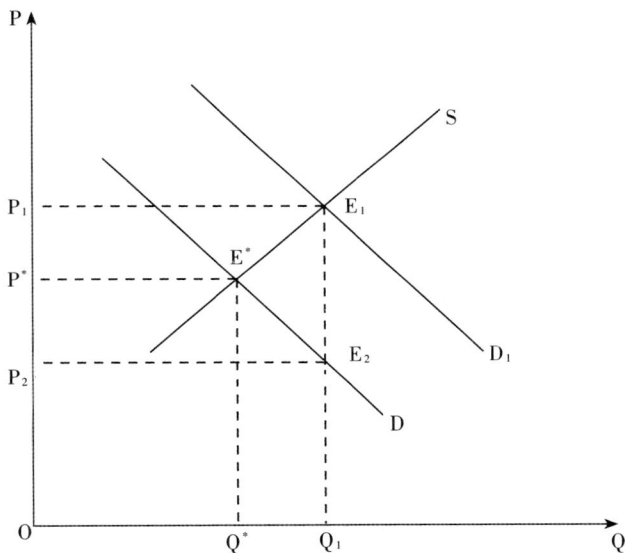

图 2-9　对消费者补贴的作用机制

假设在未进行财政补贴之前，节约资源产品的市场均衡点为 E^*，此时，均衡价格为 P^*，均衡产量为 Q^*。当政府对购买每一单位资源节约产品给予 s 元的补贴后，使得原来的需求曲线整体向上平移了 s 个单位，形成新的需求曲线 D_1。市场均衡点由 E^* 变成 E_1，此时，均衡价格为 P_1，均衡产量为 Q_1。通过比较可以发现，Q_1 明显大于 Q^*。也就是说，通过对消费者进行财政补贴，可以扩大消费者对节约资源产品的需求，最终引起该产品供给的增加。

进一步分析财政补贴的经济效应。对于政府而言，支付的财政补贴共计（P_1-P_2）Q_1。其中，生产者获得的补贴总额为（P_1-P^*）Q_1，消费者获得的补贴总额为（P^*-P_2）Q_1。至于生产者和消费者各自获得补贴数量的多少仍取决于供求曲线的弹性大小。当供给曲线不变时，需求曲线越平缓，生产者获得的补贴越多，需求曲线越陡峭，则消费者获得的补贴越多。

2.3.3 政府采购

政府采购并非单指政府为了满足日常工作需要而进行采购的具体过程，而是一种包括采购政策、采购程序、采购过程及采购管理在内的公共采购管理制度。政府部门扩大节约资源产品的采购范围，无形之中成为合理利用资源行为的代言人，有利于促进自然资源的合理利用。促进自然资源合理利用政府采购的作用机制表现在两方面：一是购买性支出乘数效应；二是对节约资源生产的影响。

（1）购买性支出乘数效应

政府增加对节约资源产品的采购量，刺激生产者扩大生产规模，最终增加了国民收入。增加的国民收入在国家、企业和个人之间进行分配，再次促进节约资源产品市场需求的扩大，经过不断循环往复，最终促使国民收入的增加数倍于政府采购支出的规模，这就是购买性支出乘数效应。

政府采购效应的大小用政府购买性支出乘数来表示。购买性支出乘数可以通过国民收入决定模型推导出来。假设经济环境是封闭的，则国民收入的决定模型为：

$$Y=C+I+G \tag{2.1}$$

式中：Y——国民收入；

　　　C——消费支出；

　　　I——私人投资支出；

　　　G——政府购买性支出。

$$C=C_a+bY_d \tag{2.2}$$

式中：C_a——消费函数中的常数；

　　　b——边际消费倾向；

　　　Y_d——可支配收入。

$$Y_d=Y-T \tag{2.3}$$

将公式（2.2）、（2.3）代入公式（2.1）可得：

$Y=C_a+b（Y-T）+I+G$

$Y=C_a+bY-bT+I+G$

$（1-b）Y=C_a-bT+I+G$

$Y=（C_a-bT+I+G）/（1-b）$ (2.4)

求公式（2.4）对 G 的导数，即政府购买性支出乘数：

$$KG = \frac{\partial Y}{\partial G} = \frac{1}{1-b}$$ (2.5)

购买性支出乘数反映了购买性支出对国民收入的影响程度。一般来说，边际消费倾向 b 小于 1，则购买性支出乘数为正值，说明购买性支出乘数与国民收入呈同向变动。当政府购买性支出增加时，国民收入也随之增加，增加的国民收入正好是购买性支出的 $1/（1-b）$ 倍。

（2）对节约资源生产的影响

通过政府采购政策，加大对节约资源产品的购买量，引导社会消费向节约资源产品倾斜，最终扩大该类产品的生产规模，如图 2-10 所示。

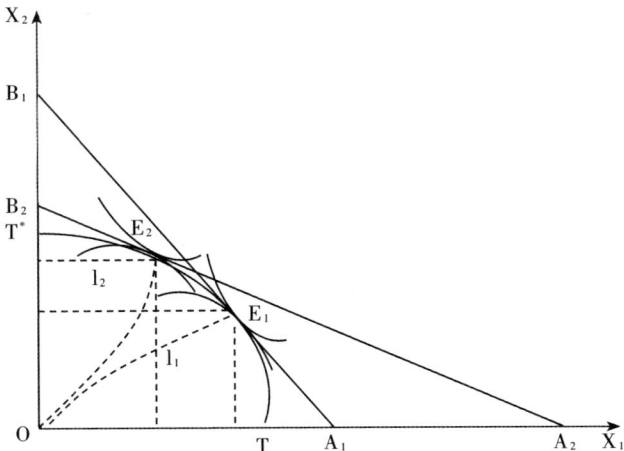

图 2-10 政府采购对节约资源生产的影响

假设社会只生产两种产品：一种是节约资源产品 X_1；另一种是高能耗产品 X_2。TT^* 是生产两种产品的生产可能性曲线。在完全竞争市场中，商品的均衡价格决定了生产和交换的帕累托最优状态，即 $MRT_{XY}=P_X/P_Y=MRS_{XY}$。在未实施政府采购之前，连接所有代表消费者帕累托有效配置点形成的契约曲线 l_1 与生产可能性曲线 TT*相交于 E_1。A_1B_1 为公切线，且为 X_1、X_2 这两种产品的价格之比。此时，$MRT_{12}=P_1/P_2=MRS_{12}$，生产与消费同时达到帕累托最优。

当政府对节约资源产品进行政府采购时，导致产品 X_1 的需求量增加，生产 X_1 产品厂商的利润增加，引发生产要素的重新配置。代表消费者帕累托有效配置的契约曲线变为 l_2，l_2 与生产可能性曲线相交于 E_2，A_2B_2 为公切线，且为 X_1、X_2 这两种产品的新价格之比。同样，在 E_2 点，$MRT_{12}=P_1/P_2=MRS_{12}$，生产与消费同时达到帕累托最优。

比较 E_1、E_2 两点可以发现，实施政府采购政策后，节约资源产品 X_1 的生产数量由 A_1 变成 A_2，产量增加 A_1A_2。而高能耗产品 X_2 的生产数量则由 B_1 成 B_2，产量减少 B_1B_2，由此可见，政府采购政策可以达到调节节约资源产品生产结构的目的。

3　中国促进自然资源合理利用财税政策现状

3.1　促进自然资源合理利用税费政策运用

3.1.1　税收政策

本书提及的促进自然资源合理利用的税收政策是个广义的概念，既包括资源税、耕地占用税、城镇土地使用税等专门税种，也包括消费税、环境保护税、增值税、城市维护建设税、车辆购置税和车船税等一般税种。

（1）资源税

在我国，资源税是对开采矿产品和生产盐的单位和个人征收的一种税，是最符合促进自然资源合理利用目的的税种。现行资源税制是2011年11月1日开始实施的《中华人民共和国资源税暂行条例》及《中华人民共和国资源税暂行条例实施细则》。资源税征收范围包括原油、天然气、煤炭、有色金属矿原矿、黑色金属矿原矿、其他非金属矿原矿和盐等七大类。资源税采用"普遍征收、级差调节"的原则，对资源赋税情况、资源优劣、开采条件、地理位置等客观条件存在差异的地区实行差别税额标准，进而达到调节级差收入、促进自然资源合理利用的目的。

①资源税改革历程

在建国之后相当长的时间里，我国的矿产资源都是无偿使用的，仅对盐的生产、运销征收盐税，后又调整为减半征收①。1982 年 1 月，国务院发布了《中华人民共和国对外合作开采海洋石油资源条例》，首次对中外合作开采海洋石油资源的中外企业征收资源税，这标志着我国矿产资源正式进入有偿开采阶段。1984 年《中华人民共和国资源税条例（草案）》出台，标志着矿产资源无偿使用阶段的终结。随着经济体制改革的不断深入，我国陆续出台了一系列资源税改革的政策文件，详见表 3-1。2018 年 12 月 23 日，资源税法草案首次提请十三届全国人大常委会第七次会议审议，这意味着资源税暂行条例将上升为法律层面。

表 3-1　　　　　　我国资源税改革主要政策文件

生效时间	主要政策文件
1984 年 10 月 1 日	《中华人民共和国资源税条例（草案）》
1986 年 10 月 1 日	《中华人民共和国矿产资源法》
1994 年 1 月 1 日	《中华人民共和国资源税暂行条例》《中华人民共和国资源税暂行条例实施细则》
2007 年 2 月 1 日	《财政部　国家税务总局关于调整焦煤资源税适用税额标准的通知》
2007 年 8 月 1 日	《财政部　国家税务总局关于调整铅锌矿石等税目资源税适用税额标准的通知》
2010 年 6 月 1 日	《财政部　国家税务总局关于印发〈新疆原油天然气资源税改革若干问题的规定〉的通知》

---

①　1949 年 11 月颁布实施的《全国税收实施要则》明确开征盐税；1950 年 6 月政务院和财政部进行了调整，降低盐税税率，减半征收。

续表

生效时间	主要政策文件
2011年11月1日	《中华人民共和国资源税暂行条例》
	《中华人民共和国资源税暂行条例实施细则》
2014年12月1日	《财政部　国家税务总局关于实施煤炭资源税改革的通知》
2016年7月1日	《财政部　国家税务总局关于全面推进资源税改革的通知》
	《财政部　国家税务总局关于资源税改革具体政策问题的通知》
2017年12月1日	《财政部　国家税务总局　水利部扩大水资源税改革试点实施办法》
2018年12月23日	《中华人民共和国资源税法（草案）》首次提请十三届全国人大常委会第七次会议审议，标志着资源税法草案将上升为法律层面

纵观我国资源税改革的整个进程，主要呈现以下三个特点：

第一，征税范围不断扩大。资源税的征税范围由最开始的"对销售利润率大于10%的企业征收石油、天然气、煤炭资源税"扩大到1986年的"对所有开采矿产资源的企业都征收资源税"，再到1994年的"对原油、天然气、煤炭等七个税目都征收资源税"。2016年7月1日起，资源税征税范围再次扩大，不仅开展水资源税改革试点工作，还明确要将森林、草场、滩涂等其他自然资源纳入征税范围。水资源税改革再次扩大范围，2017年12月1日起，北京、天津、山西、内蒙古、河南、山东、四川、陕西、宁夏9个省、自治区、直辖市开始扩大水资源税改革试点。

第二，资源税税额标准逐渐提高。1994年，国家按照产品销售或者自用数量分别对资源税的七个税目设置了从量征收税额。2006年国家对有色金属全额征收资源税，取消以往30%的税收减征优惠。七个等次的岩金矿资源税单位税额每吨上升至1.5元到7元不等，平均上调1倍以上。对铁矿石的资源税政策进行调整，按照规定税额标准的60%征收资源税。为了支持盐业发展，2007年1月下发的《财政部　国家税务总局关于调整盐资源税适用税额标准的通知》中，降低了盐的单位税额。同年2月1日起，焦煤的资源税单位税额上升为8元/吨。同年8月1日起，铅锌矿石、铜矿石和钨矿石等三种产品资源税适用税额标准上涨了3~5倍不等。

　　第三，矿产资源税计征方式不断完善。最初是按照销售利润率进行
征收，1994 年按照产品的销售或者自用数量从量征收。2010 年 6 月新
疆资源税改革试点，原油、天然气资源税统一按照销售额的 5% 计征，
而后推广至全国，从价税率在 5%~10% 之间。2014 年 12 月，将矿产
资源补偿费率降为零，并将原油、天然气资源税适用税率提高到 6%，
对煤炭按照 2%~10% 的税率从价征收资源税。2015 年 5 月 1 日，稀
土、钨、钼三个品目完成资源税从价计征改革。2016 年 7 月，资源税
改革全面推进，对"资源税税目税率幅度表"中列举的 21 种资源品目
和未列举名称的其他金属矿实行从价计征，清理涉及矿产资源的不合理
收费和基金，加强对其税收优惠的管理，至此，矿产资源资源税改革基
本完成。

　　②资源税收入

　　自我国资源税制建立以来，我国的资源税收入一直处于增长趋势
（如图 3-1 所示）。我国资源税收入的增长主要分为以下三个时期：一
是 1995 年至 2005 年，资源税收入增长较为缓慢，仅从 1995 年的 54.96
亿元上升到 2005 年的 142.2 亿元；二是 2006 年至 2009 年，资源税收
入增长速度不断加快，从 2006 年的 207.11 亿元上升为 2009 年的
338.24 亿元，这与国家提高部分资源产品单位税额的政策密不可分；三
是 2010 年以后，资源税收入大幅增长，从 2010 年的 417.57 亿元上升
为 2016 年 919.40 亿元。虽然在此期间，2015、2016 两年的资源税收入
较 2014 年的 1 083.82 亿元有所下降，但总体上已突破 900 亿元大关。

收入（亿元）

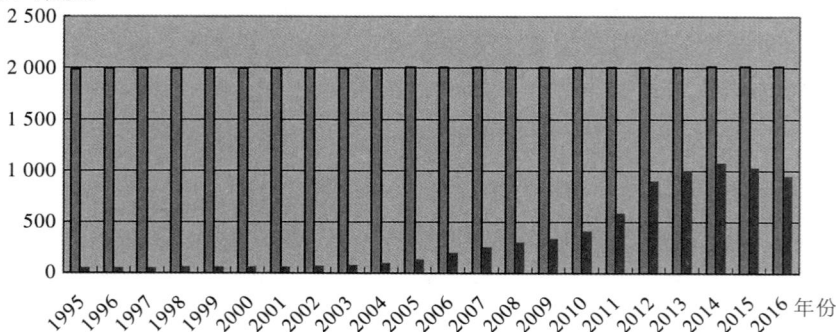

图 3-1　1995—2016 年我国资源税收入情况

为进一步分析资源税改革政策对各省资源税收入影响的大小，本书选取我国自然资源比较丰富的 10 个省区为代表，研究其 2010—2016 年资源税收入情况（如图 3-2 所示）。2010 年 6 月，新疆率先进行油气资源税改革试点，2011 年资源税收入达到 65.01 亿元，是 2010 年资源税收入的两倍。2011 年 11 月，油气资源税改革试点在全国推开，油气资源丰富的山东、黑龙江、辽宁等省的资源税收入迅速增长，2014 年各省区的资源税收入均突破百亿元大关。2014 年 12 月开始煤炭资源税改革，因此，2015—2016 年间山西、内蒙古等煤炭大省的资源税收入大幅增加。随着我国资源税改革的不断深入，资源丰富省区的资源税收入必将呈现稳定增长趋势，资源税对促进自然资源合理利用的宏观调控能力日趋增强。

收入（亿元）

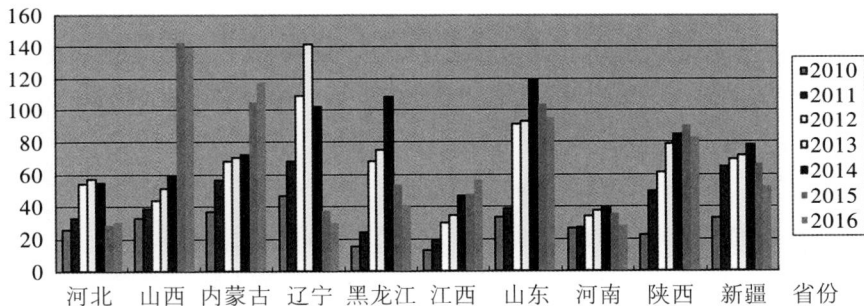

图 3-2　2010—2016 年我国部分资源丰富省区资源税收入情况

（2）耕地占用税

耕地占用税是对占用耕地建房或者从事非农业建设的单位和个人征收的一种税。征收耕地占用税有利于加强土地资源的管理，达到保护农用耕地的政策目的。我国耕地占用税采用定额税率，以纳税人实际占用的耕地面积为计税依据，按照规定的适用税额一次性征收，其标准取决于人均占有耕地的数量和经济发展程度①。

我国耕地占用税于 1987 年开始征收，当时耕地占用税的定额比较低，以人均耕地在 1 亩（含 1 亩）以下的地区为例，耕地占用税税额仅

---

① 《中华人民共和国耕地占用税法》规定：在人均耕地低于 0.5 亩的地区，省、自治区、直辖市可以根据当地经济发展情况，适当提高耕地占用税的适用税额，但提高的部分不得超过规定税额的 50%。

为每平方米为 2～10 元。2008 年 1 月 1 日我国开始实施新的《中华人民共和国耕地占用税暂行条例》，与原有政策相比，每平方米缴纳的耕地占用税单位税额显著提高。2016 年 1 月 15 日，国家税务总局发布并实施的《耕地占用税管理规程（试行）》，对耕地占用税的涉税信息管理、纳税认定管理、申报征收管理、减免退税管理、税收风险管理作出了明确规定。现行耕地占用税制是 2019 年 1 月 1 日刚刚实施的《中华人民共和国耕地占用税法》，现行耕地占用税的税额详见表 3-2。值得注意的是，原有耕地占用税以县级行政区域为单位，而新的耕地占用税以县、自治县、不设区的市、市辖区为单位。对占用基本农田的，应当按照适用税额，加按 150% 征收。对占用园地、林地、草地、农田水利用地、养殖水面、渔业水域滩涂以及其他农用地建设建筑物、构筑物从事非农业建设的，也要比照规定征收耕地占用税。

表 3-2 　　　　　　　　　　**现行耕地占用税的税额**

地区	单位税额
人均耕地不超过 1 亩的地区	每平方米为 10 元至 50 元
人均耕地超过 1 亩但不超过 2 亩的地区	每平方米为 8 元至 40 元
人均耕地超过 2 亩但不超过 3 亩的地区	每平方米为 6 元至 30 元
人均耕地超过 3 亩的地区	每平方米为 5 元至 25 元

资料来源：2019 年 1 月 1 日实施的《中华人民共和国耕地占用税法》

通过查阅中国国家统计局官方网站相关资料，得到 1995—2016 年我国耕地占用税税额的总体变化情况，如图 3-3 所示。近年来，我国耕地占用税收入一直呈现增长趋势，从 1995 年的 34.54 亿元上升到 2016 年 2 028.89 亿元，增加了 59 倍。2008 年修订的《中华人民共和国耕地占用税暂行条例》实施以来，耕地占用税增长的幅度明显加大，每年以平均 200 亿元速度递增。随着 2019 年 1 月 1 日《中华人民共和国耕地占用税法》的正式实施，我国耕地占用税的征收管理也进入新的阶段，由此可见，耕地占用税的宏观调控作用日益加强，我国耕地资源利用正在朝合理有序的方向发展。

收入（亿元）

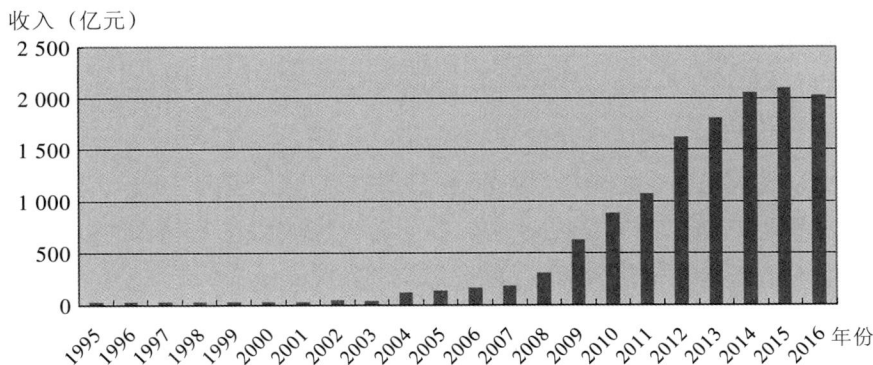

图 3-3　1995—2016 年我国耕地占用税收入情况

（3）城镇土地使用税

城镇土地使用税是以城镇土地为征税对象，对拥有土地使用权的单位和个人征收的一种税。征收城镇土地使用税可以加强对城镇土地的管理，调节土地极差收入，提高城镇土地的使用效益。城镇土地使用税按照大城市，中等城市，小城市和县城、建制镇、工矿区的不同设置有幅度的差别税额。

城镇土地使用税开征于 1988 年，当时规定的每平方米年应纳城镇土地使用税额比较低。其中，大城市为 0.5～10 元，中等城市为 0.4～8 元；小城市为 0.3～6 元，县城、建制镇、工矿区为 0.2～4 元。2007 年 1 月新修订的《中华人民共和国城镇土地使用税暂行条例》对大中小城市的范围进行明确界定，并提高了城镇土地使用税的每平方米年应纳税额。其中，大城市为 1.5～30 元，中等城市为 1.2～24 元；小城市为 0.9～18 元，县城、建制镇、工矿区为 0.6～12 元。通过对比可以发现，就同一地区而言，2007 每平方米城镇土地使用税的年应纳税额是 1988 年的 3 倍。此外，2013 年《国务院关于修改部分行政法规的决定》中将城镇土地使用税的税收管理权进一步下放，城镇土地使用税的定期减免权改由县级以上地方税务机关批准。

图 3-4 反映了 1995—2016 年我国城镇土地使用税收入的变化情况，1995 年我国城镇土地使用税收入仅为 33.58 亿元，2004 年城镇土地使用税收入突破 100 亿元，2007 年以后城镇土地使用税收入增长迅速，2010 年城

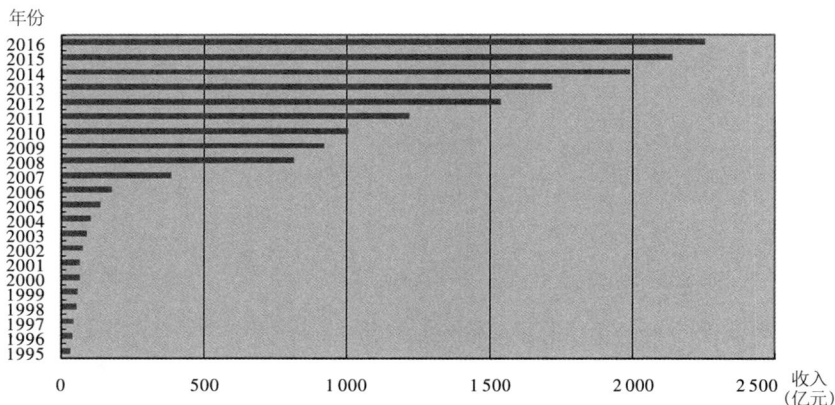

图 3-4 1995—2016 年我国城镇土地使用税收入情况

镇土地使用税收入突破 1 000 亿元，到 2016 年，城镇土地使用税总额已达到 2 255.74 亿元，比 1995 年增长 66 倍多。虽然城镇土地使用税税额占我国地方财政收入的比重不是很大，但其对于促进我国城镇土地的合理利用发挥着重要作用。

（4）消费税

消费税是对我国境内生产、委托加工和进口应税消费品的单位和个人征收的一种税。征收消费税体现了政府贯彻消费政策、引导社会消费倾向，最终调整产业结构的政策目的。从本质上看，消费税在促进自然资源合理利用方面的作用也是显而易见的。我国消费税自开征以来，几经变革，主要是税目和税率的变化，详见表 3-3。现行消费税制是 2009 年 1 月 1 日实施的《中华人民共和国消费税暂行条例》及《中华人民共和国消费税暂行条例实施细则》。

我国消费税的征收始于 1994 年，最初只有 11 个税目，包括烟、酒及酒精、化妆品、护肤护发品、贵重首饰及珠宝玉石、鞭炮焰火、汽油、柴油、汽车轮胎、摩托车和小汽车。消费税的计征方式包括从价计征、从量计征和复合计征三种方式。其中，资源性产品只包括柴油和汽油两类，并且税率较低，柴油税率为 0.1 元/升，汽油税率为 0.2 元/升。对于以汽油、柴油为燃料的摩托车和小汽车并未按照其实际的污染程度差别征收消费税。2005 年实施《汽油、柴油消费税管理办法（试行）》中明确界定了汽油、柴油消费税的纳税义务人，提高了汽油适用的消费

表 3-3 我国消费税改革主要政策文件

生效时间	主要政策文件
1994 年 1 月 1 日	《中华人民共和国消费税暂行条例》
	《中华人民共和国消费税暂行条例实施细则》
2005 年 9 月 1 日	《国家税务总局关于印发〈汽油、柴油消费税管理办法（试行）〉的通知》
2006 年 4 月 1 日	《财政部 国家税务总局关于调整和完善消费税政策的通知》
	《财政部 税务总局关于进口环节消费税问题的通知》
	《财政部 国家税务总局关于调整和完善消费税政策的通知》
2009 年 1 月 1 日	《中华人民共和国消费税暂行条例》
	《中华人民共和国消费税暂行条例实施细则》
	《国务院关于实施成品油价格和税费改革通知》
2014 年 11 月 29 日	《财政部 国家税务总局关于提高成品油消费税的通知》
2014 年 12 月 13 日	《财政部 国家税务总局关于进一步提高成品油消费税的通知》
2015 年 1 月 13 日	《财政部 国家税务总局关于继续提高成品油消费税的通知》
2015 年 2 月 1 日	《财政部 国家税务总局关于对电池涂料征收消费税的通知》

税税率。其中，无铅汽油的消费税税率为 0.2 元/升，含铅汽油的消费税税率为 0.28 元/升。

2006 年，《财政部 国家税务总局关于调整和完善消费税政策的通知》对我国消费税政策进行调整。此次消费税改革鼓励资源的综合利用，即抑大扬小。具体来说，主要变化体现在两方面：一是税目变为 14 个，取消护肤护发品这一税目，设立成品油税目，将原有的汽油、柴油及新增的航空煤油、石脑油、溶剂油、润滑油、燃料油等纳入其中。新增木制一次性筷子、实木地板等五个税目，更加体现了保护森林资源，促进自然资源节约利用的政策目的；二是消费税税率的变化，对于小汽车而言，按照"低排量低税率、高排量高税率"原则，对排气量不同的小汽车分别设置了 3%、5%、9%、12%、15% 和 20% 六档税率，大幅提高大排量汽车的税率，对节能环保的混合动力车给予一定的税收优惠。

2009 年 1 月 1 日，新修订的《中华人民共和国消费税暂行条例》及《中华人民共和国消费税暂行条例实施细则》将 1994 年以后出台的消费税政策上升到法律层次予以重申。同年，我国实行燃油税改革，此次改革包括两部分内容：一是取消原有的公路养路费、公路运输管理费、公路客货运附加费、航道养护费、水路运输管理费、水运客货运附加费等收费项目，并逐步取消现存的政府还贷二级公路收费项目；二是提高成品油的消费税税率，汽油的单位税额提高 0.8 元，柴油的单位税额提高 0.7 元，其他成品油的单位税额也有不同程度的提高。

2014 年年底至 2015 年年初，我国先后三次提高了成品油消费税的单位税额。其中，汽油、石脑油、溶剂油和润滑油的单位税额提高了 0.52 元。柴油、燃料油和航空煤油的单位税额提高了 0.4 元。2014 年 11 月 25 日，调整摩托车的消费税税率，取消气缸容量 250 毫升（不含）以下的小排量摩托车消费税，同时取消汽车轮胎税目。2015 年 2 月 1 日，为了促进节能减排，我国对电池、涂料征收 4% 的消费税，其中，电池包括原电池、蓄电池、燃料电池、太阳能电池等，铅蓄电池从 2016 年 1 月 1 日开始征收消费税。

由于消费税的征税范围中只有部分涉及资源性产品及其合理利用，且这部分消费税的税额无法单独计算，只能从历年消费税总额的变化进行分析。自燃油税改革以来，我国国内消费税税额增长较快，从 2008 年的 2 568.27 亿元上升为 2015 年的 10 542.16 亿元，8 年之间消费税增加了 4 倍之多。2016、2017 两年的消费税收入分别为 10 217.23 亿元、10 225.09 亿元，比 2015 年有所下降。即便如此，我国消费税对于调整消费结构，促进自然资源节约利用的作用还是十分明显的。

（5）环境保护税

环境保护税是对在我国领域以及管辖的其他海域直接向环境排放应税污染物的企事业单位和其他生产经营者征收的一种税。开征环保税可以保护和改善生态环境、减少污染物的排放，推进我国的生态文明建设。

2007 年 6 月，国务院印发《节能减排综合性工作方案》，我国政府首次明确提出将进行环境税立法。党的十七大报告明确提出要"建设生态文明，实行有利于科学发展的财税制度"。2008 年，环境税研究制定工作正式启动，由财政部、国家税务总局和国家环保总局三部门共同负责。2009 年，为确保环保税制的顺利实施，中国环境与发展国际合作委员会提出推进环保税的路线图和具体时间表。

2010 年 8 月 4 日，在环境税研究已取得阶段性成果的基础上，财政部等三部门联合向国务院请示环境税开征及试点。同年 10 月底，《中共中央关于制定国民经济和社会发展第十二个五年规划的建议》正式提出开征环境保护税。至此，我国环保税的立法工作全面启动。2013 年，国务院法制办根据征求意见对《中华人民共和国环境保护税法（送审稿）》进行了修改。2014 年 11 月，财政部等三部门将已形成的《中华人民共和国环境保护税法（草案稿）》报送国务院审议。2015 年 6 月 10 日，《中华人民共和国环境保护税法（征求意见稿）》面向社会征求意见，这是环境保护税推进过程中的重要节点。

2016 年 9 月 8 日，全国人大对《中华人民共和国环境保护税法（草案）》进行初次审议，并再次向全社会征求意见。同年 12 月 25 日，第十二届全国人大常委会通过了《中华人民共和国环境保护税法》，并于 2018 年 1 月 1 日起开始施行，同时取消排污收费制度。《中华人民共和国环境保护税法》是我国第一部关于环境保护，推进生态文明的单行税法。此次环保税法的制定遵循平稳转移的原则，以现行排污费的缴纳人、收费项目、计费办法和收费标准为基础，设置环保税的纳税人、收费项目、计税依据和税额标准。2017 年 6 月 26 日，财政部、国家税务总局、环境保护部联合发布《中华人民共和国环境保护税法实施条例》，向社会公开征求意见。2017 年 12 月 30 日，《中华人民共和国环境保护税法实施条例》（以下简称条例）正式公布，自 2018 年 1 月 1 日起与《中华人民共和国环境保护税法》同步施行。该条例对《环境保护税税目税额表》中其他固体废物具体范围的确定机制、城乡污水集中处理场所的范围、固体废物排放量的计算、减征环境保护税的条件和标准，以及税务机关和环境保护主管部门的协作机制等做了明确规定，有力保障了环境保护税的顺利实施。

现行环境保护税税目包括大气污染物、水污染物、固体废物和噪声

4 大类，共计 117 种主要污染因子，采用定额税率，其中，对应税大气污染物和水污染物规定了幅度定额税率。原有的排污费制度实行中央和地方 1：9 分成，考虑到地方政府承担主要污染治理责任，新开征的环保税收入将完全归地方所有，中央不再参与分成。作为我国第一个体现"绿色税制"的综合税种，环保税平稳实现了排污费"费改税"并顺利完成首年征收，为推进我国生态文明建设提供了全新动力。目前，环保税鼓励节能减排、促进绿色生产、加快高质量发展的改革效益已经初显。环保税的环保意义和社会意义远大于财政收入意义。

（6）增值税

增值税是对我国境内销售货物或者提供加工、修理修配劳务，销售服务、无形资产或者不动产以及进口货物的单位和个人征收的一种税。增值税可以有效防止商品在流转过程中产生的重复征税问题，更好地体现税收的公平性和效率性原则，为世界众多国家所推崇。

我国从 1979 年开始在部分城市进行生产型增值税试点，1994 年 1月 1 日开始实施的《中华人民共和国增值税暂行条例》标志着我国增值税制度的正式建立。我国 2004 年 7 月 1 日对东北地区制造业等八大行业进行增值税转型试点，并于 2009 年 1 月 1 日起将转型推向全国，自此我国开始全面征收消费型增值税。与此同时，《中华人民共和国增值税暂行条例》（以下简称增值税暂行条例）也予以重新修订并颁布实施。我国 2011 年开始实行"营改增"试点，试点范围不断扩大，2016 年 5月 1 日开始，"营改增"在全国范围内推开。2016 年发布的《国务院关于修改部分行政法规的决定》对增值税暂行条例中部分内容进行修改。2017 年，财政部和国家税务总局发布《关于简并增值税税率有关政策的通知》，2017 年 7 月 1 日起，简并增值税税率结构，取消 13% 的增值税税率，并明确了适用 11% 税率的货物范围和抵扣进项税额规定。从 2018 年 5 月 1 日起，将制造业等行业增值税税率从 17% 降至 16%，将交通运输业、建筑业、基础电信服务业等行业及农产品等货物的增值税税率从 11% 降至 10%。2019 年 3 月 21 日，财政部、国家税务总局、海关总署三部门联合发布《关于深化增值税改革有关政策的公告》。从2019 年 4 月 1 日起，增值税一般纳税人发生增值税应税销售行为或者进口货物，原适用 16% 税率的，税率调整为 13%；原适用 10% 税率的，税率调整为 9%。

现行增值税制中与资源合理利用有关的规定如下：一是销售或者进口货物的一般纳税人，煤炭、原油适用的增值税税率为 16%，对煤气、石油液化气、天然气、居民用煤炭制品适用的增值税税率为 10%；二是提供应税劳务的一般纳税人，包括矿产资源开采、挖掘、切割、破碎、分拣、洗选等，适用税率为 6%，油气田企业从事原油、天然气生产及为石油、天然气生产提供的生产性劳务都属于应税劳务范畴。

尽管增值税在合理利用资源方面的税收数额无法确知，但增值税作为第一大流转税税种，对社会经济的影响是不言而喻的，现行增值税暂行条例中对资源性产品给予的政策倾斜，足以体现国家对促进自然资源合理利用工作的重视程度。

（7）城市维护建设税

城市维护建设税（简称城建税）是国家为了加强城市维护建设而征收的一种税，它筹集的税款专门用于建设和维护城市园林绿化、城市环境卫生等公共基础设施。我国城市维护建设税开征于 1985 年，以纳税人实际缴纳的增值税、消费税①为计税依据进行征收，属于附加税的范畴。根据城建税纳税人所在地的不同，分别设置了 1%、5%、7% 三档税率。大中型工矿企业所在地不在城市市区、县城、建制镇的，税率为 1%。2016 年，我国城市维护建设税总额为 4 033.60 亿元，其中，中央城市维护建设税为 153.28 亿元，占总额的 4%；地方城市维护建设税为 3 880.32 亿元，占总额的 96%。城市维护建设税随"二税"一起征收，虽然总体的税收收入不多，但却是我国城市维护建设资金的重要来源。

（8）关税

关税是指海关依法对通过我国关境的进出口货物课征的一种税收。分为进口关税和出口关税两种类型。涉及促进自然资源合理利用的关税政策主要体现在出口退税政策中。出口退税，全称是出口货物退（免）税，它是指在国际贸易中，对出口货物已承担或应承担的增值税和消费

---

① 最初设立城建税时，是以增值税、消费税和营业税三税的税额为计税依据。随着 2016 年 5 月全面实行"营改增"，营业税全面取消，城建税就改为以增值税、消费税二税的税额为计税依据。

税实行退还或者免征的政策。虽然出口退税涉及增值税、消费税两个税种，但我国依据《出口货物退（免）税管理办法》对其进行统一管理。

为了促进自然资源的节约利用，国家从 2004 年 1 月 1 日起开始调整"高污染、高耗能以及部分资源性产品"（简称"两高一资"产品）的出口退税，取消原油、航空煤油、灯用煤油、轻柴油、燃料油、润滑油等产品的出口退税。2006 年国家对出口退税政策再次作出调整，取消了煤焦油、锡、锌、煤炭等资源性产品的出口退税。从 2007 年 7 月 1 日起，国家取消了 553 项高污染、高耗能以及资源性产品（如盐和水泥）的出口退税，进一步推动我国资源节约和环境保护工作。2010 年 6 月 22 日《财政部　国家税务总局关于取消部分商品出口退税的通知》中取消了钢材、部分有色金属加工材等资源性产品的出口退税。从我国实际国情出发，取消资源性产品出口退税政策必将是一项长期性政策。

（9）车辆购置税法和车船税法

车辆购置税法是对我国境内购置规定车辆的行为征收的一种税，是对车辆购置环节课税。2001 年 1 月 1 日实施的《中华人民共和国车辆购置税暂行条例》规定，车辆购置税征税范围包括汽车、摩托车、电车、挂车和农用运输车，采用比例税率进行征收，税率为 10%。2018 年 12 月 29 日，《中华人民共和国车辆购置税法》予以公布，2019 年 7 月 1 日起正式施行。而车船税法是对拥有车船的单位和个人征收的一种税，是对车辆保有环节课税。现行车船税制是 2012 年 1 月 1 日起施行的《中华人民共和国车船税法实施条例》，计税依据由原来的按辆征税改为按排气量分类征收，体现"多排放，多纳税"的原则。虽然车辆购置税和车船税不是直接促进自然资源合理利用的税种，但因车船行驶需要汽油、柴油等燃料，因此，这两个税种征税政策的制定也会间接引导自然资源的合理利用。

3.1.2　税收优惠政策

我国对于积极主动进行促进自然资源合理利用的行为给予税收优惠，主要体现在增值税、企业所得税、资源税、耕地占用税、环境保护税等税种中，采用减征、免征、即征即退及减计收入等形式。我国促进自然资源合理利用税收优惠主要采用直接优惠的形式，且整体规模不是很大，但因其本身所具有的正面激励作用，能够鼓励企业自觉进行资源合理利用生产，仍是一种维护市场公平竞争的有效方式。

（1）增值税税收优惠

为了鼓励资源的综合利用，财政部、国家税务总局出台了一系列增值税税收优惠法规，主要有《关于资源综合利用及其他产品增值税政策的通知》、《关于资源综合利用及其他产品增值税政策的补充通知》、《关于调整完善资源综合利用产品及劳务增值税政策的通知》和《关于享受资源综合利用增值税优惠政策的纳税人执行污染物排放标准有关问题的通知》。为了进一步规范资源的综合利用，对原有的资源综合利用产品和劳务的增值税优惠政策进行整合和调整，从 2015 年 7 月 1 日起开始执行《资源综合利用产品和劳务增值税优惠目录》，原有的相关文件同时废止。

现行资源综合利用产品和劳务增值税税收优惠主要分为以下五种类型：

一是共伴生矿产资源类，对于符合条件的油母页岩、油田采油过程中产生的油污泥（浮渣）实行 70% 的退税比例，对于符合条件的煤炭开采过程中产生的煤层气（即煤矿瓦斯）实行即征即退 100% 的政策。

二是废渣、废水（液）、废气类，对于工业废渣、废气等 5 类综合利用资源实行即征即退 70% 的政策，对于建（构）筑废物、煤矸石、废旧石墨等 13 类综合利用资源实行即征即退 50% 的政策，对于以垃圾、利用垃圾发酵产生的沼气为原料以及工业生产过程中产生的余热、余压生产的电力、热力实行即征即退 100% 的政策。

三是再生资源类，对于废旧电池及其拆解物等 6 类综合利用资源实行即征即退 30% 的政策，对于废纸、农作物秸秆等 5 类综合利用资源实行即征即退 50% 的政策。

四是农林剩余物及其他类，对于废弃动物油和植物油、农林剩余物及其他综合利用资源实行即征即退 70% 的政策，对于餐厨垃圾、畜禽粪便、稻壳、花生壳、玉米芯、油茶壳、棉籽壳、三剩物、次小薪材、农作物秸秆、蔗渣，以及利用上述资源发酵产生的沼气实行即征即退

50% 的政策。

五是资源综合利用劳务类，对于垃圾处理、污泥处理处置劳务、污水处理劳务以及工业废气处理劳务实行即征即退 70% 的政策。

此外，原对城镇公共供水用水户在基本水价（自来水价格）外征收水资源费的试点省份，在水资源费改税试点期间，对于城镇公共供水企业缴纳的水资源税所对应的水费收入，不计征增值税。对于符合条件①的合同能源管理服务免征增值税。

（2）企业所得税税收优惠

企业所得税是对我国境内的企业或其他取得收入的组织征收的一种税。现行企业所得税的基本规范是 2008 年 1 月 1 日实施的《中华人民共和国企业所得税法》及《中华人民共和国企业所得税法实施条例》。企业所得税法中与促进自然资源合理利用有关的规定主要体现在税收优惠政策中，国家先后出台了《关于执行资源综合利用企业所得税优惠目录有关问题的通知》《关于执行环境保护专用设备企业所得税优惠目录》《关于环境保护节能节水安全生产等专用设备投资抵免企业所得税有关问题的通知》。

现行企业所得税的税收优惠主要有以下三种类型：一是免征与减征优惠，对从事符合条件的环境保护、节能节水项目的所得及节能服务公司实施合同能源管理项目所得，自取得第一笔生产经营收入所属纳税年度起，可享受前 3 年内免征，第 4 到第 6 年减半征收的企业所得税优惠。二是减计收入优惠，企业生产符合国家产业政策规定的综合利用资源产品所取得的收入，可以在计算应纳税所得额时减按 90% 计入收入总额。根据《资源综合利用企业所得税优惠目录》（2008 年）规定，企业综合利用资源包括共伴生矿产资源、废渣、废水（液）、废气以及再生资源等三大类 16 小类。三是税额抵免优惠，企业购置并实际使用《环境保护专用设备企业所得税优惠目录》（2017 版）《节能节水专用设备企业所得税优惠目录》（2017 版）和《安全生产专用设备企业所得税

---

① 具体条件如下：（1）节能服务公司实施合同能源管理项目相关技术符合《合同能源管理技术通则》（GB/T24915-2010）规定的技术要求。（2）节能服务公司与用能企业签订节能效益分享型合同，其合同格式和内容，符合《中华人民共和国合同法》和《合同能源管理技术通则》（GB/T24915-2010）等规定。

优惠目录》所规定的环境保护、节能节水、安全生产等专用设备投资额的 10% 可以从企业当年的应纳税额中抵免，当年不能足额抵免的，可以递延到以后 5 个纳税年度内抵免。

（3）资源税税收优惠

由于资源税是专门促进自然资源合理利用的税种，加之资源税改革进程的不断加快，故涉及资源税的税收优惠政策较多，主要有《财政部 国家税务总局关于加快煤层气抽采有关税收政策问题的通知》（财税〔2007〕16 号）、《财政部 国家税务总局新疆原油、天然气资源税改革若干问题的规定》（财税〔2010〕54 号）、《财政部 国家税务总局关于印发〈新疆原油、天然气资源税改革若干问题的规定〉的通知》（财税〔2016〕53 号）、《财政部 国家税务总局关于资源税改革具体政策问题的通知》（财税〔2016〕54 号）、《财政部 国家税务总局关于落实资源税改革优惠政策若干事项的公告》（国家税务总局公告 2017 年第 2 号）及《财政部 国家税务总局 水利部扩大水资源税改革试点实施办法》（财税〔2017〕80 号）等。现行资源税制的税收优惠政策主要分为以下四类①：

一是资源税免税政策，具体免税项目包括：①开采原油过程中用于加热、修井的原油；②油田范围内运输稠油过程中用于加热的原油、天然气；③地面抽采煤层气；④纳税人开采销售共伴生矿，共伴生矿与主矿产品销售额分开核算的，对共伴生矿暂不征收资源税。

二是资源税减税政策，具体免税项目包括：①稠油、高凝油和高含硫天然气资源税减征 40%；②三次采油、深水油气田、实际开采年限在 15 年以上的衰竭期矿山开采的矿产资源资源税减征 30%；③对低丰度油气田资源税暂减征 20%；④铁矿石资源税减按 40% 征收；⑤依法在建筑物下、铁路下、水体下通过充填开采方式采出的矿产资源，资源税减征 50%。

三是其他资源税减税、免税项目，具体包括：①对鼓励利用的低品位矿、废石、尾矿、废渣、废水、废气等提取的矿产品，由省级政府根据实际情况确定是否减免资源税；②纳税人开采或者生产应税产品过程

---

① 因水资源税改革尚在试点当中，故将水资源税减免税政策纳入资源税税收优惠之中。

中，因意外事故或者自然灾害等原因遭受重大损失的，由省、自治区、直辖市人民政府酌情决定减免资源税。

四是水资源税免税项目，具体免税项目包括：①规定限额内的农业生产取水；②取用污水处理再生水；③除接入城镇公共供水管网以外，军队、武警部队等通过其他方式取水的；④抽水蓄能发电取用水；⑤采油排水经分离净化后在封闭管道回注的。

（4）耕地占用税税收优惠

耕地占用税的税收优惠分为免税和减税两种类型，具体来说：

一是免税政策，具体免税项目包括：①军事设施、学校、幼儿园、社会福利机构、医疗机构占用耕地；②农村烈士遗属、因公牺牲军人遗属、残疾军人以及符合农村最低生活保障条件的农村居民，在规定用地标准以内新建自用住宅；③农村居民经批准搬迁，新建自用住宅占用耕地不超过原宅基地面积的部分。

二是减税政策，具体包括：①铁路线路、公路线路、飞机场跑道、停机坪、港口、航道、水利工程占用耕地，减按每平方米2元的税额征收耕地占用税；②农村居民在规定用地标准以内占用耕地新建自用住宅，按照当地适用税额减半征收耕地占用税。

（5）环境保护税税收优惠

环境保护税对于促进自然资源合理利用的行为采取减税和免税两种优惠政策。具体来说：

一是减税政策，具体包括：①纳税人排放应税大气污染物或者水污染物的浓度值低于国家和地方规定的污染物排放标准30%的，减按75%征收环境保护税；②纳税人排放应税大气污染物或者水污染物的浓度值低于国家和地方规定的污染物排放标准50%的，减按50%征收环境保护税。

二是免税政策，具体免税项目包括：①农业生产（不包括规模化养殖）排放应税污染物的；②机动车、铁路机车、非道路移动机械、船舶和航空器等流动污染源排放应税污染物的；③依法设立的城乡污水集中处理、生活垃圾集中处理场所排放相应应税污染物，不超过国家和地方规定的排放标准的；④纳税人综合利用的固体废物，符合国家和地方环境保护标准的；⑤国务院批准免税的其他情形。

（6）城镇土地使用税税收优惠

城镇土地使用税法中促进自然资源合理利用的减免税政策分为两类：

一是免税政策，对于市政街道、广场、绿化地带等公共用地以及直接用于农、林、牧、渔业的生产用地免税，对经批准开山填海整治的土地和改造的废弃土地，免税 5～10 年。

二是对石油、电力、煤炭等能源用地以及盐业等特殊用地给予政策性免税照顾，包括石油天然气生产建设中用于地质勘探、钻井、井下作业、油气田地面工程等临时施工占用地、企业厂区以外的公共绿化用地和向社会开放的公园用地、盐场的盐滩、盐矿的矿井用地。

3.1.3　收费政策

（1）矿产资源收费

①矿区使用费

矿区使用费是对中外合作开采陆上、海上油气资源的中外企业征收的一种费用。其征税对象仅限于石油和天然气两类资源，且必须是中外合作开采的中国企业和外国企业缴纳。矿区使用费由税务机关负责征收管理，并以实物进行缴纳。

1982 年 1 月 30 日发布并实施的《对外合作开采海洋石油资源条例》中规定，对合作开采海洋石油资源的中外企业征收矿区使用费，但实际上并未真正落实。1989 年 1 月实施的《关于开采海洋石油资源缴纳矿区使用费的规定》对征收矿区使用费作出了明确规定，以每个油、气田日历年度原油或者天然气总产量为征收依据，采用超量累进的方式，以实物缴纳矿区使用费。

为了协调中外合作开发海上、陆上石油资源利润不均的问题，1990年 1 月新修订的《中外合作开采陆上石油资源缴纳矿区使用费暂行规定》规定，中外合作开采陆上石油资源也要缴纳矿区使用费。1993 年10 月 7 日发布并施行的《中华人民共和国对外合作开采陆上石油资源条例》，将"对外合作开采陆上石油资源缴纳矿区使用费"上升到法律层次予以重申。1995 年 7 月 28 日，新修订的《中外合作开采陆上石油资源缴纳矿区使用费暂行规定》，对位于青、藏、新三省区及浅海地区与我国其他地区的中外合作油气田采用不同的征收标准。

为了加强矿区使用费的预算管理，1999 年 1 月 15 日，财政部发出通知要求，我国境内合作开采陆上石油资源缴纳的矿区使用费全部上缴地方，纳入地方财政收入。而从事海上勘探开发缴纳的矿区使用费仍然上缴中央，纳入中央财政收入。同年 4 月 7 日，国家税务总局《关于中外合作开采陆上原油资源矿区使用费征管问题的通知》规定，根据国家当时政策①，中外合作油气田按照合同开采的原油、天然气暂不征收资源税，只征收矿区使用费。

现行矿区使用费按照每个油、气田日历年度原油或者天然气总产量分别计征，具体征收标准详见表 3-4。青、藏、新三省区及浅海地区矿区使用费的征收标准明显低于其他地区。随着我国矿业经济的高速发展，矿业权使用费标准过低及动态调节机制的缺失，导致其调节地勘投资的功能未能充分发挥，仍然存在"跑马圈地""围而不深"的现象，严重影响矿产资源勘察的秩序。

表 3-4　　　　　　　　　　**我国现行矿区使用费的征收标准**

资源类型	征收标准	
	青、藏、新三省区及浅海地区	其他地区
原油	100 吨以下，免征	50 吨以下，免征
	100 吨至 150 吨（含）之间，4%	50 吨至 100 吨（含）之间，2%
	150 吨至 200 吨（含）之间，6%	100 吨至 150 吨（含）之间，4%
	200 吨至 300 吨（含）之间，8%	150 吨至 200 吨（含）之间，6%
	300 吨至 400 吨（含）之间，10%	200 吨至 300 吨（含）之间，8%
	400 吨以上，12.5%	300 吨至 400 吨（含）之间，10%
		400 吨以上，12.5%
天然气	20 亿标立方米（含）以下，免征	10 亿标立方米（含）以下，免征
	20 标立方米至 35 标立方米（含）之间，1%	10 标立方米至 25 标立方米（含）之间，1%
	35 标立方米至 50 标立方米（含）之间，2%	25 标立方米至 50 标立方米（含）之间，2%
	超过 50 标立方米，3%	超过 50 标立方米，3%

---

① 国务院《关于外商投资企业和外国企业适用增值税、消费税、营业税等税收暂行条例有关问题的通知》（国发〔1994〕10 号）。

②矿业权费

矿业权亦称矿权，是指探采人依法在已登记的特定矿区或工作区内勘探、开采一定的矿产资源，取得矿产品，排除他人干涉的权利。在我国，矿产资源所有权归国家所有。国家通过设置矿业权的形式，将矿产资源的使用权出让给矿山企业，允许其进行探矿和采矿，并向其收取探（采）矿权使用费和探（采）矿权价款。

1986 年颁布并实施的《中华人民共和国矿产资源法》（简称《矿产资源法》）规定：勘探和开采矿产资源必须分别依法申请、经批准获得探矿权、采矿权，并办理登记，但未对勘探和开采矿产资源登记费用问题作出明确规定。1987 年 4 月 29 日发布的《矿产资源勘查登记管理暂行办法》和《全民所有制矿山企业采矿登记管理暂行办法》①中列示了矿产资源勘查登记和采矿登记的具体收费标准。1996 年 8 月，新修订的《矿产资源法》确立了探矿权和采矿权的有偿取得制度，强化了国家对矿产资源的所有权地位，完善了矿产资源有偿使用制度体系。

1998 年 2 月 12 日，国务院发布《矿产资源勘查区块登记管理办法》等三个管理办法②，规范了勘探、开采矿产资源权利的有偿取得及转让行为，明确了勘查、开采许可证的审批登记及颁发部门，同时对探矿权、采矿权使用费的收取标准和价款情况予以说明。1999 年，国土资源部、财政部发布了《探矿权采矿权使用费和价款管理办法》及《关于探矿权采矿权使用费和价款管理办法的补充通知》，对探矿权使用费、采矿权使用费及价款的收取标准和期限予以明确。

2000 年 6 月，为了鼓励矿产资源的勘查开采，国土资源部和财政部发布《探矿权采矿权使用费减免办法》，规定对于我国西部地区、国务院确定的边远贫困地区和海域从事符合条件的勘探开采矿产资源活动可以申请费用的减免，并规定了减免的幅度和两级审批制度。

2006 年 8 月发布的《关于探矿权采矿权价款收入管理有关事项的通知》中对探矿权、采矿权的收入归属进行明确划分，中央与地方财政按照二八比例进行分成。同年 9 月，国务院批复《关于深化

---

① 国发〔1987〕42 号文件，于 1987 年 7 月 1 日施行。
② 这三个管理办法分别是《矿产资源勘查区块登记管理办法》、《矿产资源开采登记管理办法》和《矿产资源探矿权采矿权转让管理办法》。

煤炭资源有偿使用制度改革试点实施方案》，在山西、内蒙古、黑龙江等八省区开展煤炭资源有偿使用改革试点，除特别规定外，试点地区一律采用招标、拍卖、挂牌等公开竞争方式有偿取得煤炭探矿权、采矿权。此外，还研究建立煤炭资源矿山环境治理和生态恢复责任机制。

2006 年 12 月 9 日开始实施的《关于深化探矿权采矿权有偿取得制度改革有关问题的通知》和《以折股方式缴纳探矿权、采矿权价款管理办法（试行）》标志着我国全面实行探矿权采矿权的有偿取得制度。原有的《探矿权采矿权价款转增国家资本管理办法》同时废止。2008 年 2 月发布的《关于探矿权采矿权有偿取得制度改革有关问题的补充通知》规定，对未足额缴纳矿业权价款的不予办理登记和年检手续，同时明确规定省以下矿业权价款收入的分成向资源产地倾斜。

现有探矿权采矿权使用费征收都是按矿区范围面积进行计算，逐年缴纳，标准如下：一是探矿权使用费，前 3 个勘查年度内，每平方公里每年缴纳 100 元，从第 4 个勘查年度起，每平方公里每年增加 100 元，最高不超过 500 元；二是采矿权使用费，每平方公里每年缴纳 1 000 元。而对于探矿权采矿权价款，以国务院地质矿产主管部门确认的评估价格为依据，采用一次或分期缴纳①的方式。

我国矿业权费制度自确定以来，在是否有偿使用、征收标准确定、中央与地方政府收入分成比例以及探矿权采矿权获取方式等方面不断进行改革，现有制度日益完善，对促进矿产资源的节约利用发挥着重要作用。但现行矿业权价款与"招拍挂"制度相结合，在具体政策制定和执行过程中，其内涵和外延都被人为扩大，助长了矿产资源收益分配不公的行为。

③矿产资源补偿费

矿产资源补偿费是国家凭借矿产资源所有权对开采矿产资源的矿山企业征收的一种费用。矿山企业因开采矿产资源而获得收益，就必

---

① 探矿权价款缴纳期限最长不超过 2 年，采矿权价款缴纳期限最长不超过 6 年。

须对资源的所有者进行补偿，这是国家对矿产资源所有权的集中体现。

1986 年颁布实施的《矿产资源法》规定开采矿产资源不仅应缴纳资源税，同时还要缴纳资源补偿费，由此，确立了我国矿产资源"税费并存"的制度。限于当时的经济社会条件，《矿产资源法》只是确定了矿产资源有偿使用的基本原则，并未对资源补偿费征收办法作出明确规定。1994 年 2 月发布的《矿产资源补偿费征收管理规定》，明确了矿产资源补偿费征收、缴库以及会计核算的具体办法。

1996 年 12 月开始执行的《矿产资源补偿费使用管理暂行办法》规定，矿产资源补偿费收入纳入国家预算进行管理，并规定了这部分资金的使用范围及对象。1997 年 7 月新修订的《矿产资源补偿费征收管理规定》对矿产资源补偿费的计算方法、缴纳时间及减免等作出明确规定。2001 年 11 月发布的《矿产资源补偿费使用管理办法》确定了现行矿产资源补偿费的具体规定。

在我国领土及管辖海域开采矿产资源，除合作开采陆上和海上石油的中、外企业之外，一律缴纳矿产资源补偿费。矿产资源补偿费以矿产品销售收入为计征基础，其计算公式为如下：

矿产资源补偿费=矿产品销售收入×补偿费费率×开采回收率系数

其中，对矿产品自行加工的销售收入按照国家规定价格进行计算①，向境外销售矿产品的销售收入，按照国际市场销售价格进行计算；补偿费费率按照矿种不同设定费率，在 0.5% ~ 4% 之间；开采回收率系数为核定开采回采率与实际开采回采率之比。

为了顺利实施煤炭资源税改革，我国对涉及煤炭、原油、天然气收费基金进行全面清理，从 2014 年 12 月 1 日起，煤炭、原油、天然气的矿产资源补偿费费率降为零，并停止征收煤炭、原油、天然气价格调节基金。2016 年 7 月，在实施资源税从价计征改革的同时，将全部资源税目矿产资源补偿费费率降为零，停止征收价格调节基金。

---

① 对于国家没有规定价格的，按照征收时矿产品的当地市场平均价格计算销售收入。

（2）水资源费

1979 年 12 月，上海市公用事业局发布《上海市深井管理办法》，这是我国第一个关于水资源费征收的地方法规。20 世纪 80 年代开始，我国北方一些地区也开始对直接从地下和江河湖泊取水的行为征收水资源费，如山西省 1982 年 10 月颁布的《山西省水资源管理条例》，北京、山东等地也陆续出台了类似的管理办法。此时，水资源费的征收范围是城市地下水的取用，相关规定停留在地方性规定的层面。

1988 年，我国正式颁布并实施《中华人民共和国水法》（简称《水法》），这是我国第一部关于水资源的基本法律。《水法》中明确规定对城市中直接从地下取水的单位征收水资源费，对于其他取水行为可由各地方政府自行决定是否征收。《水法》是征收水资源费的法律依据和统一规范，有效促进了各地水资源费征收工作的顺利开展。陕西、内蒙古、安徽、浙江、河南、四川、江苏、广东、湖北和湖南等十省区先后开征水资源费。考虑到当时的经济发展水平和社会承受能力，各地水资源费的征收标准都比较低，只有缺水的且征收水资源费较早的沿黄地区收费标准较高。

1993 年 6 月，国务院发布的《取水许可制度实施办法》确立了取水许可制度，并规定取用水资源的单位和个人应该缴纳水资源费。随后，国家陆续出台《关于征收水资源费有关问题的通知》（1995）、《水利产业政策》（1997）、《水利产业政策实施细则》（1999）等文件，对水资源费的征收范围、征收标准、使用方向予以明确规范，进一步完善了我国的水资源费征收制度。

2002 年 8 月，《水法》予以修订，规定直接从江河、湖泊或地下取用水的单位和个人，应该向水资源行政主管部门或者流域管理机构申请领取取水许可证，并缴纳水资源费，方能取得取水权。新《水法》将取水许可制度上升到法律层面，注重水资源的宏观配置，强化了水资源的统一管理，把节约用水、提高用水效率和保护水资源摆在重要位置。修订后的《水法》很大程度上改进了水资源费征收制度，但我国水资源费的征收标准仍然整体偏低。

2004 年发布的《关于推进水价改革促进节约用水保护水资源的通

知》中要求：各地区要扩大水资源费征收范围并适当提高征收标准。2006 年 4 月新施行的《取水许可和水资源费征收管理条例》进一步完善了水资源费的征收和取水许可问题。2008 年 11 月印发的《水资源费征收使用管理办法》对水资源费的征收、使用和管理都作出了具体规定，其征收标准如下：一般根据取水口所在地水资源费征收标准和实际取水量确定，并按月征收。对于水力发电用水和火力发电贯流式冷却用水，也采用这一标准进行征收。对开采矿产资源用水，不得按矿产品开采量计征水资源费。

由于各地水资源条件、经济发展水平和社会承受能力的不同，我国水资源费征收标准的区域差异仍然很大，亟待加以规范。2016 年 5 月 9 日，《财政部　国家税务总局　水利部关于印发〈水资源税改革试点暂行办法〉通知》中指出，在河北省开展水资源税试点工作，采用水资源费改税的方式，将地表水和地下水都纳入征税范围，实行从量定额征收。从税收负担角度来看，正常生产生活用水维持原有负担水平不变，但对高耗水行业、超计划用水及在地下水超采地区取用地下水则适当提高税额标准。至此，我国水资源费改税工作正式启动①。

（3）林业收费

我国涉及林业资源的行政事业性收费项目分为中央和地方两个层面。从中央层面来看，涉及的林业收费项目主要有野生动植物进出口管理费、林权证工本费和勘测费、森林植被恢复费、育林基金、森林植物检疫费等，其收费依据及生效时间详见表 3-5。需要说明的是，植物新品种保护权费已于 2017 年 4 月 1 日起停止征收。从 2015 年 1 月 1 日起，对于小型微利企业免征森林植物检疫费、林权证工本费和勘测费。从地方政府层面来看，各地方政府还向林业经营者收取林业养路费、护林防火费、采伐设计费、木材检测费、乡镇管理费、市场管理费、国有土地使用费等费用，由此必然形成"以费为主"的林业税费格局。林业收费名目过多，收费标准不合理，收费征收管理不到位，直接影响了林业经营者的生产积极性，不利于林业的健康可持续

---

① 伴随着水资源税改革的启动，有关水资源税的内容将在资源税中予以反映。

发展。

表 3-5 我国林业主要收费政策文件

生效时间	收费依据
2000 年 8 月 1 日	《国家计划委员会 财政部关于野生动植物进出口管理费收费标准的通知》
2001 年 6 月 19 日	《财政部 国家计划委员会关于批准收取林权证工本费和林权勘测费的复函》
2003 年 1 月 1 日	《财政部 国家林业局关于印发〈森林植被恢复费征收使用管理暂行办法〉的通知》
2007 年 8 月 9 日	《财政部 国家发改委〈关于调整植物新品种保护权收费标准有关问题〉的通知》
2009 年 7 月 1 日	《育林基金征收使用管理办法》
2011 年 1 月 25 日	《林业植物检疫条例实施细则（林业部分）》

（4）具有特定目的的地方性收费或基金

①石油特别收益金

由于国际市场原油价格的持续增长，国内原油开采企业利润大幅上升。为调节行业间利润分配不平衡的问题，2006 年 3 月，财政部发布《石油特别收益金征收管理办法》，对石油开采企业因油价上升而获得的超额销售收入进行调节。石油特别收益金以 40 美元/桶为起征点，采用从价定率方法计征，实行五级超额累进费率，按月计算。受国际原油价格及人民币升值影响，2011 年 11 月 1 日起，将石油特别收益金的起征点提高到 55 美元，其他征收管理问题仍按照《石油特别收益金管理办法》执行。2015 年 1 月 1 日起，石油特别收益金的起征点再次提高到 65 美元/桶，现行石油特别收益金的征收比率及速算扣除数详见表 3-6。石油特别收益金收入归属于中央财政非税收入，纳入中央预算进行管理。石油特别收益金自征收以来，对于调节石油企业因油价上升而获得的超额利润发挥了重要作用。

②为了弥补煤炭开采给山西省生态环境造成的巨大损失，我国于 2006 年 4 月开展山西省煤炭工业可持续发展基金改革试点。本次试点

表 3-6   现行石油特别收益金的征收比率及速算扣除数

原油价格（美元/桶）	征收比率	速算扣除数 a（美元/桶）
65～70（含）	20%	0
70～75（含）	25%	0.25
75～80（含）	30%	0.75
80～85（含）	35%	1.5
85 以上	40%	2.5

以建立煤炭开采综合补偿机制为重点内容，同时批准山西省开征煤炭可持续发展基金、提取矿山环境治理恢复保证金和建立煤炭转型发展基金。征收煤炭持续发展基金以所开采原煤的实际产量、收购未缴纳基金原煤的收购数量为计征依据，按照不同煤种的征收标准和矿井核定产能规模调节系数计征。当时山西省统一的适用煤种征收标准为：动力煤 14 元/吨、无烟煤 18 元/吨、焦煤 20 元/吨。据测算，每年可征收 100 亿元左右的资金，主要解决跨区域的生态治理问题。

2007 年 3 月 10 日，《山西省煤炭可持续发展基金征收管理办法》公布并实施，进一步规范了山西省煤炭可持续发展基金的征收管理。该管理办法对煤炭可持续发展基金总则、客户管理、票据管理、征收管理、监督检查、法律责任六部分内容作出详细规定，同时将山西省统一适用的煤炭征收标准改为：动力煤 5～15 元/吨，无烟煤 10～20 元/吨，焦煤 15～20 元/吨，具体年度的征收标准每年另行确定。

为了适应煤炭资源税改革的需要，财政部、国家发改委联合发布《关于全面清理涉及煤炭、原油、天然气收费基金有关问题的通知》规定，从 2014 年 12 月 1 日起，取消山西省的煤炭可持续发展基金。至此，实行了八年之久的煤炭可持续发展基金停止征收。国家通过清理税费、降低煤炭企业税费负担，为实行煤炭从价计征改革奠定了基础。

③青海省原生矿产品生态补偿费

为了加强青海省原生矿产品生态补偿费的管理，青海省出台了

《青海省原生矿产品生态补偿费征收使用管理暂行办法》。该办法规定：从 2010 年 10 月 22 日起，采用从量计征方法对原生矿产品征收生态补偿费。原生矿产品是指经过开采脱离自然赋存状态的焦煤、铁矿石、铜矿石、铅矿石、锌矿石、金矿石。具体征收标准如下：焦煤每吨 75 元、铁矿石每吨 5 元，铜矿石每吨 20 元、铅矿石每吨 65 元、锌矿石每吨 10 元、金矿石每吨 40 元。根据财政部、国家发改委联合下发的《关于全面清理涉及煤炭原油天然气收费基金有关问题的通知》，青海省的原生矿产品生态补偿费于 2014 年 12 月 1 日取消，不再征收。

④新疆煤炭资源地方经济发展费

为了合理开发利用新疆维吾尔自治区内的煤炭资源，新疆维吾尔自治区政府制定了《新疆维吾尔自治区煤炭资源地方经济发展费征收使用管理办法》。该办法规定：从 2011 年 11 月 1 日起，在新疆维吾尔自治区内征收煤炭资源地方经济发展费。凡是通过招标、拍卖、挂牌等市场化方式有偿取得煤炭资源的企业，动力煤每吨征收 15 元，焦煤及配煤每吨征收 20 元；除此之外，凡是以申请在先、协议出让方式取得煤炭资源采矿权的企业，在此标准上每吨加征 5 元。同样，为了适应煤炭资源税改革的需要，新疆维吾尔自治区的煤炭资源地方经济发展费于 2014 年 12 月 1 日起一并取消。

此外，还有一些由省级政府开征的地方性收费或基金，其收入也全部归地方政府所有。如浙江省于 2001 年 1 月 1 日起开征"矿山自然生态环境治理备用金"，吉林省于 2006 年 7 月 17 日起开征"矿山生态环境恢复治理备用金"，山东省于 2010 年 1 月 1 日起开征"海洋生态损害赔偿费和损失补偿费"等。

（5）排污费

排污费是国家根据有关法律、法规及政策规定，对造成环境污染的企业和个人收取的费用。我国排污费制度从 1979 年开始，到 2018 年 1 月 1 日结束，历时 39 年。纵观排污收费发展的历程，可以将其划分为以下三个阶段：

①起步阶段

我国排污费制度始于 1979 年，当时颁布的《中华人民共和国环境保护法（试行）》①规定：按照超过国家规定标准的排放污染物数量和浓度收取排污费，这是我国首次从法律上确立了排污费制度。1981 年，全国共有 27 个省、自治区、直辖市开展了排污收费试点。1982 年 7 月，《征收排污费暂行办法》颁布，标志着我国排污收费制度的正式确立。

②发展阶段

1988 年 7 月施行的《污染源治理专项基金有偿使用暂行办法》对污染源治理资金的使用作出了明确的规定，拉开了排污费改革的序幕。20 世纪 90 年代，国家陆续颁布了新的污水、噪声收费标准及《环境监理工作暂行办法》，并开始了二氧化硫排污收费试点。1994 年，国家提出了排污收费制度改革深化的总体目标，1997 年完成了新的排污收费设计和标准，并进行了新的排污收费试点。

③完善阶段

2003 年 7 月实施的《排污费征收管理条例》对排污费的征收对象、征收范围和资金使用等方面进行重大改革，进一步完善了我国的排污费制度。2007 年，原国家环保总局又通过了《排污费征收工作稽查办法》，强调要依法、全面、足额征收排污费，并对征收过程中的违法行为予以纠正。此后，国务院又相继出台了《关于调整排污费征收标准等有关问题的通知》（2014）、《关于制定和调整污水处理收费标准等有关问题的通知》（2015），对污水治理的排污费用征收标准予以明确，提高了污水中重金属污染物的排污费用，进一步强化了排污者的主体责任，规范了排污者的行为。

现行的排污费制度以污染物的种类、数量以及污染当量为单位，采用总量多因子方法进行征收，实行收支两条线管理。据统计，2003 年至 2015 年，全国累计征收排污费 2 115.99 亿元，仅 2015 年一年就征收排污费 173 亿元，由此可见，排污收费制度对于防治环境污染、促进资

----

① 现行《中华人民共和国环境保护法》是 2014 年 4 月 24 日修订，并于 2015 年 1 月 1 日开始施行的。

源合理利用发挥了重要作用。但排污费在实际征收过程中存在刚性不强、地方干预等问题，有必要实行"费改税"。《中华人民共和国环境保护税法》规定，我国于 2018 年 1 月 1 日起开始征收环保税，排污费同时停止征收。

（6）土地资源收费

有关土地资源的收费项目（如土地复垦费、土地补偿费、土地闲置费、土地登记费、征（土）地管理费、耕地开垦费、水土流失防治与补偿费等）一般都是由中央政府制定指导性文件，各地方政府根据自身实际制定相应的实施办法，具体征收由相关资源主管部门会同财政部门负责。我国从 2015 年 1 月 1 日起，停止征收征地管理费，同时对于小微企业免征土地登记费。尽管这些土地资源收费项目数量较多，征收管理也不规范，但对于促进我国土地资源的合理利用仍发挥了一定的作用。

此外，还有一些与促进自然资源合理利用相关的收费，这些收费虽然征收数额小，但对资源型地区矿山环境的治理和恢复起到了一定的作用，如矿山环境恢复治理保证金、地质塌陷补偿费、环境治理补偿费、环境监测费、污染物排放费、煤炭检验费等。

3.2 促进自然资源合理利用财政支出政策运用

3.2.1 政府投资政策

近年来，我国政府逐步加大在节能、减排、可再生能源领域的资金投入力度，旨在促进我国自然资源的合理利用。从 2007 年开始，我国财政收支科目进行了重大改革，将环境保护支出正式纳入国家财政预算。环境保护支出这一类下包括能源节约利用、可再生能源、循环经济、能源管理事务、自然生态保护及污染治理等 14 款内容，这一支出与促进自然资源合理利用的关系十分密切，因此，本书通过环境保护支出这一科目来反映我国促进自然资源合理利用政府投资情况。

本书通过整理分析中国国家统计局网站数据得到我国环境保护支出情况，如图3-5所示。从整体规模上看，我国环境保护支出总额逐年增长，从2007年的995.82亿元，增长到2015年的4 802.89亿元，九年间增长了3 807.07亿元，增长了3.82倍。2016年，我国环境保护支出总额为4 734.8亿元，比2015年有所下降。从环比增长速度来看，呈现逐年下降的趋势。2008—2010年增长最快，平均每年增长幅度在30%以上，2011—2014年环保支出增长速度减慢，但每年的增长幅度仍在10%以上，2015年环保支出规模增长较快，增长幅度达到25%。2016年环保支出呈下降趋势，仅为2015年的98.5%。尽管如此，政府投资在促进我国自然资源合理利用方面仍然发挥着重要作用。

支出（亿元）

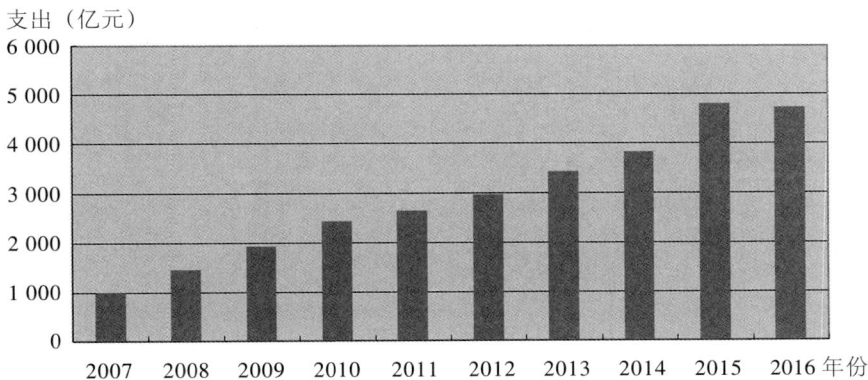

图3-5　2007—2016年我国环境保护支出情况

再从环境保护支出占同级财政收入的比重这一指标来分析我国环境保护支出情况，全国、中央、地方政府环保支出占同级财政支出的比重详见图3-6。2007—2016年，除个别年份外，我国环保支出占全国财政支出的比重总体呈上升趋势。从中央层面来看，2007—2013年，中央环保支出占中央财政支出的比重增长较为缓慢，仅从2007年的0.3%上升到2013年的0.5%。从2014年开始，我国大幅增加环境保护支出的预算，环境保护支出占中央财政支出的比重迅速上升为1.53%，增长十分明显。2015年达到1.57%，2016年有所下降，但仍保持在1%以上。从地方层面来看，地方环保支出占地方财政支出的比重从2007年的 2.51% 上升到 2015 年的 2.93%，增长了 0.42%。而 2016 年地方环保支出占地方财政支出的比重仅为 2.77%，同比下降 0.16%。综上所述，无论从中央层面还是从地方政府层面来看，环境保护支出占同级财政支出的比重都呈现增长趋势，政府投资促进自然资源合理利用的作用日益显现。

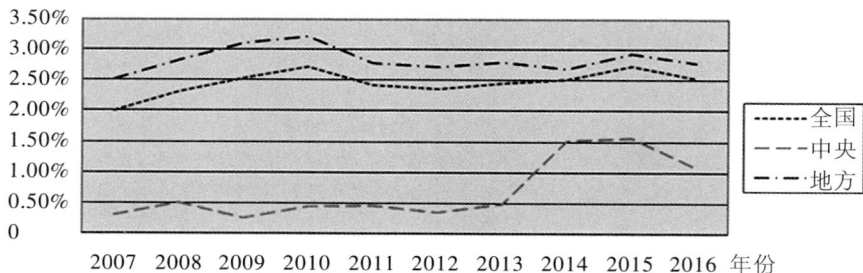

图 3-6　2007—2016 年环保支出占同级财政支出比重

3.2.2　财政补贴政策

（1）矿产资源综合利用财政补贴

为了加快煤层气的开发利用，财政部于 2007 年 4 月 20 日发布《关于煤层气（瓦斯）开发利用补贴的实施意见》（以下简称意见），开始对从事煤层气（含瓦斯）开采的企业给予财政补贴。意见中指出：对于开采的煤层气出售或自用作民用燃气、化工原料，且能准确提供煤层气开发利用量的企业给予财政补贴。中央财政按 0.2 元/立方米煤层气（折纯）标准进行补贴，地方财政可根据当地煤层气开发利用情况自主确定补贴标准。而对于企业开采煤层气用于发电的部分，则不享受补贴政策[①]。随后，国家发改委又印发《关于煤层气价格管理的通知》，对民用煤层气价格管理有关事项作出规定。

为了加强页岩气的开发利用，财政部、国家能源局于 2012 年 11 月 1 日联合印发《关于出台页岩气开发利用补贴政策的通知》。通知规定，中央财政安排专项资金对已开发利用且能准确提供开发利用量的页岩气开采企业给予财政补贴，2012—2015 年的补贴标准为 0.4 元/立方米，

---

　　① 享受《国家发展改革委印发关于利用煤层气（煤矿瓦斯）发电工作实施意见的通知》（发改能源〔2007〕721 号）规定的相关政策。

地方财政可根据当地实际情况确定补贴标准。

2013 年 3 月 26 日，财政部、国土资源部联合制定新的《矿产资源节约与综合利用专项资金管理办法》，原有的《矿产资源节约与综合利用专项资金管理办法》（财建〔2010〕312 号）同时予以废止。新实施的《矿产资源节约与综合利用专项资金管理办法》共分六章二十四条，对于节约与综合利用专项资金的支持重点及条件、支持方式及使用范围、预算及财务管理、监督检查等作出明确规定，注重提高专项资金的使用效益。

为了适应煤矿瓦斯防治和煤层气产业化发展的新形势，国务院办公厅又于 2013 年 9 月 22 日发布《关于进一步加快煤层气（煤矿瓦斯）抽采利用的意见》①。该文件指出，中央财政将从提高财政补贴标准、强化中央财政奖励资金引导扶持、加大中央财政建设投资支持力度等三方面促进煤层气的合理利用，同时还对煤层气的开发利用管理以及科技创新提出具体意见。

2015 年 4 月 17 日，财政部下发《关于页岩气开发利用财政补贴政策的通知》，"十三五"期间，中央财政对页岩气开采企业给予补贴，其中：2016—2018 年的补贴标准为 0.3 元/立方米；2019—2020 年补贴标准为 0.2 元/立方米。财政部、国家能源局将根据产业发展、技术进步、成本变化等因素适时调整补贴政策。

（2）林业财政补助（贴息）

我国林业财政补助始于 1997 年《边境森林防火隔离带补助费管理办法》的颁布，之后财政部、国家林业总局又陆续出台关于草原森林防火隔离带、有害生物防治、生态效益补偿、科技推广示范、国家级自然保护区、林业贷款贴息等中央财政补贴资金管理办法，详见表 3-7。

1997 年 7 月 18 日，财政部发布《边境森林防火隔离带补助费管理办法》，规定由中央财政对开设边境森林防火隔离带提供专项补助，对于开设边境森林防火隔离带所需经费，主要依靠地方财力，中央辅助支援。2002 年 7 月 17 日，财政部、国家林业局印发《关于〈边境草原森

---

① 税费政策扶持在促进自然资源合理利用税收优惠政策中予以体现。

表 3-7   有关林业财政补助政策文件

实施时间	文件
1997 年 7 月 18 日	《边境森林防火隔离带补助费管理办法》
2002 年 8 月 1 日	《边境草原森林防火隔离带补助费管理规定》
2005 年 5 月 25 日	《林业有害生物防治补助费管理办法》
2007 年 3 月 15 日	《中央财政森林生态效益补偿基金管理办法》
2009 年 10 月 1 日	《中央财政林业科技推广示范资金管理暂行办法》
	《林业国家级自然保护区补助资金管理暂行办法》
	《林业贷款中央财政贴息资金管理规定》
2011 年 3 月 1 日	《林业生产救灾资金管理暂行办法》
2011 年 12 月 1 日	《中央财政湿地保护补助资金管理暂行办法》
2011 年 12 月	《中央财政森林公安转移支付资金管理暂行办法》
2013 年 1 月 1 日	《中央财政林业补贴资金管理办法》
2014 年 6 月 1 日	《中央财政林业补助资金管理办法》

林防火隔离带补助费管理规定〉的通知》（以下简称通知）对边境森林防火隔离带补助费的管理作出新规定。通知中将开设边境草原防火隔离带纳入中央补助的范围，同时将补助的范围扩大到"所有"边境，并对补助费使用管理作出了明确规定。

为了做好林业有害生物防治工作，2005 年新修订的《林业有害生物防治补助费管理办法》出台。该文件规定，中央财政对林业有害生物防治提供专项补助，并对林业有害生物防治的种类、补助的范围、防治预案及补助费的分配都作出了具体的规定，以保证林业有害生物防治补助工作的顺利进行。2007 年新修订的《中央财政森林生态效益补偿基金管理办法》出台。按照该文件的规定，中央财政安排专项资金用于重点公益林①的营造、抚育、保护和管理，财政补偿基金平均标准为每年每亩 5 元。

2009 年，财政部联合国家林业局连续发布《林业国家级自然保护区补助资金管理暂行办法》《中央财政林业科技推广示范资金管理暂行

---

① 重点公益林是指按照《重点公益林区划界定办法》核查认定的，生态区位极为重要或生态状况极其脆弱的公益林林地。

办法》《林业贷款中央财政贴息资金管理规定》三个文件，规定：为扶持林业的发展，中央财政将安排专项资金专门用于林业国家级自然保护区、林业科技推广、林业贷款财政贴息。2011 年，我国连续出台《中央财政湿地保护补助资金管理暂行办法》《林业生产救灾资金管理暂行办法》《中央财政森林公安转移支付资金管理暂行办法》三个文件，规定中央财政对林业系统管理的湿地保护、林业生产救灾及森林公安提供专项补助，并对补助资金的使用管理作出明确规定。

为了加强林业补助资金的管理，2013 年出台的《中央财政林业补贴资金管理办法》中对财政预算安排的造林补助基金、森林抚育补助资金和林木良种补助资金的补贴对象和标准都作出了具体规定。2014 年 6 月 1 日，《中央财政林业补助资金管理办法》出台。该文件对中央财政预算用于森林生态效益补偿、林业补贴、森林公安、国有林场改革等方面的专项补助予以规范。至此，我国林业财政补助进入了统一标准和规范管理的新阶段。

尽管我国林业财政补贴的标准不断提高，从 2004 年开始的每年每公顷 75 元，提高到 2013 年开始的每年每公顷 225 元，但与林业经济经营主体付出的代价相比，现行林业财政补贴依然无法弥补将其划为生态公益林造成的实际损失，影响了农户和其他集体经营主体的生产积极性，影响了现行财政补贴政策的实际效果。

（3）节能补贴（奖励）

20 世纪 90 年代以来，我国非常重视财政投入政策对节能降耗的支持工作。特别是"十一五"以来，国家对各种节能活动的财政支持力度不断加大，且财政支持的方式也更加多样，包括财政补贴、奖励和贴息等多种形式①，对促进节能工作的顺利进行产生了重要影响。

①节能产品惠民工程补贴

节能产品惠民工程财政补贴是对能效等级 1 级或 2 级以上的高效节能产品推广应用给予财政补贴，具体的补助标准按照高效节能产品与普通产品价差的一定比例确定。我国从 2007 年开始启动节能产品惠民工

---

① 预算投入也是一种财政投入支持节能的重要形式，因研究的需要，本书将其内容合并在"政府投资政策"中予以体现，这里不再赘述。

程，中央财政累计安排超过 400 亿元的财政资金，出台 20 多项实施细则规范其管理，主要政策文件详见表 3-8。目前，"节能产品惠民工程"推广体系已涵盖家电、汽车、工业产品等三大类 15 个品种，数十万种型号的产品，成为"稳增长、扩消费、促节能、惠民生"的重要政策平台。

表 3-8   "节能产品惠民工程"实施过程中出台的政策文件

时间	文件
2007 年 12 月 28 日	《高效照明产品推广财政补贴资金管理暂行办法》
2009 年 5 月 18 日	《关于开展节能产品惠民工程的通知》《高效节能产品推广财政补助资金管理暂行办法》
2010 年 6 月 18 日	推出"节能产品惠民工程"节能汽车推广目录（一）
2010 年 8 月 21 日	推出"节能产品惠民工程"节能汽车推广目录（二）
2012 年 6 月	《节能产品惠民工程高效节能家用电冰箱、洗衣机、热水器的推广实施细则》
2012 年 9 月 9 日	将高效节能台式计算机、高效节能单元式空调、风机等 6 类节能产品纳入财政补贴推广范围
2013 年 5 月底	国家针对高能效定速空调推出的节能惠民补贴政策取消
2013 年 6 月 1 日起	消费者购买节能家电产品将不再享受中央财政补贴

具体来说，"节能产品惠民工程"财政补贴主要包括以下三类产品：

第一，高效照明产品补贴，2007 年底出台的《高效照明产品推广财政补贴资金管理暂行办法》规定，中央财政设立专项资金对使用高效照明产品的大宗用户或城乡居民给予财政补贴，大宗用户按协议供货价格的 30% 给予补贴，城乡居民按照 50% 给予补贴。

第二，节能与新能源汽车示范推广补贴，2009 年、2010 年、2013 年和 2014 年，国家连续四次出台政策对购买使用节能、新能源汽车的单位及个人给予财政补助，同时鼓励在公交、出租、环卫和邮政等公务服务领域率先推广使用节能与新能源汽车，并要求中央政府和地方政府共同做好节能与新能源汽车的示范推广工作。

第三，"以旧换新"财政补贴。2009年5月，国家出台对汽车和家电以旧换新财政补贴政策。具体来说：一是汽车"以旧换新"政策，该政策在全国范围内实施，现有老旧汽车报废更新补贴政策不断调整，补贴范围进一步扩大，补贴力度不断加大；二是家电"以旧换新"政策，与汽车"以旧换新"政策相比，实施范围相对较小，仅在北京、天津、上海、江苏等9个省（直辖市）实施电视机、洗衣机、电冰箱（冰柜）、电脑、空调等5类家电产品的"以旧换新"政策。家电"以旧换新"政策仅持续两年时间，2011年底正式结束[①]。

②节能技术改造奖励

2007年8月出台的《节能技术改造财政奖励资金管理暂行办法》中规定，中央财政将安排必要的引导资金，采取"以奖代补"方式对十大重点节能工程给予适当支持和奖励，具体的奖励金额按项目技术改造完成后实际取得的节能量和规定的标准确定。其中，东部地区是200元/吨标准煤，中西部地区是250元/吨标准煤。

2011年6月21日新出台的《节能技术改造财政奖励资金管理办法》将节能奖励对象和条件进一步细化，并提高奖励标准。具体来说：根据项目完工后实现的年节能量给予一次性奖励，东部地区按240元/吨标准煤，中西部地区按300元/吨标准煤。此外，省级财政部门还要安排用于支付第三方机构审核费用的资金。

③淘汰落后产能奖励政策

2007年12月印发的《淘汰落后产能中央财政奖励资金管理暂行办法》规定，"十一五"期间，中央财政设立专项奖励资金，对经济欠发达地区的电力、炼铁、炼钢、电解铝、铁合金、电石、焦炭、水泥、玻璃、造纸、酒精、味精、柠檬酸等13个行业淘汰落后产能给予奖励，根据各行业淘汰落后设备投资平均水平等相关因素确定奖励标准，按一定比例逐年递减，并由各级地方政府具体负责。

2011年4月发布的《淘汰落后产能中央财政奖励资金管理办法》规定，"十二五"期间，中央财政将继续采取专项转移支付方式奖励经

---

① 结束时间最晚的广东家电下乡的结束时间为2013年1月31日。

济欠发达地区淘汰落后产能工作，将铜冶炼、铅冶炼、锌冶炼、制革、印染、化纤以及涉及重金属污染的行业也纳入了奖励范围，设置更加科学的奖励条件，同时规定奖励资金必须专项用于淘汰落后产能企业职工安置、企业转产、化解债务等支出，不得挪作他用。

④合同能源管理奖励政策

2010 年 6 月发布的《关于加快推行合同能源管理促进节能服务产业发展的意见》中规定，中央财政按照年节能量和规定标准对合同能源管理项目给予一次性奖励，具体奖励资金由中央财政和省级财政共同负担。具体来说：中央财政奖励标准为 240 元/吨标准煤，省级财政奖励标准不低于 60 元/吨标准煤。有条件的地方，可适当提高一次性奖励标准。值得注意的是，其主要支持节能效益分享型合同能源管理。2010年，中央财政安排 20 亿元资金用于支持合同能源管理的推广。2012 年以来，我国共计安排 3 亿多元的财政奖励资金，支持合同能源管理项目500 个，累计形成约 2 000 万吨标准煤的节能能力。2015 年 5 月 10 日，按照国务院《关于取消非行政许可审批事项的决定》，国家《合同能源管理项目财政奖励办法》正式废止。

（4）水资源财政补贴

有关水资源的财政补贴政策，主要体现在节水器具补贴、用水精准补贴和节水奖励等方面，具体来说：

一是节水器具补贴。我国从 2000 年开始启动节水器具推广工作，"十一五"期间，全国节水办将节水器具推广作为工作重点，北京等 11 个省（直辖市）启动了更换落后的用水器具工作。2011 年 8月，国务院《关于印发"十二五"节能减排综合性工作方案的通知》中，明确指出要推广应用节水器具，推进节水型社会建设。2017 年 1月出台的《节水型社会建设"十三五"规划》要求，要加大力度研究和推广应用节水型设备和器具，禁止生产、销售不符合节水标准的产品、设备，同时要建立完善节水财税奖励机制，健全节水器具财政补贴政策。尽管我国节水推广工作起步较晚，一些落后地区节水器普及率还比较低，但这一政策对促进我国水资源的节约利用仍然发挥着重要的作用①。

二是用水精准补贴和节水奖励。我国于 20 世纪 80 年代开始启动节水奖励政策。1986 年，北京市出台了《北京市城镇节约用水奖励办法》，最先开始实施节水奖励政策。随后，深圳、武汉、杭州、贵阳等地也相继出台了节约用水管理办法和奖励政策。国务院办公厅 2016 年 1 月印发的《关于推进农业水价综合改革的意见》强调，要稳步推进农业水价综合改革，必须多渠道筹集资金，建立与节水成效、调价幅度、财力状况相匹配的农业用水精准补贴机制，以及易于操作、用户普遍接受的节水奖励机制。2017 年，新疆维吾尔自治区大力推进农业水价综合改革，建立用水精准补贴与节水奖励机制。通过在 12 个地州、23 个县（市）的 604.54 万亩农田开展农业水价综合改革试点，使得试点区域农业用水组织化水平显著提高，灌溉用水定额减少，农民节水意识增强，有利于探索建立符合区情、水情实际的农业水价形成机制。2018 年 7 月 2 日，国家发改委出台的《关于创新和完善促进绿色发展价格机制的意见》要求，在深入推进农业水价综合改革的同时，要同步建立精准补贴和节水奖励机制。

（5）土地资源财政补贴

有关土地资源的财政补贴主要体现在土地流转财政补贴，特别是农村土地流转的财政补贴。2014 年 11 月印发的《关于引导农村土地经营权有序流转发展农业适度规模经营的意见》，首次对农村土地经营权有序流转予以规范，明确要求各地区各部门结合自身实际认真贯彻执行。哈尔滨、海口、宁波、贵阳、武汉、成都、大连、厦门、乌鲁木齐、唐山等地纷纷制定 2015—2016 年土地流转补贴政策。通过对土地流转实施财政补贴，优化土地资源配置及提高劳动生产率，是发展现代农业的必由之路。

3.2.3 政府绿色采购

政府绿色采购是指在政府采购的过程中，要强制或优先采购符合国

家绿色认证标准的货物、工程和服务，以促进自然资源节约利用、保护生态环境、促进社会经济的可持续发展。我国政府绿色采购制度的不断完善，有力推动了节能减排工作的顺利进行。

（1）政府绿色采购的起步

1993 年 1 月 11 日，《绿色食品标志管理办法》出台，首次提出在我国实行绿色食品标志体系。同年 5 月，中国环境标志产品认证委员会成立，专门进行绿色标志认证。2012 年 6 月 13 日，农业部通过新的《绿色食品标志管理办法》，共分总则、标志使用申请与核准、标志使用管理、监督检查、附则等 5 章 32 条内容，标志着我国绿色食品标志管理日趋完善。1996 年，我国开始进行政府采购试点，特别是 1998 年以后，我国政府采购事业迅速发展，采购规模快速增长，采购范围日益扩大，采购程序更加规范。

（2）政府绿色采购制度的建立

2003 年 1 月 1 日起施行的《中华人民共和国政府采购法》将政府采购以法律的形式确定下来，明确政府采购应当有助于实现国家的经济和社会发展政策目标，并且首次提到政府采购的"环境保护"功能，绿色采购事项被纳入其中。

2004 年 4 月，《国务院办公厅关于开展资源节约活动的通知》进一步对政府实施节能产品采购给予指导性意见。同年 12 月出台的《节能产品政府采购实施意见》要求各级政府优先采购节能产品，逐步淘汰落后低能耗产品，同时将政府采购的范围以"政府采购清单"的形式确定下来。根据"先易后难，逐步推进"的原则，逐步扩大政府采购的范围。2005 年，在中央一级预算单位和省级（含计划单列市）预算单位实行节能产品政府采购，2006 年，政府采购扩大到中央二级预算单位和地市一级预算单位实行，2007 年我国全面实行节能产品政府采购。

2006 年 11 月 22 日，我国正式对外公布《环境标志产品政府采购实施意见》和第一批《环境标志产品政府采购清单》。首批《环境标志产品政府采购清单》是从国家认可的节能产品认证机构认证的节能产品中选取确定的，包括空调、冰箱、荧光灯、电视机、计算机、打印机、坐便器、水龙头等 8 大类、84 家企业生产的近 1 500 个型号的产品。随着技术和市场发展的需要，政府采购清单的范围和内容也在不断调整。截止到 2016 年 12 月，环境标志产品政府采购清单已经下发到 19 期。

2007 年修订的《中华人民共和国节约能源法》中明确规定，各级政府在采购设备时，要优先采购公共机构目录中的节能产品、设备，不得采购国家明令淘汰的用能产品、设备。同年 7 月，国家发布了《关于建立政府强制采购节能产品制度的通知》，标志着我国政府强制采购节能产品的开始。其具体内容包括：一是强制采购部分达到节能要求的产品；二是建立完善的政府节能采购清单管理制度；三是规定政府采购相关部门的组织领导和督促检查责任。

（3）政府绿色采购制度的发展

2010 年 3 月召开的两会上，与会代表提出要加快政府绿色采购制度建设进程，尽快出台《政府绿色采购实施细则》，旨在规范政府绿色采购行为。2013 年 7 月 31 日，国务院总理李克强要求积极推进政府购买公共服务，部署加强城市基础设施建设。会议确定的多个重点任务中，有 50% 与环境领域相关。

2014 年 8 月 31 日，《中华人民共和国政府采购法》进行修订，进一步完善我国的政府采购制度。同年年底召开的 2014 中国政府采购峰会上，财政部政府采购管理办公室主任王瑛提出"推进政府采购从法制向法治转变"。2015 年 3 月 1 日，《中华人民共和国政府采购法实施条例》开始实施。该条例的出台有助于完善政府采购制度，促进政府采购的规范化、法制化，最终建立规范透明、公平竞争、监督到位、严格问责的政府采购工作机制。此外，我国还陆续出台支持监狱企业发展①及残疾人就业②的政府采购政策。2017 年 9 月 1 日开始，除按规定在中国政府采购网及地方分网公开入围采购阶段信息外，还应公开具体成交记录。电子卖场、电子商城、网上超市等的具体成交记录，也应当予以

---

① 2014 年 6 月，财政部、司法部联合发布《关于政府采购支持监狱企业发展有关问题的通知》。
② 2017 年 8 月，财政部、民政部、中国残疾人联合会印发《关于促进残疾人就业政府采购政策的通知》。

公开。

"十一五"时期，全国节能环保产品政府采购金额达 2 726 亿元，约占同类所有产品政府采购金额的 65% 左右。以 2009 年为例，政府采购中节能环保类采购金额将近 300 亿元，约占同类产品采购金额的 70%。2015 年全国政府采购规模为 21 070.5 亿元，首次突破 2 万亿元，比上年增长 21.8%。其中，全国优先采购环保产品规模达到 1 360 亿元，占同类产品采购规模的 81.5%。2016 年，我国政府采购规模为 25 731.4 亿元，同比增长 22.1%。其中，全国强制和优先采购节能产品规模达到 1 344 亿元；全国优先采购环保产品规模达到 1 360 亿元。2017 年全国政府采购规模持续快速增长，采购规模达 32 114.3 亿元，比上年同口径增加 6 382.9 亿元，同比增长 24.8%，占全国财政支出和 GDP 的比重分别为 12.2% 和 3.9%，由此可见，政府绿色采购对促进自然资源合理利用发挥着越来越重要的作用。

3.3 促进自然资源合理利用财税政策综合分析

在系统梳理我国促进自然资源合理利用财税政策实施情况的基础上，从各类自然资源合理利用的角度出发，对现有促进自然资源合理利用财税政策工具运用进行综合分析。本书所研究的自然资源包括矿产资源、水资源、森林资源、土地资源四类资源。考虑到环境保护在促进自然资源合理利用中的重要作用，故将"环境保护"作为一类特殊的资源予以单独反映。由于政府投资无法单独反映每类资源的具体使用数额，故在此仅对财政补贴、政府采购、征税、收费、税收优惠等财税政策工具的运用情况进行研究。在设定自然资源种类和财税政策工具的基础上，按照财税政策工具相应政策文件的多少，将财税政策工具运用划分为多、中、少、无四个等级，分别用★、◆、▲、●四个符号表示，分析结果详见表 3-9。我国对于不同类型的自然资源采用不同的财税政策工具组合，最终目的都是为了促进自然资源的合理利用。但从现有财税政策的实施情况来看，矿产资源财税政策较为全面，环保领域、水资源正在实施"费改税"，土地资源、森林资源财税政策仍不规范，具体分析如下：

表 3-9   合理利用自然资源财税政策工具运用情况分析

自然资源	税收	收费	税收优惠	财政补贴	政府采购
矿产资源	★	★	★	◆	◆
森林资源	●	◆	▲	★	●
水资源	◆	▲	▲	▲	▲
土地资源	◆	◆	▲	▲	●
环境保护	◆	▲	▲	◆	★

3.3.1 矿产资源财税政策

就矿产资源而言，涉及的财税政策比较全面，主要以税费政策为主，以财政补贴和政府采购为辅。首先，涉及矿产资源的税收政策较多，既有资源税这样的专门税收进行调节，也有消费税、增值税、城市维护建设税、关税、车辆购置税和车船税等一般税种予以支持，更有分布在各税种中的税收优惠政策予以辅助，由此可见，税收政策对于促进矿产资源合理利用发挥着决定作用。其次，矿产资源收费项目种类多，有一些地方性收费如山西省煤炭可持续发展基金等已经取消，矿产资源补偿费费率降低为零，矿区使用费、探矿权采矿权使用费、探矿权采矿权价款以及石油特别收益金等项目仍在征收。再次，财政补贴主要针对煤层气、页岩气等矿产资源的综合利用以及节能奖励。最后，促进矿产资源合理利用的政府采购政策工具运用不多，主要是节能环保产品的绿色采购。

3.3.2 森林资源财税政策

就森林资源财税政策而言，主要以财政补贴政策为主，辅之以收费政策。目前，我国涉及森林资源的收费项目主要有育林基金、野生动植物进出口管理费、森林植被恢复费、林业权证工本费和勘探费等。但在政策实际执行过程中，各地方政府还向林业经营者征收林业养路费、护林防火费等费用。各收费项目之间征收标准不统一，存在重复交叉，不利于林业的可持续发展。关于林业的财政补贴制度发展较快，最早出台的文件是《边境森林防火隔离带补助费管理办法》，随后关于林业有害生物防治补助、森林生态效益补偿、林业补贴、森林公安、国有林场改革等方面的补助陆续出台。特别是 2014 年出台的《中央财政林业补助资金管理办法》将以往分散的专项补助予以统一，标志着我国林业补助进入规范管理的新阶段。关于林业的税收优惠政策，主要零星分布在一些小税种中，如城镇土地使用税对林业生产用地免税等。

3.3.3 水资源财税政策

就水资源财税政策而言，正在进行"费改税"，财政补贴、政府采购政策予以辅助。水资源费从 20 世纪 80 年代开始设立，2008 年《水资源费征收使用管理办法》的出台，标志着我国水资源费的征收依据、资金使用及管理规范基本形成。但由于各地水资源条件、经济发展水平和社会承受能力的不同，水资源费征收标准的区域差异仍然很大，亟待加以规范。为了从根本上解决这一问题，我国于 2016 年 7 月 1 日起在河北省率先开展水资源税改革试点。2017 年 12 月 1 日，北京、天津、山西等 9 省（直辖市）也开征水资源税，水资源税改革试点首次扩大范围。随着水资源税改革的不断推进，全面实行水资源"费改税"指日可待。涉及水资源的税收优惠主要集中在水资源税及企业所得税中节水项目所得的优惠政策。此外，促进水资源节约利用的财政补贴政策主要包括节水器具补贴、用水精准补贴和节水奖励等。虽然节水器具补贴政策实施时间较晚，一些落后地方的节水器具普及率还比较低，但这一政策对于促进我国水资源的节约利用发挥着重要作用。

3.3.4 土地资源财税政策

就土地资源财税政策而言，以税收和收费制度为主，税收优惠和财政补贴为辅。首先，促进土地资源合理利用的税种有耕地占用税和城镇土地使用税，涉及土地资源的税收优惠政策分散在城镇土地使用税中。尽管这两个税种都属于小税种，其占地方财政收入的比重不是很大，但却对促进我国土地资源的有效利用发挥着重要的调节作用。其次，有关土地资源的收费项目一般都由中央政府制定指导性文件，各省级政府制定相应的实施办法，主要有土地复垦费、土地补偿费、土地闲置费、水土流失防治与补偿费等。再次，土地资源财政补贴政策主要集中在土地流转补贴方面，特别是对农村土地流转的财政补贴，这一政策优化了土地资源配置，大幅提高了农业劳动生产率[①]。

3.3.5　环境保护财税政策

就环境保护的财税政策而言，正在进行"费改税"，政府采购、财政补贴仍发挥重要作用。我国环境保护税的前身是 1982 年正式开始征收的排污费，排污费制度几经调整，对于防治我国环境污染发挥着重要作用。但排污费在征收过程中仍存在刚性不强、地方干预等问题，为此，我国于 2018 年 1 月 1 日正式开征环境保护税，同时停止征收排污费，《中华人民共和国环境保护税法实施条例》也同步实行，旨在保证环境保护税征管工作的顺利进行。而涉及环境保护的税收优惠主要体现在企业所得税相关政策中。再从现有政府采购政策来看，我国已将环境保护产品纳入政府采购范围，并对环境保护发挥着积极的促进作用。最后，涉及环境保护的财政补贴政策主要体现在对生产、销售环境保护产品的厂商以及购买环境保护产品的消费者给予的补贴。这一系列政策使得全民重视环境保护的自觉性显著增强，生态环境状态得到改善。

---

① 张平，孙伟仁，邹德林，等. 中国农村服务业发展的理论与实证研究［M］. 大连：东北财经大学出版社，2017：286.

4 中国促进自然资源合理利用财税政策效果实证分析

4.1 促进自然资源合理利用财税政策效果评价指标体系构建

4.1.1 选取评价指标

评价指标选取得当与否对于我国促进自然资源合理利用的财税政策效果评价结果影响很大，因此，要构建一个切实可行的财税政策效果评价指标体系必须从以下两方面入手：一方面，明确设计这一指标体系的构建原则，结合我国促进自然资源合理利用财税政策实施情况，本书依据全面性、科学性、时效性三个原则构建财税政策效果评价指标体系。另一方面，明确设计指标体系时所遵循的思路，具体分为两方面：一是绝对指标和相对指标相结合，绝对指标（如地区财政收入）反映的是各地区的合理利用资源水平，相对指标（如第三产业占 GDP 的比重）反映的是各地区的横向对比水平。二是直接指标为主，相对指标为辅，直接指标是与合理利用自然资源直接相关的指标，如单位 GDP 能耗。间接指标是为合理利用自然资源提供基础，但又不直接与之相关的指标，如教育支出占地方财政支出的比重。

因此，本书在借鉴杨波（2013）提出的资源型城市转型财税政策效果评价模型思想的基础上，依据全面性、科学性、时效性的原则，遵循设计指标体系所遵循的总体思路，将我国促进自然资源合理利用财税政策效果评价指标体系划分为四个层次：第一层是目标层，综合反映促进自然资源合理利用的财税政策整体效果；第二层是系统层，由资源效益、经济效益、社会效益和环境效益四个评价系统构成，对总目标进行分解；第三层是准则层，由资源丰度、开发利用、经济规模等九个准则构成，对系统层进行进一步细化；第四层是指标层，由 24 个具有代表性的具体指标构成，是准则层的具体体现，详见表 4-1。

表 4-1　促进自然资源合理利用财税政策效果评价指标体系

系统层	准则层	指标层	单位	说明
资源效益 A	资源丰度 A₁	人均矿产资源占有量（A₁₁）	吨/人	正指标
		人均耕地面积（A₁₂）	公顷/人	正指标
		人均水资源量（A₁₃）	立方米/人	正指标
	开发利用 A₂	单位 GDP 能耗（A₂₁）	吨标准煤/万元	负指标
		单位 GDP 耗电量（A₂₂）	千瓦小时/元	负指标
经济效益 B	经济规模 B₁	地区财政收入（B₁₁）	亿元	正指标
		人均地区生产总值（B₁₂）	元/人	正指标
		地区工业增加值（B₁₃）	亿元	正指标
	经济结构 B₂	第二产业占 GDP 比重（B₂₁）	%	负指标
		第三产业占 GDP 比重（B₂₂）	%	正指标
社会效益 C	基础服务 C₁	教育支出占地方财政支出比重（C₁₁）	%	正指标
		科学技术支出占地方财政支出比重（C₁₂）	%	正指标
		每万人拥有卫生技术人员数（C₁₃）	人	正指标
	生活水平 C₂	城镇登记失业率（C₂₁）	%	负指标
		城镇居民人均可支配收入（C₂₂）	元	正指标
		农村居民人均可支配收入（C₂₃）	元	正指标
		城乡居民基本养老保险参保人数（C₂₄）	万人	正指标
环境效益 D	环境污染 D₁	二氧化硫排放量（D₁₁）	吨	负指标
		废水排放量（D₁₂）	万吨	负指标
		工业固体废物产生量（D₁₃）	万吨	负指标
	治理投资 D₂	工业污染治理完成投资（D₂₁）	万元	正指标
		环境保护支出占财政支出的比重（D₂₂）	%	正指标
	治理效果 D₃	工业固体废物综合利用量（D₃₁）	万吨	正指标
		生活垃圾无害化处理率（D₃₂）	%	正指标

4.1.2　评价指标说明

（1）资源效益

①人均矿产资源占有量（A_{11}）：本地区矿产资源基础储量与年末总人口之比，其中矿产资源基础储量=主要能源储量+黑色金属储量+有色金属储量+非金属矿产储量。它是反映某一地区矿产资源禀赋大小的指标，其数值越大，说明该地区矿产资源储量越丰富。

②人均耕地面积（A_{12}）：本地区耕地总面积与年末总人口之比。它反映某一地区耕地的充足程度，其数值越大，说明该地区的耕地越充足。

③人均水资源量（A_{13}）：本地区水资源总量与年末总人口之比。它反映某一地区水资源蕴藏量大小，其数值越大，说明该地区水资源的蕴藏量越大。

④单位 GDP 能耗（A_{21}）：本地区能源消费量与不变价 GDP 之比。在 GDP 平减指数未知的情况下，不变价 GDP=不变价起始年（2010 年）的现价 GDP×计算年份的增长指数÷100。它反映某一地区经济增长对能源的消耗程度，其数值越小，说明该地区能源利用的效率越高。

⑤单位 GDP 耗电量（A_{22}）：本地区电力消费量与不变价 GDP。在 GDP 平减指数未知的情况下，不变价 GDP=不变价起始年（2010 年）的现价 GDP×计算年份的增长指数÷100。它反映某一地区经济增长对电力的消耗程度，其数值越小，说明该地区的用电效率越高。

（2）经济效益

①地区财政收入（B_{11}）：本地区一般公共预算收入。它反映某一地区财政对经济运行的保障程度，其数值越大，表明政府保障地方经济发展的财力越充足。

②人均地区生产总值（B_{12}）：本地区的地区生产总值与年末总人口之比。它反映某一地区的总体经济发展水平，其数值越大，说明该地区的经济发展水平越高。

③地区工业增加值（B_{13}）：本地区工业企业所创造全部产品的价值之和。它反映某一地区工业企业的发展状况，其数值越大，说明该地区

工业发展越好。

④第二产业占 GDP 比重（B_{21}）：本地区第二产业所创造的全部价值与地区生产总值之比。它反映某一地区的产业布局情况，其数值越小，说明该地区的产业结构越优化。

⑤第三产业占 GDP 比重（B_{22}）：本地区第三产业所创造的全部价值与地区生产总值之比。它反映某一地区的产业布局情况，其数值越大，说明该地区的产业结构越优化。

（3）社会效益

①教育支出占地方财政支出比重（C_{11}）：本地区用于教育事业的财政支出与地方一般预算支出总额之比。它是反映某一地区对教育事业投入规模的指标，其数值越大，说明当地政府对教育的投入越大。

②科学技术支出占地方财政支出比重（C_{12}）：本地区用于科学技术领域的财政支出与地方一般预算支出总额之比。它是反映某一地区对科学技术事业投入规模的指标，其数值越大，说明当地政府对科学技术的投入越大。

③每万人拥有卫生技术人员数（C_{13}）：本地区拥有卫生技术人员总数与年末总人口之比。它是反映某一地区医疗水平高低的指标，其数值越大，说明当地居民的医疗保障越好。

④城镇登记失业率（C_{21}）：本地区年末城镇登记失业人口总数与其年末城镇经济活动总人口之比。其中，经济活动总人口=单位就业人员+单位中的不在岗职工+私营业主+个体户主+私营企业就业人员+个体就业人员+登记失业人员。它是反映某一地区城镇居民就业状况的指标，其数值越小，说明当地居民的就业率越高。

⑤城镇居民人均可支配收入（C_{22}）：本地区全体城镇居民可支配收入之和与年末城镇总人口之比。它反映某一地区城镇居民的收入状况，其数值越大，说明当地城镇居民的收入水平越高。

⑥农村居民人均可支配收入（C_{23}）：本地区全体农村居民可支配收入之和与年末本地区农村总人口之比。它反映某一地区农村居民的收入状况，其数值越大，说明当地农村居民的收入水平越高。

⑦城乡居民基本养老保险参保人数（C_{24}）：本地区城镇居民社会养

老保险参保人数和新型农村居民社会养老保险参保人数之和。它是反映某一地区全体居民基本养老保障程度的指标，其数值越大，说明当地居民的养老保障越好。

（4）环境效益

①二氧化硫排放量（D_{11}）：本地区工业二氧化硫排放量与生活二氧化硫排放量之和。它是反映某一地区废气中二氧化硫排放量大小的指标，其数值越小，说明当地的空气质量越好。

②废水排放量（D_{12}）：本地区工业废水排放量与生活污水排放量之和。它是反映某一地区废水排放量大小的指标，其数值越小，说明当地水资源质量越好。

③工业固体废物产生量（D_{13}）：本地区工业生产排放的一般固体废物总量，其中一般固体废物总量包括综合利用当年贮存量、处置当年贮存量和丢弃量。它是反映某一地区一般工业固体废物排放量大小的指标，其数值越小，说明工业生产对当地环境的污染越小。

④工业污染治理完成投资（D_{21}）：本地区用于工业污染治理项目的总投资。它是反映某一地区工业污染治理情况的指标，其数值越大，说明该地区对工业污染治理的力度越大。

⑤环境保护支出占财政支出的比重（D_{22}）：本地区用于环境保护的财政支出与地方一般预算支出总额之比。它是反映某一地区环境保护投资大小的指标，其数值越大，说明该地区对环境的保护越好。

⑥工业固体废物综合利用量（D_{31}）：本地区企业采用回收、加工、循环、交换等方式综合利用的一般固体废物总量。它是反映某一地区对工业固体废物进行综合利用水平的指标，其数值越大，说明该地区工业固体废物的综合利用越好。

⑦生活垃圾无害化处理率（D_{32}）：本地区生活垃圾无害化处理总量与生活垃圾产生总量之比。它是反映某一地区对生活垃圾处理程度的指标，其数值越大，说明生活垃圾对环境的影响越小。

4.2 促进自然资源合理利用财税政策效果评价过程

4.2.1 选择评价指标赋权方法

对于多指标综合评价而言，各评价指标权数的合理性、准确性直接影响评价结果的可靠性。根据评价指标权数产生方法的不同，评价指标赋权方法可以分为主观赋权法和客观赋权法。主观赋权法是根据专家凭借主观经验定性分析得到的权数进行综合评价的方法，如层次分析法、模糊评价法、综合评分法等。客观赋权法则是根据各指标之间的相互关系或变异系数确定的权重进行综合评价的方法，如熵值法、因子分析法、神经网络分析法、主成分分析法[①]。下面着重介绍几种常见的适合财税政策效果评价的多指标赋权方法。

（1）层次分析法

层次分析法（Analytic Hierarchy Process，AHP）是指评价主体通过分析复杂系统所包含的因素及其相互关系，建立一个有序的层次性评价指标体系，在此基础上，对同一层次结构中的构成因素进行两两对比，根据主观经验确定其重要程度，从而确定决策指标权重的相对大小。该方法对数据资料要求不严格，只需要某一时点的样本数据，同时又可避免大量指标同时赋权引起的混乱，适用于解决现实生活中复杂的经济、社会、技术问题。

层次分析法的优势在于将定量分析和定性分析结合起来，对人们的主观判断定量化，同时提供了层次系统的思想，简单明晰。其缺点在于各专家对研究问题的认知水平存在差异，导致不同专家给出的相对重要性具有一定的主观性和随意性。此外，当同一层次的评价指标数量过多时，运用层次分析法评价的效果会大打折扣。

（2）因子分析法[②]

因子分析法作为一种多元统计分析方法，适用于多指标综合评价中

① 李鹏，俞国燕. 多指标综合评价方法研究综述［J］. 机电产品开发与创新，2009（7）：24.
② 腾达. 浅谈主成分分析与因子分析方法的联系与区别［EB/OL］.［2016-02-05］（2012-03-25）.https://wenku.baidu.com/view/559879084a7302768e993971.html.

存在信息重叠时指标权重的确定。其基本思想是根据原始变量的相关系数矩阵进行分组，将相关性较高的变量分为一组，使得组与组之间相关性较低或者不相关，从而将众多的研究变量简化为几个公共因子，达到简化问题的效果。

该方法的优势在于采用客观赋权法确定公共因子的权重，方差贡献率的大小与该因子的权重大小成正比。该方法可以直接采用 SPSS 软件进行数据处理，大大提高了工作效率，简便易行。其缺点在于对样本数量有严格的要求，一般来说，样本量在数量上要达到 100 个，至少要达到变量数的 5 倍，样本量在变量数的 10 倍以上效果最佳。

（3）熵值法

熵（Entropy）最初是热力学的一个概念，20 世纪 40 年代被美国数学家克劳德·艾尔伍德·香农（Claude Elwood Shannon）引入信息学中，将负熵与信息量结合起来提出信息熵的概念。信息熵用以定量描述不确定性，用字母 E 表示，其计算公式如下：

$$E = - \sum_{i=1}^{n} P_i \ln P_i$$

其中，n 代表该系统所有的状态数，P_i 代表第 i 种状态发生的概率。

熵值法（Entropy Method，EM），通过计算各个评价指标的信息熵来判断信息效用的大小，从而确定指标的权重。信息熵值越小，说明该指标的差异系数越大，则其在综合评价中的权重也越大；信息熵值越大，则说明其权重越小。熵值法的物理意义也得出同样的结论。具体来说，对原始数据进行标准化处理后，其系数越接近于 1，说明该点距离目标越近，其效用值及权重也就越大；反之，其系数越接近 0，说明该点距离目标越远，其效用值及权重也就越小。

熵值法作为一种客观赋权的方法，其权重的确定完全是根据各指标的实际数值确定的，具有较为严谨的数据推理过程，能够描绘评价指标的效用。熵值法的优点在于权重确定的客观性，其缺点也在于此：赋权过于客观，完全忽略了评价主体的意见。

综上所述，促进自然资源合理利用财税政策效果评价系统是一个包含 29 个样本、24 个评价指标的综合评价，是一个典型的多指标赋权评价问题。层次分析法作为主观赋权方法，容易产生主观性和随意性。加之第三层次上评价指标的数量达 24 个，容易出现判断矩阵不一致的现象，影响评价结果的准确性，因此，该方法不适于研究财税政策效果评价问题。因子分析法适用于存在信息重叠时指标权重的确定，本研究中各指标的相关性很低或者不相关，不满足因子分析法的适用条件。而熵值法适用于多样本多指标的相对评价研究，同时具有较高的可信度，避免了主观赋权所带来的精度和可信度不足的问题，从而保证了综合评价的科学性、真实性和客观性，与本研究的内容非常吻合，因此，本书运用熵值法对促进自然资源合理利用财税政策效果评价指标进行赋权是十分恰当的。

4.2.2 熵值法基本原理

如果对促进自然资源合理利用财税政策效果进行综合评价，就必须构建一个包含 m 个样本和 n 个具体指标的综合评价模型。据此，可构建如下数学模型：

$X=\{X_1, X_2, X_3, \cdots, X_i, \cdots, X_m\}$ （i=1, 2, 3, $\cdots$, m）

$X_i=\{x_{i1}, x_{i2}, x_{i3}, \cdots, x_{ij}, \cdots, x_{in}\}$ （j=1, 2, 3, $\cdots$, n）

其中 X_i 代表第 i 个样本的发展状况，x_{ij} 代表第 i 个样本第 j 个具体评价指标数值。

（1）原始数据的标准化

为了避免各评价指标在含义、数量级以及量纲等方面的差异，尤其是正负取向方面的问题，必须对原始数据进行标准化处理。本书采用一种比较通用的标准化方法进行处理，其计算方法如下：

对于正指标而言，其计算公式为：

$$r_{ij} = \frac{x_{ij} - minx_{ij}}{maxx_{ij} - minx_{ij}} \quad (0 \leq r_{ij} \leq 1) \tag{4.1}$$

对于负指标而言，其计算公式为：

$$r_{ij} = \frac{maxx_{ij} - x_{ij}}{maxx_{ij} - minx_{ij}} \quad (0 \leq r_{ij} \leq 1) \tag{4.2}$$

其中：r_{ij} 为原始数据标准化值，x_{ij} 为原始数据，$maxx_{ij}$、$minx_{ij}$ 分别

代表各评价指标原始数值中的最大值和最小值。

（2）计算信息熵值

y_{ij} 为第 i 个样本第 j 个指标的比重，其计算公式为

$$y_{ij} = \frac{r_{ij}}{\sum_{i=1}^{m} r_{ij}} \quad (i=1, 2, 3, \cdots, m; j=1, 2, 3, \cdots, n); \tag{4.3}$$

信息熵值 $e_j = -k \sum_{i=1}^{m} y_{ij} \ln y_{ij} \quad (i=1, 2, 3, \cdots, m) \tag{4.4}$

其中，k 为常数，一般令 k=1/ln（m），为了研究方便，假设当 y_{ij} 为零时，令 $y_{ij} \ln y_{ij}=0$。

（3）确定差异系数及权重

差异系数 $g_j=1-e_j \quad (j=1, 2, 3 \cdots, n) \tag{4.5}$

权重 $w_j = \frac{g_j}{\sum_{j=1}^{n} g_j} \quad (j=1, 2, 3, \cdots, n)$ 并且满足 $\sum_{j=1}^{n} w_j = 1$。 \tag{4.6}

（4）计算综合评价值

每个样本的综合评价值 $F_i^k = \sum_{j=1}^{n} w_j^k \times r_{ij}^k \tag{4.7}$

4.2.3 促进自然资源合理利用财税政策效果综合评价过程

（1）原始数据的选取

为了保证研究数据的完整性、统计口径的一致性，本书以我国 29 个省、自治区、直辖市（不包括上海、西藏[①]）2012—2016 年的促进自然资源合理利用情况为样本进行研究，所需的研究数据来源于《中国统计年鉴》（2013—2017）、《中国能源统计年鉴》（2013—2017）以及中国国家统计局官方网站。

在运用熵值法进行综合评价时，需要建立一个包含 m 个样本和 n 个指标构成的初始矩阵 $X_{ij}=（x_{ij}）_{m \times n}$，其中 x_{ij} 代表第 i 个样本第 j 项指标的实际数值。这里 m=145，n=24，具体指标数值详见附表 1、附表 2、附表 3。

---

① 上海缺乏人均矿产资源占有量（A_{11}）这一指标的统计数据，西藏缺乏生活垃圾无害化处理率（D_{32}）这一指标的统计数据。

（2）原始数据标准化

在促进自然资源合理利用的财税政策效果评价指标体系中，各指标在计量单位、数量级、作用方向上差异明显，因此，在运用熵值法之前必须进行原始数据的标准化处理。运用前述标准化公式（4.1）、（4.2）对我国 29 个省、自治区、直辖市促进自然资源合理利用的财税政策效果评价指标数值进行标准化，具体结果详见附表 4、附表 5、附表 6。

（3）计算信息熵值

首先，根据公式（4.3）计算第 i 个样本第 j 个指标的比重 y_{ij}，具体结果详见附表 7、附表 8、附表 9。令 k=1/ln（145）=0.200935，根据公式 4.4 计算各指标的信息熵值，假设当 $y_{ij}=0$ 时，则 $y_{ij}lny_{ij}=0$，信息熵值计算结果见表 4-2。

（4）计算差异系数及权重

首先，根据公式（4.5）计算各评价指标的差异系数 g_j，然后，在此基础上，根据公式（4.6）计算各评价指标的权重，其计算结果见表4-2。

表 4-2　合理利用自然资源财税政策效果评价指标熵值、差异系数和权重

系统层	准则层	指标层	熵值	差异系数	三级指标权重	二级指标权重	一级指标权重
资源效益 A	资源丰度 A_1	A_{11}	0.780149	0.219851	0.178399	0.310019	0.347246
		A_{12}	0.936692	0.063308	0.051371		
		A_{13}	0.901105	0.098895	0.080249		
	开发利用 A_2	A_{21}	0.975267	0.024733	0.02007	0.037227	
		A_{22}	0.978855	0.021145	0.017158		
经济效益 B	经济规模 B_1	B_{11}	0.94005	0.05995	0.048647	0.142185	0.201451
		B_{12}	0.954232	0.045768	0.037139		
		B_{13}	0.930496	0.069504	0.056399		
	经济结构 B_2	B_{21}	0.961542	0.038458	0.031207	0.059267	
		B_{22}	0.96542	0.03458	0.02806		

系统层	准则层	指标层	熵值	差异系数	三级指标权重	二级指标权重	一级指标权重
社会效益 C	基础服务 C_1	C_{11}	0.983936	0.016064	0.013035	0.106593	0.285074
		C_{12}	0.920586	0.079414	0.06444		
		C_{13}	0.964117	0.035883	0.029117		
	生活水平 C_2	C_{21}	0.971485	0.028515	0.023138	0.178481	
		C_{22}	0.959949	0.040051	0.0325		
		C_{23}	0.911421	0.088579	0.071878		
		C_{24}	0.937193	0.062807	0.050965		
环境效益 D	环境污染 D_1	D_{11}	0.986359	0.013641	0.011069	0.026617	0.166229
		D_{12}	0.990207	0.009793	0.007947		
		D_{13}	0.990633	0.009367	0.007601		
	治理投资 D_2	D_{21}	0.929912	0.070088	0.056873	0.088555	
		D_{22}	0.960957	0.039043	0.031682		
	治理效果 D_3	D_{31}	0.945913	0.054087	0.043889	0.051057	
		D_{32}	0.991166	0.008834	0.007168		

资料来源：根据《中国统计年鉴》（2013—2017）、《中国能源统计年鉴》（2013—2017）以及中国国家统计局官方网站所提供的统计数据计算分析而来。

从表 4-2 可以看出，在促进自然资源合理利用的财税政策效果评价一级指标中，反映资源效益的指标所占的权重最大，权重为 0.347246，其次是反映社会效益的指标，权重为 0.285074，再次是反映经济效益的指标，权重为 0.201451，最后是反映环境效益的指标，权重为 0.166229，由此可见，反映资源效益和社会效益的指标所占的权重最大。

对于合理利用自然资源财税政策的资源效益，要以资源丰度（权重为 0.310019）为主，开发利用（权重为 0.037227）为辅。在提高资源丰度的过程中，要注重人均矿产资源占有量（权重为 0.178399）这一指标，兼顾人均水资源量（权重为 0.080249）、人均耕地面积（权重为 0.051371）这两个指标。在提高开发利用水平的过程中，要兼顾单位 GDP 能耗（权重为 0.02007）及单位 GDP 耗电量（权重为 0.017158）两个指标。

对于合理利用自然资源财税政策的经济效益，要以经济规模（权重为 0.142185）为主，兼顾经济结构（权重为 0.059267）。在扩大经济规模的过程中，要兼顾地区工业增加值（权重为 0.056399）、地区财政收入（权重为 0.048647）和人均地区生产总值（权重为 0.037139）三个指标。在调整经济结构的过程中，要重视第二产业占 GDP 比重（权重为 0.031207）及第三产业占 GDP 比重（权重为 0.02806）。

对于合理利用自然资源财税政策的社会效益，要以生活水平（权重为 0.178481）为主，基础服务（权重为 0.106593）为辅。在提高生活水平的过程中，要以农村居民人均可支配收入（权重为 0.071878）、城乡居民基本养老保险参保人数（权重为 0.050965）为主。在改善基础服务的过程中，要重视提高科学技术支出占地方财政支出比重（权重为 0.06444）这一指标，同时兼顾每万人拥有卫生技术人员数（权重为 0.029117）这一指标。

对于合理利用自然资源财税政策的环境效益，要以治理投资（权重为 0.088555）为主，兼顾治理效果（权重为 0.051057）和环境污染（权重为 0.026617）。在增加治理投资的过程中，要以工业污染治理完成投资（权重为 0.056873）为主，环境保护支出占财政支出的比重（权重为 0.031682）为辅。在改善环境治理效果的过程中，要注重工业固体废物综合利用量（权重为 0.043889）这一指标，生活垃圾无害化处理率（权重为 0.007168）这一指标的影响很小。在产生环境污染的过程中，要注重二氧化硫排放量（权重为 0.011069）这一指标，兼顾废水排放量（权重为 0.007947）及工业固体废物排放量（权重为 0.007601）这两个指标。

（5）计算样本综合评价值

根据公式(4.7)将促进自然资源合理利用财税政策效果评价指标的标

准化值与基于熵值法得到的权重进行加权求和，据以建立促进自然资源合理利用的财税政策效果评价函数如下：

$$U_i = r_{i1} \times 0.178399 + r_{i2} \times 0.051371 + r_{i3} \times 0.080249 + r_{i4} \times 0.02007 + r_{i5} \times 0.017158 + r_{i6} \times 0.048647 + r_{i7} \times 0.037139 + r_{i8} \times 0.056399 + r_{i9} \times 0.031207 + r_{i10} \times 0.02806 + r_{i11} \times 0.013035 + r_{i12} \times 0.06444 + r_{i13} \times 0.029117 + r_{i14} \times 0.023138 + r_{i15} \times 0.0325 + r_{i16} \times 0.071878 + r_{i17} \times 0.050965 + r_{i18} \times 0.011069 + r_{i19} \times 0.007947 + r_{i20} \times 0.007601 + r_{i21} \times 0.056873 + r_{i22} \times 0.031682 + r_{i23} \times 0.043889 + r_{i24} \times 0.007168$$

其中：r_{i1}，r_{i2}，…，r_{i24} 所表示的具体指标与表 4-1 促进自然资源合理利用的财税政策效果评价指标体系中出现的指标一一对应，如 r_{i4} 就是第 i 个样本中 A_{21} 这个指标原始数据的标准化值，这里只是为了便于表示而进行的简化。

根据上述公式计算得到各地区促进自然资源合理利用财税政策效果的综合评价值，具体数值详见表 4-3。通过比较所有方案的 U 值，U 越大，说明该样本的财税政策效果越好；反之，U 越小，说明该样本的财税政策效果越差。

表 4-3　各地区促进自然资源合理利用财税政策效果综合评价结果

地区	年份	综合评价值	排名	地区	年份	综合评价值	排名
北京	2012	0.30531568	4	湖北	2012	0.192852668	21
	2013	0.337934375	4		2013	0.213259982	18
	2014	0.351690153	4		2014	0.236712084	12
	2015	0.351632444	5		2015	0.245281513	12
	2016	0.362689842	6		2016	0.274312028	10
天津	2012	0.206129698	15	湖南	2012	0.202983073	18
	2013	0.222154007	15		2013	0.212727271	19
	2014	0.231254833	15		2014	0.220549706	18
	2015	0.240433926	14		2015	0.232709791	17
	2016	0.238984427	17		2016	0.239461684	16
河北	2012	0.21913667	10	广东	2012	0.294841611	6
	2013	0.244519797	9		2013	0.32712742	6
	2014	0.269914208	8		2014	0.318338318	6
	2015	0.273651645	8		2015	0.345468945	6
	2016	0.26924766	11		2016	0.442582389	1

续表

地区	年份	综合评价值	排名	地区	年份	综合评价值	排名
山西	2012	0.370023089	1	广西	2012	0.185379229	24
	2013	0.398141575	1		2013	0.20009764	23
	2014	0.389431575	2		2014	0.210004648	20
	2015	0.387675938	2		2015	0.2199039	21
	2016	0.390335256	3		2016	0.215434369	24
内蒙古	2012	0.331559636	2	海南	2012	0.186201263	23
	2013	0.384720661	2		2013	0.201866276	22
	2014	0.407809529	1		2014	0.195482115	25
	2015	0.400120831	1		2015	0.190302365	27
	2016	0.40338103	2		2016	0.213880651	25
辽宁	2012	0.22382343	9	重庆	2012	0.176430447	26
	2013	0.240955822	10		2013	0.188610832	25
	2014	0.240742065	11		2014	0.192138844	27
	2015	0.232577421	18		2015	0.200659351	26
	2016	0.225551485	21		2016	0.208478321	27
吉林	2012	0.188114781	22	四川	2012	0.203071094	17
	2013	0.205435679	21		2013	0.213759547	17
	2014	0.207936114	22		2014	0.226033002	17
	2015	0.207583744	25		2015	0.230621568	19
	2016	0.213853329	26		2016	0.237611649	18
黑龙江	2012	0.213919449	14	贵州	2012	0.173516892	27
	2013	0.236170619	12		2013	0.18243225	27
	2014	0.234533467	14		2014	0.202723265	24
	2015	0.246635524	11		2015	0.215176671	22
	2016	0.245597324	15		2016	0.228804088	20
江苏	2012	0.301417198	5	云南	2012	0.195873282	20
	2013	0.33154483	5		2013	0.206796113	20
	2014	0.340180523	5		2014	0.207269685	23
	2015	0.363905032	3		2015	0.221328925	20
	2016	0.384274335	5		2016	0.230713341	19
浙江	2012	0.267145387	7	陕西	2012	0.2038494	16
	2013	0.290747307	7		2013	0.217257673	16
	2014	0.306801606	7		2014	0.220141988	19
	2015	0.31680554	7		2015	0.239052084	16
	2016	0.330181474	7		2016	0.249714119	13

地区	年份	综合评价值	排名	地区	年份	综合评价值	排名
安徽	2012	0.218768918	11	甘肃	2012	0.166506352	28
	2013	0.240846078	11		2013	0.172977376	28
	2014	0.243014869	10		2014	0.178708028	28
	2015	0.259507767	10		2015	0.190086278	28
	2016	0.301408635	8		2016	0.197982266	28
福建	2012	0.216080982	13	青海	2012	0.20209633	19
	2013	0.226024745	14		2013	0.192914366	24
	2014	0.230969295	16		2014	0.208158093	21
	2015	0.242716839	13		2015	0.212590934	23
	2016	0.256552987	12		2016	0.21961519	23
江西	2012	0.181185052	25	宁夏	2012	0.150550075	29
	2013	0.1866851	26		2013	0.167608815	29
	2014	0.193436021	26		2014	0.177749955	29
	2015	0.210021848	24		2015	0.181623314	29
	2016	0.223828066	22		2016	0.186830776	29
山东	2012	0.311608437	3	新疆	2012	0.216710922	12
	2013	0.3398918	3		2013	0.234880083	13
	2014	0.365848802	3		2014	0.235621474	13
	2015	0.356317055	4		2015	0.23958356	15
	2016	0.384479244	4		2016	0.247700566	14
河南	2012	0.227583532	8				
	2013	0.250536715	8				
	2014	0.265634838	9				
	2015	0.267110077	9				
	2016	0.292678394	9				

资料来源：根据《中国统计年鉴》（2013—2017）、《中国能源统计年鉴》（2013—2017）以及中国国家统计局官方网站所提供的统计数据计算分析而来。

4.3 促进自然资源合理利用财税政策效果综合评价

4.3.1 促进自然资源合理利用财税政策效果综合分析

从表 4-3 可以看出，2012—2016 年间，我国财税政策在促进自然资源合理利用方面还是很有效果的。北京、湖北、湖南、广西、重庆、四川、贵州、江苏、云南、浙江、陕西、安徽、甘肃、福建、青海、江西、宁夏、新疆、河南十九个地区的综合评价值逐年增加。天津、河北、山西、广东、内蒙古、海南、辽宁、吉林、黑龙江、山东等十个地区的综合评价值有升有降，但总体上呈增长趋势。广东省的综合评价值增长最快，2016 年的综合评价值比 2012 年增加 50%。辽宁省的综合评价值增长非常缓慢，2016 年的综合评价值仅比 2012 年增加 0.8%。由于我国区域经济发展不平衡、自然资源禀赋相差很大，地区间促进自然资源合理利用财税政策效果的差距仍然很大。

从 2012—2016 年各地区促进自然资源合理利用财税政策效果综合排名来看，山西、内蒙古、北京、江苏、山东基本处于前五位，而宁夏、甘肃、江西、重庆、贵州基本处于后五位。由于大部分地区 2012—2016 的综合评价值排名都有所变动，为了便于地区间合理利用自然资源财税政策效果的比较，以各地区五年综合评价值的平均值作为评价标准，2012—2016 年各地区综合评价值的平均值结果如图 4-1 所示。五年综合评价值的平均值集中在 0.17～0.39 之间，其中最高的是山西省，五年综合评价值的平均值为 0.387，最低的是宁夏，五年综合评价值的平均值为 0.173，各地区之间的差异仍然十分明显。

有鉴于此，根据各地区五年综合评价值平均值大小的不同，将我国 29 个地区促进自然资源合理利用的财税政策效果划分为强、中、弱三个区域。第一区域，五年综合评价值平均值在 0.3 以上，排名从前到后依次是山西、内蒙古、山东、广东、江苏、北京、浙江 7 个地区，促进自然资源合理利用财税政策效果很强。第二区域，五年综合评价值平均值在 0.2～0.3 之间，排名从前到后依次为河南、河北、安徽、黑龙江、

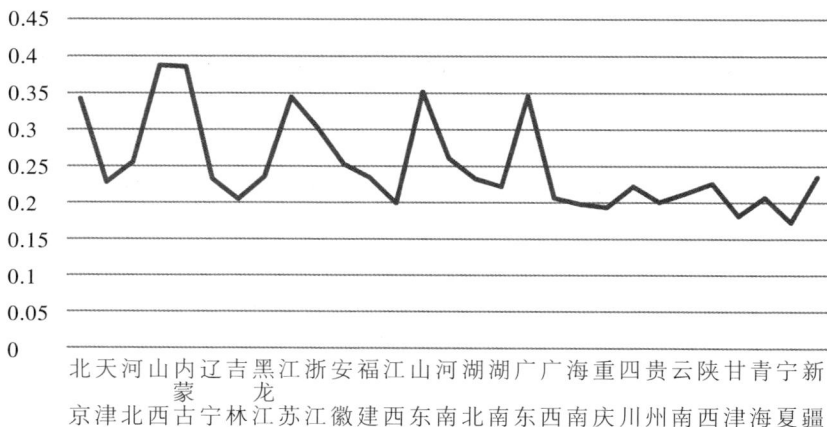

图 4-1　各地区合理利用自然资源财税政策效果五年综合评价值平均值

新疆、福建、辽宁、湖北、天津、陕西、四川、湖南、云南、青海、广西、吉林、贵州 17 个地区，促进自然资源合理利用财税政策效果居中。第三区域，五年综合评价值平均值在 0.2 以下，排名从前到后依次为江西、海南、重庆、甘肃、宁夏 5 个地区，促进自然资源合理利用财税政策效果较弱。

4.3.2　各地区促进自然资源合理利用财税政策效果差异分析

为进一步分析我国各地区合理利用自然资源财税政策效果差异产生的原因，将我国 2012—2016 年各地区促进自然资源合理利用财税政策效果评价指标综合评价值进行分解，得到资源效益、经济效益、社会效益和环境效益等四个子系统的得分情况，具体结果详见表 4-4。

表 4-4　各地区促进用自然资源合理利用财税政策效果系统层得分情况

地区	年份	资源效应	经济效益	社会效益	环境效益
北京	2012	0.037747	0.099737	0.122162	0.045669
	2013	0.038075	0.106004	0.145936	0.047919
	2014	0.038211	0.110631	0.142961	0.059887
	2015	0.038808	0.118585	0.132192	0.062048
	2016	0.038742	0.125971	0.130454	0.067523

续表

地区	年份	资源效应	经济效益	社会效益	环境效益
天津	2012	0.03769	0.059121	0.0679	0.041418
	2013	0.037987	0.066067	0.075776	0.042324
	2014	0.038274	0.071862	0.07476	0.046359
	2015	0.03887	0.077609	0.075687	0.048268
	2016	0.039684	0.086132	0.073279	0.03989
河北	2012	0.040901	0.043058	0.06376	0.071417
	2013	0.041716	0.047198	0.064155	0.09145
	2014	0.042798	0.049962	0.067628	0.109527
	2015	0.04424	0.053708	0.067161	0.108543
	2016	0.045374	0.058387	0.074287	0.091199
山西	2012	0.207442	0.027431	0.049077	0.086073
	2013	0.207953	0.0331	0.06124	0.095849
	2014	0.211266	0.036859	0.05598	0.085326
	2015	0.211757	0.045957	0.050944	0.079018
	2016	0.211067	0.048453	0.052435	0.078381
内蒙古	2012	0.194951	0.040313	0.029271	0.067025
	2013	0.224148	0.045078	0.033644	0.081851
	2014	0.224817	0.05034	0.036836	0.095816
	2015	0.225653	0.051866	0.039037	0.083565
	2016	0.226708	0.056158	0.04041	0.080105
辽宁	2012	0.062693	0.055024	0.053539	0.052567
	2013	0.062552	0.062374	0.05664	0.05939
	2014	0.058433	0.065047	0.055723	0.06154
	2015	0.059211	0.06398	0.053241	0.056146
	2016	0.060675	0.059607	0.051111	0.054159
吉林	2012	0.07376	0.027621	0.032407	0.054326
	2013	0.078294	0.031873	0.036198	0.05907
	2014	0.073239	0.03372	0.038025	0.062953
	2015	0.074743	0.037575	0.04111	0.054156
	2016	0.078621	0.042734	0.04102	0.051479
黑龙江	2012	0.102699	0.035508	0.029894	0.045818
	2013	0.112105	0.040624	0.029833	0.053609
	2014	0.106398	0.045584	0.031056	0.051495
	2015	0.10541	0.050678	0.030924	0.059623
	2016	0.106628	0.054738	0.034711	0.04952

地区	年份	资源效应	经济效益	社会效益	环境效益
江苏	2012	0.041106	0.099726	0.095947	0.064638
	2013	0.041037	0.110898	0.102378	0.077232
	2014	0.042409	0.120968	0.104557	0.072247
	2015	0.044179	0.131173	0.108187	0.080366
	2016	0.045432	0.14085	0.112434	0.085558
浙江	2012	0.04821	0.072458	0.099213	0.047265
	2013	0.043654	0.080136	0.105906	0.061052
	2014	0.046179	0.085137	0.107789	0.067697
	2015	0.049187	0.093476	0.108751	0.065391
	2016	0.04841	0.102679	0.11346	0.065632
安徽	2012	0.057675	0.027799	0.07479	0.058504
	2013	0.05744	0.033188	0.078112	0.072105
	2014	0.059457	0.037215	0.085618	0.060725
	2015	0.060913	0.043455	0.090565	0.064575
	2016	0.063518	0.049442	0.114352	0.074096
福建	2012	0.05701	0.043784	0.06155	0.053737
	2013	0.05262	0.049171	0.062656	0.061577
	2014	0.053465	0.053849	0.067324	0.056331
	2015	0.055491	0.059629	0.067201	0.060396
	2016	0.06612	0.066102	0.068297	0.056034
江西	2012	0.065438	0.023884	0.047533	0.04433
	2013	0.057083	0.02788	0.052046	0.049676
	2014	0.059522	0.032463	0.056203	0.045248
	2015	0.063867	0.037798	0.060446	0.047911
	2016	0.066355	0.043365	0.064992	0.049116
山东	2012	0.046273	0.079891	0.09847	0.086975
	2013	0.047835	0.08939	0.103543	0.099124
	2014	0.047399	0.096836	0.102964	0.11865
	2015	0.04718	0.103836	0.103624	0.101677
	2016	0.0476	0.111451	0.10613	0.119298
河南	2012	0.047045	0.039883	0.087334	0.053322
	2013	0.047532	0.04874	0.088266	0.065999
	2014	0.048317	0.054541	0.091888	0.070889
	2015	0.049109	0.060513	0.09202	0.065468
	2016	0.049977	0.066153	0.094731	0.081818

地区	年份	资源效应	经济效益	社会效益	环境效益
湖北	2012	0.048776	0.040535	0.055728	0.047814
	2013	0.050352	0.048749	0.0597	0.054459
	2014	0.05189	0.054846	0.077609	0.052367
	2015	0.053763	0.061156	0.081809	0.048553
	2016	0.058206	0.066418	0.092104	0.057585
湖南	2012	0.05291	0.040923	0.057905	0.051246
	2013	0.051529	0.04642	0.060905	0.053873
	2014	0.053799	0.051427	0.064539	0.050785
	2015	0.055258	0.056522	0.066909	0.054022
	2016	0.057703	0.062371	0.069573	0.049815
广东	2012	0.044196	0.102454	0.096021	0.05217
	2013	0.046014	0.113276	0.109995	0.057842
	2014	0.043462	0.123813	0.097486	0.053577
	2015	0.044899	0.135671	0.113615	0.051284
	2016	0.047455	0.149103	0.198374	0.04765
广西	2012	0.063999	0.026673	0.049953	0.044755
	2013	0.064585	0.03133	0.055183	0.049
	2014	0.064179	0.033577	0.061212	0.051038
	2015	0.069199	0.036518	0.060884	0.053303
	2016	0.066824	0.039635	0.061412	0.047563
海南	2012	0.062844	0.038988	0.043651	0.040719
	2013	0.071096	0.045733	0.04504	0.039997
	2014	0.064059	0.047512	0.044439	0.039472
	2015	0.053336	0.050436	0.045561	0.040969
	2016	0.0699	0.053427	0.048253	0.0423
重庆	2012	0.05206	0.031507	0.037871	0.054992
	2013	0.054133	0.042231	0.03896	0.053288
	2014	0.056825	0.045822	0.041509	0.047983
	2015	0.054052	0.05046	0.044221	0.051927
	2016	0.05686	0.054847	0.048227	0.048544
四川	2012	0.064354	0.038986	0.053517	0.046214
	2013	0.063252	0.045035	0.055335	0.050138
	2014	0.064074	0.050995	0.058893	0.052071
	2015	0.062658	0.058367	0.06442	0.045176
	2016	0.063762	0.064437	0.065974	0.043439

续表

地区	年份	资源效应	经济效益	社会效益	环境效益
贵州	2012	0.060399	0.031779	0.036156	0.045183
	2013	0.062954	0.033212	0.041123	0.045143
	2014	0.073133	0.033633	0.048498	0.047459
	2015	0.075395	0.0378	0.056853	0.045129
	2016	0.076736	0.039811	0.063195	0.049062
云南	2012	0.067425	0.029462	0.041399	0.057587
	2013	0.06923	0.034225	0.044349	0.058992
	2014	0.069721	0.036447	0.044388	0.056713
	2015	0.072928	0.039714	0.050237	0.05845
	2016	0.076131	0.042598	0.056303	0.055682
陕西	2012	0.068966	0.028628	0.052043	0.054213
	2013	0.068586	0.033664	0.051763	0.063244
	2014	0.067499	0.03791	0.054716	0.060017
	2015	0.073337	0.043006	0.058666	0.064043
	2016	0.079031	0.045761	0.064498	0.060424
甘肃	2012	0.058711	0.01998	0.036206	0.05161
	2013	0.059473	0.02544	0.041589	0.046475
	2014	0.05927	0.027526	0.044859	0.047053
	2015	0.060062	0.034793	0.050834	0.044397
	2016	0.060718	0.038235	0.051226	0.047803
青海	2012	0.115283	0.006978	0.018606	0.061229
	2013	0.088068	0.01315	0.019215	0.072481
	2014	0.101135	0.015484	0.025065	0.066475
	2015	0.087069	0.02149	0.026564	0.077468
	2016	0.091633	0.02413	0.030142	0.073711
宁夏	2012	0.059404	0.020284	0.018448	0.052413
	2013	0.066419	0.022897	0.022395	0.055898
	2014	0.066672	0.024306	0.026078	0.060695
	2015	0.06597	0.026932	0.032753	0.055969
	2016	0.0675	0.029276	0.035375	0.05468
新疆	2012	0.115416	0.024992	0.034964	0.041339
	2013	0.114087	0.033526	0.039965	0.047301
	2014	0.106967	0.03576	0.043045	0.04985
	2015	0.110569	0.040465	0.047024	0.041526
	2016	0.114205	0.041261	0.051459	0.040776

　　在促进自然合理利用财税政策效果较强的地区中，山西、内蒙古两地的综合评价值最高，五年综合评价值平均值均达到 0.38，财税政策效果非常显著。从综合评价值分解情况来看，山西、内蒙古的资源效益得分均达到 0.2 以上，环境效益得分均在 0.8 以上，这无疑得益于近年来正在进行的资源税费改革。资源效益、环境效益是这两个地区促进自然资源合理利用财税政策效果强的主要原因。山东、广东、江苏、北京、浙江五个地区的综合评价值在 0.3 ~ 0.35 之间，广东、江苏、北京、浙江等地区的社会效益和经济效益的得分基本达到 0.1 以上，社会效益、经济效益是其综合评价值高的主要原因。相比之下，山东的社会效益、经济效益得分相对低于上述地区，但其环境效益相对较好，社会效益、经济效益和环境效益得分共同影响山东的综合评价值。

　　在促进自然资源合理利用财税政策效果居中的地区中，其五年综合评价值平均值在 0.2 ~ 0.3 之间，综合评价值的构成差异很大，主要分为以下四种情况：一是四种效益的得分相差不大。辽宁、福建、湖南三个地区属于这种情况，其资源效益、经济效益、社会效益、环境效益的得分相差不大，基本持平。二是以资源效益为主，其他效益为辅。四川、贵州、云南、陕西、吉林、黑龙江、青海、新疆、河北、广西十个地区属于这种情况。吉林、黑龙江、青海的综合评价值以资源效益为主，辅之以环境效益。云南、陕西、广西的综合评价值以资源效益为主，辅之以社会效益和环境效益。四川、贵州、新疆、河北的综合评价值以资源效益为主，其他效益相差很大。三是社会效益为主，其他效益为辅，河南、湖北、安徽属于这种情况。安徽的综合评价值以社会效益为主，辅之以资源效益和环境效益。河南的综合评价值以社会效益为主，辅之以经济效益和环境效益。湖北的综合评价值以社会效益为主，其他效益相差不大。四是以某两种效益为主，天津属于这种情况，天津的经济效益和社会效益得分较高，二者占综合评价值的比重较大。

　　在促进自然资源合理利用财税政策效果较弱的地区中，宁夏的综合评价值最低，五年综合评价值平均值仅为 0.1729。资源效益得分基本达到 0.6 以上，环境效益得分在 0.5 以上，资源效益和环境效益占整体综合评价值的 70% 以上。重庆的情况与宁夏类似，资源效益、环境效益的得分均在 0.5 以上，社会效益和经济效益得分在 0.4 以上，资源效益和环境效益相对更为重要。甘肃、海南两个地区的综合评价值构成中，资源效益得分在 0.6 以上，社会效益和环境效益得分在 0.4 以上，资源效益更加重要。江西的综合评价值构成中，资源效益、社会效益的得分基本达到 0.6，环境效益得分在 0.4 以上，资源效益得分和社会效益得分占整个综合评价值的 60%。

综上所述，2012—2016 年间，各地区促进自然资源合理利用财税政策效果综合评价值构成差异很大。为了便于进一步比较研究，本书选取山西、内蒙古、山东、广东、江苏五个地区作为财税政策效果较强地区（简称 A 类地区）的代表，选取江西、海南、重庆、甘肃、宁夏五个地区作为财税政策效果较弱地区（简称 B 类地区）的代表，分别计算这两类地区 2012—2016 年间财税政策效果综合评价值一级指标得分的平均值，并与十个地区 2012—2016 年间的财税政策效果综合评价值一级指标得分的平均值进行对比，结果如图 4-2 所示。

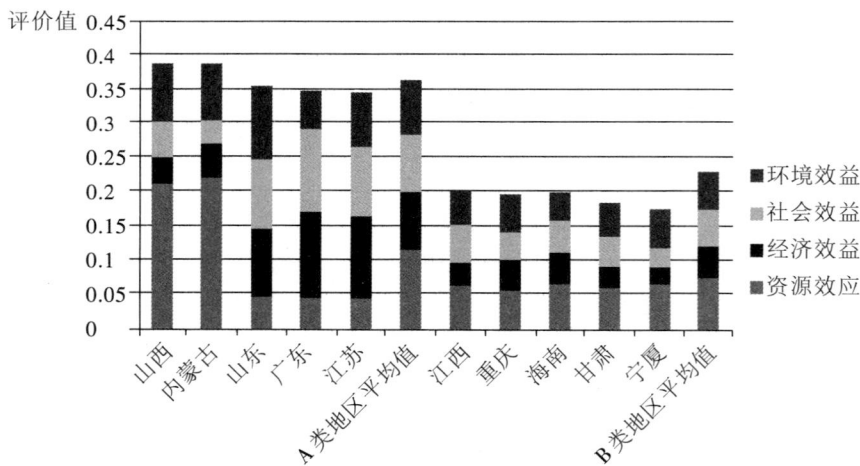

图 4-2 促进自然资源合理利用的财税政策效果差异对比图

总体来看，A 类地区综合评价值平均值的构成差异较大，既有以资源效益为主的，也有以经济效益和社会效益为主的，更有社会效益、经济效益、环境效益相差无几的。相比之下，B 类地区综合评价值平均值的构成较为一致，都是以资源效益为主，辅之以环境效益、经济效益和社会效益。有鉴于此，只能通过两类地区五省市的综合评价值平均值的比较进行分析。2012—2016 年间，从两类地区的经济效益平均得分来看，A 类地区得分是 B 类地区得分的 1.9 倍。从社会效益的平均得分来看，A 类地区得分是 B 类地区得分的 1.6 倍。从资源效益的平均得分来看，B 类地区得分是 A 类地区得分的 1.5 倍。而从环境效益的平均得分来看，A 类地区得分是 B 类地区得分的 1.4 倍，由此可见，社会效益和经济效益水平的高低是影响我国促进自然资源合理利用财税政策效果的主要因素。

5 中国促进自然资源合理利用财税政策存在的问题及原因分析

5.1 促进自然资源合理利用财税政策存在的问题

5.1.1 自然资源税费关系错位

（1）专门税费占资源税费的比重偏低

我国促进自然资源合理利用的税费制度包括专门税费和一般税费。专门税收主要由资源税、耕地占用税和城镇土地使用税构成。专门收费有矿区使用费、矿业权费、育林基金、土地复垦费等。一般税费主要包括增值税、消费税、企业所得税、城市维护建设税、房产税、车船税等。

从我国促进自然资源合理利用税费政策实施情况来看，呈现"专门税费税负偏轻，一般税费税负偏重"的格局。本书以矿产资源税费政策为例进行分析。蓝妮拉（2014）对我国矿山企业总体税负调研结果进行分析，得出以下结论：一是从矿山企业整体税负来看，在矿山企业的生产成本中，税费项目所占的比例达到 21%，矿山企业整体税负中等偏高。二是从矿山企业各项税费的构成来看，在矿山企业所要承担的矿业税费中，专门税费（资源税、资源补偿费、矿业权费等）所占比重仅为 5.84%，而矿业一般税费（增值税、企业所得税、关税等）所占比重达到了 84.65%，其中增值税占 59.36%，企业所得税占 19.45%，房产税、车船税、城镇土地使用税、印花税等合计占到 5.84%。三是从矿业税费占销售收入的比重来看，从高到低依次是，增值税占销售收入的比重为 9.038%、企业所得税占销售收入的比重为 2.922%、矿业权价款占销售收入的比重为 1.10%、资源税占销售收入的比重为 0.9% 左右、矿产资源补偿费占销售收入的比重为 0.35% 左右、矿业权使用费几乎可以忽略不计①。由此可见，虽然我国矿产资源税费体系相对完整，但专门税费的宏观调控作用并不十分明显。

（2）政府收费名目过多

政府有权根据受益原则，在提供特殊公共服务时收取一定的费用。但收费项目定价应以服务成本为基准，并严格控制收费项目的数量和金额。然而，在现实生活中，政府对自然资源收费具有较大的随意性，收费名目繁多，且规模较大，存在"费挤税"现象。

① "费挤税"压缩了自然资源税费制度改革空间

目前，我国资源税主要针对矿产资源征收，且整体税率偏低，对资源企业的实际税负影响不大。然而过多的资源收费无形之中加重了矿产资源开采企业的负担。现有自然资源收费项目可以归纳为以下两类：一是有偿使用资源收费，如土地补偿费、耕地开垦费、矿区使用费等。二是补偿生态维持、恢复、重建成本以及矫正生态环境破坏者负外部性的惩罚性收费，如森林植被恢复费、土地复垦费、水土流失防治费、环境治理补偿费、矿山环境恢复治理保证金等。资源收费种类过多，一方面影响了自然资源税收调节功能的有效发挥，另一方面也延滞了自然资源税收制度改革的进程。

---

① 数据来源：蓝妮拉. 我国矿产资源税费制度研究［D］. 桂林：桂林理工大学，2014，2-24.

②可能引发寻租行为

与税收的固定性不同，政府收费项目的设立具有一定的随意性和主观性。在促进自然资源合理利用的收费项目中，有些收费是合理且必需的，如矿产资源勘查登记费等；有些收费是重复性收费，要进行调整，如矿区使用费；有些收费是地方政府为了增加财政收入而设置的，属于不合理收费的范畴。这些不合理收费不仅会加重企业负担，还会造成资源开采企业之间的不公平竞争，甚至可能引发寻租行为，为政府官员腐败行为提供滋生的土壤。

③征管效率低下

在众多的资源收费项目中，既有中央部门设置的行政性收费，也有各地根据自身情况设置的行政事业性收费和基金项目。财政部门作为政府非税收入的主管部门，本应承担起对资源收费项目进行统一管理的责任。但实际上，这部分非税收入却由农、林等部门分别管理，管理主体十分分散，容易造成公共利益部门化。各收费部门各自为政，征收标准不统一，这些都会增加资源收费项目的管理成本，进而降低其征收效率。

5.1.2　缺乏有效的税收支撑

（1）税收制度不完善

①资源税

资源税是最符合合理利用自然资源目的的税种，对促进我国资源和环境的保护具有重要作用。但我国的资源税整体税负低，资源税制设计还存在不足，亟待加以完善：

一是设立资源税的理论依据模糊。资源税是国家依据自身对自然资源的所有权获得的一种"收益"，属于"权利金"的范畴。完善的资源税制能够协调资源开发主体之间的利益冲突，保证自然资源的有序开发。而实际上，我国现行资源税采取的原则是"普遍征收，级差调节"，不仅体现了国家对自然资源的所有权，还体现了调节级差收入，实质上是一种级差收益性质的资源税。我国对矿产资源征收过矿产资源补偿费，其征收依据也是国家对矿产资源的所有权。资源税费在性质和功能上划分不清，容易引起纳税人对资源税和矿产资源补偿费理解的思维混乱。2016 年 7 月开始的资源税改革将矿产资源补偿费费率降低为零，在一定程度上避免了资源税和矿产资源补偿费重复征收的问题。

二是课征范围过窄。现行资源税的征税范围包括矿产资源和盐，水资源正在进行"费改税"试点，对其他资源采取收费的方式，个别资源仍处在"无偿使用"阶段。税负转嫁理论告诉我们，征税对象的课征范围越窄，税负就越容易转嫁。我国自然资源征税范围窄，使得应税资源产品价格明显高于非应税资源产品价格，当二者之间存在可替代性时，必然引起企业对非应税资源的过度开采，加剧资源的浪费和对生态环境的破坏。

三是资源税征收标准低。资源税作为自然资源税收的主体税种，虽然地方资源税额不断增长，但其占地方税收收入的比重仍然很低。如图 5-1 所示，2007 年至 2013 年，我国资源税收入占税收收入的比重不断上升，从 0.57% 上升到 0.91%。2014 年，我国资源税收入占税收收入的比重仍保持在 0.91 不变。2015、2016 两年这一比重分别为 0.83%、0.73%。资源税收入占税收收入的比重不断下降。总体来看，资源税在整体税收体系中的比重仍未达到 1%，资源税的征收标准过低，对自然资源的节约开采和综合利用的作用十分有限。

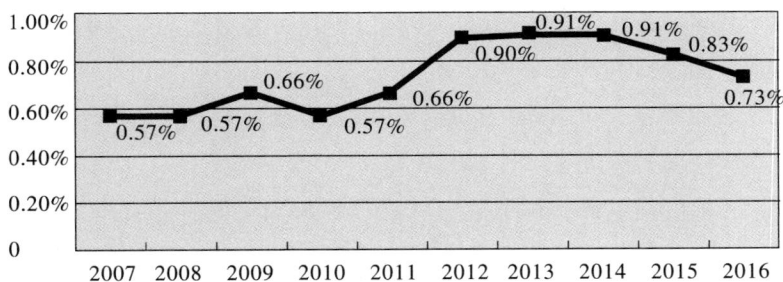

图 5-1　2007—2016 年我国资源税收入占税收收入的比重

②城镇土地使用税和耕地占用税

城镇土地使用税和耕地占用税都是为了更好地保护土地资源，抑制土地资源乱占滥用而征收的税种，是保护土地资源的主体税种。城镇土地使用税和耕地占用税都采用从量计征方式征收，税额的征收不能与土地价格直接挂钩，使得税额的增加与经济发展和物价指数上涨相脱离。加之城镇土地使用税和耕地占用税的单位税额征收标准比较低，其对土地资源的保护作用十分有限，对房价快速增长的抑制作用更是微乎其微①。

③消费税

近年来，消费税在税收收入中所占比例连年上升，这与国家重视环境保护和收入分配调节的政策密不可分。但就消费税政策设计本身而言，还是存在一定的缺陷：第一，消费税税制设计不能满足合理利用自然资源的需要。在现有的消费税15个税目中，大部分都是为了抑制超前消费而设置的，与合理利用自然资源关系最为密切的是成品油②和汽车两个税目，这两项政策间接起到了促进自然资源节约的作用。但由于现行消费税政策对高能耗、高污染消费品的关注不够，导致其在合理利用自然资源方面的功能仍然很弱。第二，税率设计不尽合理。虽然现行消费税税率采用"一目一率"方法，即对不同的商品设置不同的税率，但其对消费的调控作用并不十分理想。除了汽车和烟酒之外，多数商品都选择了单一税率，有些税目的税率偏低，如对于实木地板和木质一次性筷子按照5%的税率征收消费税，对节约森林资源及保护生态环境的作用很小，由此可见，消费税税率的调整势在必行。第三，消费税是价内税，其税额变化隐藏在商品的价格之中，不易引起消费者的注意。这样一来，即使对高能耗、高污染产品征收较高的消费税，其对消费者需求的导向作用也会被削弱，不利于其在促进资源节约方面作用的发挥。

④环境保护税

新开征的环境保护税是一次典型的渐进式改革，是在原有排污费政策的基础上进行的，较快地推进了改革的进程。但环境保护税改革仍存在一些问题，亟待加以完善。一方面，征收范围较窄。目前，虽然环境保护税针对大气污染物、水污染物、固体废物和噪声等四类污染物征收，但二氧化碳尚未纳入其中。此外，对造成环境污染、生态破坏的行

---

① 国家为加强对房地产开发商和房地产交易市场的调控开征了土地增值税，但因土地增值税征收数额比较小，并没有切实起到保护土地资源的作用。
② 这主要指2009年1月1日实施成品油价税费改革（简称燃油税改革）对成品油消费税进行的调整。

为及高耗能产品也未征收环境保护税。另一方面，税率偏低。考虑到费改税后企业面临的税负压力，现行环境保护税的税率基本按照原有的排污费标准进行设计。较低的环保税税率，无法实现真正意义上的"污染者付费"，致使企业主动节能减排的积极性不高[1]。

⑤增值税

由于增值税在生产和流通环节普遍征收，因而在企业生产成本中占有很大的比重。换句话说，增值税税负的高低直接决定资源型企业的经济效益的大小。虽然增值税对合理利用自然资源起到了一定的推动作用，但增值税中促进自然资源综合利用的相关政策仍然存在不足。首先，目前只有针对煤矸石、炉渣、粉煤灰、石煤、油母页岩的增值税政策优惠，缺少统一的针对资源节约产品的增值税优惠政策。其次，资源回收企业无法取得"足额"的增值税专用发票进行进项税额抵扣，导致资源回收利用企业的增值税税负较高，不利于引导资源循环利用产业的发展。再次，设计增值税政策时对自然资源的可替代问题考虑不足，鼓励开发新型能源的政策甚少。

⑥城市维护建设税

城市维护建设税属于地方税，其纳税义务人是所有缴纳消费税、增值税的单位和个人。从目前的运行情况来看，城建税在促进资源合理利用中发挥的作用非常有限。一方面，城建税自身的独立性较差，税源不稳定。城建税具有附加税的性质，城建税税额以消费税和增值税税额为基础进行计算。如果增值税和消费税发生减免，相应的城建税也会同时发生减免，城建税自身的独立性较差，其促进资源合理利用的作用受到限制。另一方面，城建税税收收入不断增加，但城建税收入占当年税收收入的比重变化不大。2011—2016年城建税占地方税收收入的比重分别为6.35%、6.20%、6.02%、5.85%、5.92%和6.00%。城建税占地方税收收入的比重在6%左右，并呈下降趋势，为城市的基础设施建设和环境治理提供的资金支持不足。

① 徐会超，张晓杰. 完善我国绿色税收制度的探讨［J］. 税务研究，2018（9）：102–103.

⑦关税

我国现行关税政策在陆续取消资源性产品出口退税的同时，针对有限的节约资源或环境保护的设备实行进口关税的优惠政策，其在合理利用自然资源方面发挥着越来越重要的作用。即便如此，我国关税制度本身仍存在不足，主要表现在两方面：一是缺乏鼓励节约资源产品出口的关税政策，削弱了我国资源节约产品在国际市场上的竞争力。二是适用于资源节约行业进口机器设备的关税优惠范围太窄，不能有效降低该类企业的生产成本，从而无法推动整个产业的快速发展。

⑧车辆购置税和车船税

车辆购置税是在车辆购置环节按照购置价格的 10% 向购买者征收的一种税。而车船税则是在车船持有环节按照排气量大小不同向持有者征收的一种税。由于这两个税种的征税对象是使用和消耗资源的车辆和船舶，因而在一定程度上能抑制车船的购买和使用，达到间接促进资源节约的目的。但这两个税种毕竟是小税种，因购买高能耗汽车所带来的税收负担很小。对于有一定经济基础的高收入人群来说，征收这两种税对其汽车消费行为几乎不产生任何影响，由此可见，车辆购置税和车船税在促进资源合理利用方面的作用很小。

（2）税收优惠政策作用十分有限

首先，税收优惠政策适用的范围较窄。目前，我国体现合理利用自然资源目的的税收优惠政策分布在资源税、耕地占用税、增值税、企业所得税、环境保护税、城镇土地使用税中。而一些促进自然资源合理利用效果更直接的税种的税收优惠政策明显不足，如消费税、车辆购置税等。在已出台的税收优惠中，促进自然资源合理利用的税收优惠幅度仍然偏小。

其次，税收优惠政策形式单一。我国现行的促进自然资源合理利用税收优惠政策多以直接优惠政策为主，如增值税中的即征即退政策，企业所得税中的减计收入优惠和税额抵免优惠。而国际上通用的加速折旧、延期纳税等间接优惠方式在我国使用很少。此外，合理利用自然资源的税收优惠政策主要是奖励性措施，缺少惩罚性措施。形式过于单一的税收优惠政策缺乏灵活性，难以充分体现税收优惠政策对经济运行的实际影响，其调控自然资源合理利用的作用也十分有限。

第三，税收优惠政策非常分散，缺乏系统性。虽然我国现在有一些促进自然资源合理利用的税收优惠政策，但这些政策大多分散于财税部门的各种通知和规定中，法律效力不是很强。加之税收优惠政策的目标不清、适用主体不公平、优惠方式不科学，导致有些政策之间衔接不上，甚至出现相互不一致的情况。此外，政府制定税收优惠政策时尚未充分体现国民待遇原则，在不同所有制形式的企业之间、内外资企业之间存在着一定的税收歧视现象。

5.1.3　财政资金支持力度不够

（1）财政资金整体投入不足

根据国际经验，当环保支出占 GDP 的比重为 1%～1.5% 时，可以控制环境污染的趋势，当这一比例为 2%～3% 时，环境污染恶化得到改善。从我国实际情况来看，我国环保支出占 GDP 的比重总体偏低（如图 5-2 所示）。2008 年，我国环保支出占 GDP 的比重仅为 0.54%，2009—2014 年，环保支出占 GDP 的比重在 0.61%～0.70% 之间，2015年环保支出占 GDP 的比重增长较快，达到 0.75%。2016 年环保支出占 GDP 的比重下降为 0.64%。与国际经验数值相比，我国环保支出占 GDP 的比重不足其最低值的 70%，无法达到控制环境污染趋势的目标，改善环境污染恶化更是无从谈起，由此可见，我国促进自然资源合理利用财税政策的整体投入严重不足。

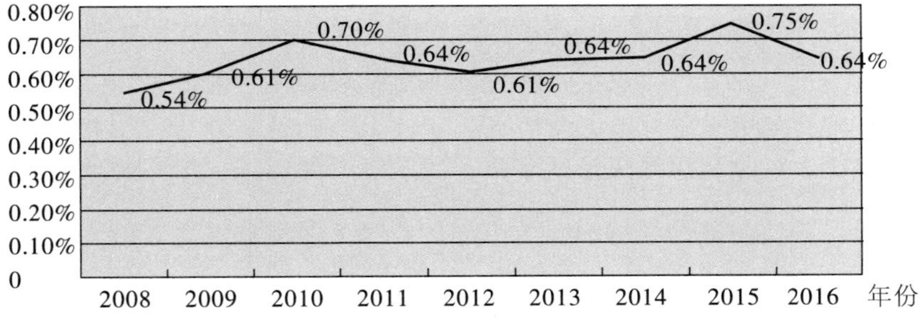

图 5-2　2008—2016 年我国环保支出占 GDP 的比重

环保支出占同级财政支出的比重这一指标，可以从另一侧面反映我国环保财政支出投入不足的问题。如前所述，2007—2016 年，全国环保支出占全国财政支出的比重在 2%～2.73% 之间。从中央层面来看，中央环保支出占中央财政支出的比重在 0.25%～1.57% 之间；从地方层面来看，地方环保支出占地方财政支出的比重在 2.51%～3.11% 之间。在这三个比重中，地方环保支出占地方财政支出的比重最高，但也仅达到地方财政支出的 3.11%，无法满足我国控制环境污染的现实需要。

（2）财政资金构成不合理

从环保财政资金的构成来看，地方财政支出占环保支出的比重过高，很不合理，如图 5-3 所示。2008—2013 年，地方环保支出占环保总支出的 95% 以上，中央环保支出占我国环保总支出的比重不足 5%。2014 年，这一状况得到明显改善。地方环保支出占我国环保总支出的比重下降为 90.97%，而中央财政支出占我国环保总支出的比重上升为 9.03%。2015、2016 两年，地方环保支出占我国环保总支出的比重又开始上升，在环境保护领域，地方政府承担着过多的支出责任，这必然会给财力薄弱地区带来沉重的负担。

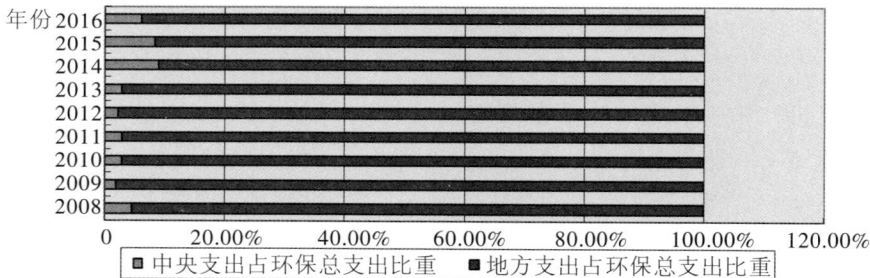

图 5-3　2008—2016 年我国环保支出的构成情况

由于我国各地区社会经济发展水平的不均衡，地方政府间环保支出的数额差距很大。以 2015 年地方政府环保支出数据为例，将 31 个省、自治区、直辖市环境保护财政支出进行综合排序，分别选取排名前三位（广东、江苏、北京）、中间三位（云南、安徽、吉林）、最后三位（西藏、宁夏、海南）的九个地区的数据进行分析，如图 5-4 所示。对于地方经济比较发达的地区来说，地方财政收入多，环保投入也会相对较多，如广东、江苏、北京等地，环保财政支出均已超过 300 亿元大关。而对于资源丰富但经济欠发达的地区来说，虽然以往过度的资源开采对环境造成很大程度的破坏，但因地方财政收入十分有限，加之资源产业发展已进入中后期，产业转型升级需要大量资金的支持，地方政府的环保支出严重不足。云南、安徽、吉林等地的平均环保支出为 120 亿元左右，而西藏、宁夏、海南等地平均环保支出为 40 亿元左右，各地区政府环保财政支出的差距十分明显。

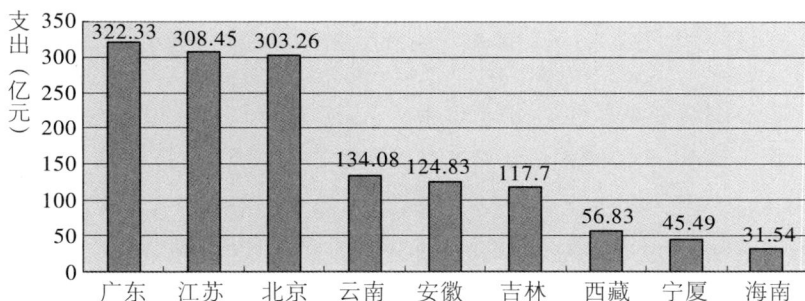

图 5-4 2015 年部分省、自治区、直辖市环保财政支出情况

5.1.4 财政补贴制度设计不合理

（1）财政补贴政策覆盖面较窄

促进自然资源合理利用工作是一个涉及面广、环节多的复杂工程，要求财政补贴政策必须要尽可能全面、多方覆盖。但从我国的实际情况来看，促进自然资源合理利用财政补贴政策的覆盖范围十分有限。

就矿产资源财政补贴政策而言，2013 年印发并实施的《矿产资源节约与综合利用专项资金管理办法》规定，国家安排专项资金用于油气及共伴生资源综合利用、煤炭及共伴生资源综合利用、铀矿及共伴生资源综合利用、黑色金属综合利用、有色金属综合利用、稀有、稀土及贵金属综合利用、化工及非金属综合利用等七个领域。但在政策实际执行过程中，国家专项资金主要集中在煤层气、页岩气等非常规油气资源上，并有专门的文件对这部分资金的使用进行管理。而对于黑色金属综合利用、有色金属综合利用等其他领域，财政补贴的力度明显不足。我国非常规油气产业开发起步较晚，正处于开发成本高、效率低的初级阶段，税费负担较重。财政支出政策覆盖范围窄，必然引起非常规油气产业发展的不平衡①。

就节能补贴而言，从投入环节上看，大多数的财政资金投入与节能相关的生产环节，对技术研发以及消费环节的投入相对较少。从投入领域来看，财政资金对工业领域的节能支持较多，对建筑领域的节能支持相对较少，对交通领域的节能支持最少，很难促进整个自然资源合理利用行业的健康发展。此外，对于煤炭清洁利用等方面的财政投入力度不够，节能财政支持的重点不突出，影响了节能财政补贴政策效应的充分发挥②。

（2）财政补贴管理不到位

目前，我国已陆续出台一些财政补贴（贴息）、奖励政策鼓励合理利用自然资源，这些政策都取得了较好的实际效果。尽管如此，我国现行合理利用自然资源财政补贴政策仍存在一些问题，亟待加以完善。具体来说，主要表现在以下三个方面：

①补贴对象不明确

我国现有促进自然资源合理利用的财政补贴政策很大程度上用于支持常规的节能技术，而对创新项目的支持力度严重不足。一些企业因其特殊的节能方式并不符合现有财政资金支持的条件，因而无法获得国家的专项补助。到目前为止，我国还没有出台专门的法律法规对享受补贴的行业、企业予以明确规定③。虽然我国政府在合理利用自然资源领域补贴力度很大，财政资金数量很多，但由于现有财政补贴政策的补贴对象不明确，针对性不强，仍然没有达到优化资源配置的政策目的。

②补贴标准不统一

现有财政补贴政策对补贴标准规定不统一，具体补贴金额不稳定。很多中央专项补贴要求地方政府提供配套资金，各地方政府提供配套资金的能力则成为影响财政补贴大小的关键因素。通常是一个地区一个标准，人为操作性较大，随意性很强。对于经济发达地区来说，地方经济

---

①　丁浩，张书通. 非常规油气产业财税优惠政策研究［J］. 中国石油大学学报：社会科学版，2015（1）：6-9.
②　迟美青. 节能财政政策的经济效应研究［D］. 太原：山西财经大学，2015.
③　陆爱珍. 财政补贴政策存在的问题及其对策研究［J］. 新经济，2016（2）：19.

实力很强，提供的配套补贴资金十分充足。反观经济欠发达地区，地方财力本就不足，要足额提供配套资金就必须挤占其他民生支出，否则配套资金根本无法提供。地方政府间财力差异直接影响了促进资源合理利用财政补贴资金的稳定性。

③补贴资金使用效率低下

目前，我国财政补贴资金主要是按部门、项目工程进行分配。这种做法虽然操作简便，但却使得财政补贴受限于项目工程的期限，缺乏长期性，不利于发挥财政资金的整体效益。此外，现有财政补贴制度对补贴资金的使用监管不力，降低了财政补贴资金的使用效率。一些企业获得财政补贴后，滥用补贴资金，将原本应该用在合理利用自然资源领域的财政资金用于其他生产领域，违背了政府进行财政补贴的初衷。

5.1.5　政府绿色采购制度不健全

尽管我国政府已经建立了加强政府采购工作管理、规范政府采购行为的相关制度[①]，并且推行政府绿色采购制度，将节能环保产品列入政府采购清单之中。但从我国现有政府绿色采购实施情况来看，仍然存在一些亟待解决的问题。

（1）政府绿色采购规模小

近年来，随着我国政府采购规模的不断扩大，政府绿色采购的规模也在不断扩大。2009 年政府采购中节能环保类采购金额将近 300 亿元，约占同类产品采购金额的 70%。2015 年全国政府采购规模首次突破 2 万亿元，其中全国优先采购环保产品规模达到 1 360 亿元，占同类产品采购规模的 81.5%。尽管如此，受政府采购资金数额和价格等的限制，我国节能环保产品采购占政府采购总体规模的比重相对较小，不同地区和部门之间的差异比较明显，无法满足目前种类繁多、数量巨大的政府采购需求，由此可见，政府绿色采购对促进自然资源合理利用的作用仍然十分有限。

（2）政府绿色采购范围较窄

目前，我国政府绿色采购的范围相对较窄，影响了其在促进自然资

---

① 这主要指《中华人民共和国政府采购法》（2014 年）、《中华人民共和国政府采购法实施条例》（2015）。

源合理利用中引导作用的发挥。一方面，节能产品纳入政府采购清单中的规模偏小。我国已出台文件①要求各级政府在同等情况下，优先采购环境标志清单和节能清单中所列的产品。2006年以来，我国政府采购清单中涵盖的节能产品的类别及数量都在逐渐扩大，但仍然是高能耗产品占据较大比重，清单中所涵盖的节能环境标志产品整体规模偏小。另一方面，政府绿色采购主要集中在节能产品的采购，对作为节能环保主要内容的节能服务采购涉及很少。合同能源管理、节能审计等节能服务仅依靠公共机构自身力量很难支撑，必须依靠政府出台的节能采购服务政策予以扶持②，因此，将节能服务尽快纳入政府绿色采购中就显得十分必要。

（3）政府绿色采购管理体制不顺

首先，缺少专门负责政府绿色采购的管理机构。从目前的情况来看，财政部、国家发改委和环境保护部③都单独或联合颁布过一些意见或规定对政府绿色采购进行管理。由于缺乏专门的管理部门，各部委之间对于政府绿色采购职能的界定不够清晰，直接导致政府采购的行政成本增加，降低了政府采购的效率。

其次，节能产品认证管理制度不完善。随着政府采购规模和范围的不断扩大，现有节能产品认证制度存在的问题日益凸显，影响了政府采购工作的顺利进行。具体来说：一是节能产品认证周期长，滞后于产品更新速度；二是节能产品认证清单发布时间不固定，给各地政府采购中心执行采购清单带来不便；三是节能产品存在重复认证和认证结果不能互认的问题。

最后，缺乏有效的政府绿色采购绩效考评机制。现行的政府绩效考评体系中既没有对资源节约产品采购的评价指标，也没有政府绿色采购对资源节约影响的评价制度，无法直接评估政府采购政策对促进自然资源合理利用的有效性，更不能为政府采购监督工作提供依据。

---

① 财政部与国家发改委联合发布的《节能产品政府采购实施意见》、财政部与国家环保总局联合发布的《环境标志产品政府采购实施意见》等文件。
② 田贵贵. 促进节能环保产业发展的财税政策研究 [J]. 湖南税务高等专科学校学报，2014（2）：27.
③ 2018年3月，根据第十三届全国人民代表大会第一次会议批准的国务院机构改革方案，将环境保护部的职责整合，组建中华人民共和国生态环境部，不再保留环境保护部。

5.2 促进自然资源合理利用财税政策存在问题的原因分析

5.2.1 中国经济所处的特定发展阶段制约自然资源合理利用

（1）经济增长"锁定效应"的影响

"锁定效应"是指行为主体前期的决策行为制约其当前的决策选择并对其利益产生不良影响。改革开放以来，高投入高产出的粗放型经济增长方式在促进我国经济快速发展的同时，也带来了资源约束趋紧、生态环境破坏的严峻问题。近年来，我国政府致力于转变经济增长方式，保护自然资源和环境，并已初步取得成效，但30多年的发展已积累的"锁定效应"影响短期内难以消除。中国作为世界上重要的工业制造基地，长期积累起来的基础设施、机器设备、大件耐用消费品等固定资产不能在短时间内全部废弃，否则将造成现阶段市场主体难以承受的损失。既然无法将这些高耗能的固定资产全部更新成能效较高的节能设施，那么一定范围内的高能耗行为也就"不可避免"，经济增长的"锁定效应"影响还会在一段较长时间内存在，因此，在新的经济发展阶段，政府必须对生产设备的投资类型进行科学规划，最大限度地摆脱资金和技术"锁定效应"的束缚，实现我国经济全面协调可持续发展。

（2）我国中长期经济发展趋势的影响

虽然我国经济发展已经取得巨大成就，但仍存在诸如经济增长不稳定、对外依存度高、收入分配差距大等问题亟待解决，而这些问题又只能在经济发展过程中得以解决。从中长期发展趋势来看，当前我国经济发展的首要目标是稳增长，保就业。下一阶段我国推动经济发展的主要策略是加大经济结构调整的力度，对第二产业中高耗能、高排放的产业进行调整。尽管如此，促进自然资源合理利用财税政策的制定还要在顾全大局的前提下进行，必须符合我国的整体利益。淘汰落后产能在短期内不可能一蹴而就，资源密集企业仍是促进经济增长和增加社会就业的重要力量。此外，我国经济发展对能源需求越来越大，温室气体排放量也会大幅增长。在促进经济发展的同时，还要应对气候变化的挑战，这是我国制定促进自然资源合理利用财税政策面临的最为严峻的挑战。

5.2.2 财政分权体制不顺延缓自然资源合理利用的进程

（1）财力与支出责任不匹配

财力和支出责任不匹配直接影响了促进自然资源合理利用财税政策的顺利实施。从财力来看，分税制改革规范了中央与省级政府之间的财政关系，但省级以下各级政府之间的财政关系并未界定。在中央财力得到极大改善的同时，各地方政府财力被极大削弱。从 2014、2015 年两年来看，中央财政收入占全国财政收入的 55% 左右。而地方财政收入仅占全国财政收入的 45% 左右。从支出责任来看，中央与地方政府的支出责任划分不清。中央政府采用"指标分配制"，将其支出责任逐级下放到各级地方政府，但却没有给予地方政府足够的配套资金。在财力有限的情况下，地方政府必须首先支持医疗、教育、就业等关系民生的项目，而对资源节约、环境保护项目的投入只能被边缘化。对于一些跨区域具有外溢性的节能环保项目的财力支持更是如此，如跨地区的水流域环境污染治理、国家级自然保护区的开发、建设、保护与管理等。这些项目不仅很难得到中央财政的专项资金支持，还会被地方政府所"忽视"。

（2）公共服务领域过度分权

在财政分权体制改革的过程中，地方政府拥有更大的经济决策权和资源配置权，同时也存在着相互竞争。现行地方政府政绩考核机制仍是以 GDP 为基础的单一政绩考评机制，节能环保指标只作为软指标予以体现。地方经济增长越快，财政收入越多，地方政府可支配的资金就越多，政府官员的政绩越好。地方政府在 GDP 增长和节能环保之间选择了自身利益最大化。为了获得更多的财力，地方政府必然集中主要力量做大 GDP，对排放量大、重污染的落后产能进行保护，这样的经济增长方式对政府和社会来说无疑都是一种巨大的损失。

（3）转移支付制度不完善

科学合理的转移支付制度能有效解决地区间公共服务非均等化问题，对于合理利用自然资源具有重要的作用。目前，中央对地方政府的专项转移支付多是通过"退耕还林""退耕还牧"等环保项目方式进行的，中央政府对资源节约、生态恢复等方面的一般转移支付力度不够，导致地方政府在承担相应支出责任时缺乏财力保障，影响了地方政府促进自然资源合理利用的积极性。中央政府在确定转移支付标准时，过度向西部地区倾斜，没有考虑到东部地区部分省市财政紧张的问题，容易形成政策的"逆向激励"。此外，对转移支付资金的监管力度不够，也影响了合理利用自然资源项目的实施效果。

5.2.3 市场机制不完善阻碍自然资源合理利用

（1）资源价格扭曲

价格机制是政府调控经济最有力的杠杆，由价格扭曲所造成的资源配置失灵是制约自然资源合理利用的重要因素。长期以来，我国缺乏节约资源和保护环境的意识，人为压低矿产资源的价格，导致国内大多数资源价格都低于国际水平，资源价格扭曲现象比较严重。所谓"资源约束"只是表面现象，背后的真实问题是"价格失灵"。我国的资源价格机制不能真正反映资源本身的稀缺程度、环境成本和市场供求之间的关系，资源价格扭曲现象比较严重，因此，要解决我国现有的"资源约束"问题，必须加快资源市场价格机制改革的步伐，充分发挥价格机制对资源节约和环境保护的引导功能，从根本上化解经济发展与资源环境之间的矛盾。

（2）法律制度建设不完备

目前，我国已初步建立节约资源和环境保护的法律制度体系，包括《中国人民共和国节约能源法》、《中国人民共和国矿产资源法》、《中国人民共和国水法》、《中国人民共和国清洁生产促进法》和《中国人民共和国环境保护法》等一系列法律。尽管如此，我国在促进自然资源综合利用，尤其是再生资源回收利用方面的法规建设仍然十分薄弱。有些法律内容无法适应当前经济形势的需要，有些法律的原则性太强，对各经济主体合理利用自然资源的责任约定不明，可操作性又差。此外，我国还缺乏对资源产业政策法规的统一规划和协调机制，对相关法律的执行监督检查不到位，不能有效惩处浪费资源和破坏环境的行为，在一定程度上影响了法律制度的严肃性。

（3）生态环境补偿机制不健全

目前，我国生态环境补偿政策仍存在补偿方式过于单一、补偿标准不尽合理、法律保障不力、征用权分散、有效监管缺失等问题。其中最具有代表性的生态环境补偿机制是矿山地质环境治理恢复保证金制度。从国外实际运行情况来看，实施矿山地质环境治理恢复保证金制度有利于建立经济责任机制、监督采矿权人履行矿山治理义务。在我国，中央政府对矿山地质恢复保证金制度建设实行统一指导，具体管理办法由各地方政府根据自身实际自行设立。而各地区矿山地质恢复保证金征收标准和管理方式各不相同，法律效力较低，给实际操作带来诸多不便，无法达到实施保证金制度的预期效果。

5.2.4　节约资源文化缺失影响自然资源合理利用社会氛围形成

（1）公众节约资源意识淡薄

目前，我国对于促进自然资源合理利用的观念尚处于起步阶段，社会公众对"资源节约"和"综合利用"的概念还比较模糊。虽然人们已逐渐认识到节能环保的重要性，但却将节能环保当成是政府的职责，个人很少采取实际行动。社会公众对资源节约的重要性认识不足，必然导致其对资源节约和综合利用的责任意识缺乏。在资源节约领域，只有激励机制而缺乏公众的责任意识，即使再好的激励政策所产生的预期效果也会大打折扣。

（2）各经济主体对资源节约财税政策的抵制

从现行促进自然资源合理利用财税政策来看，企业开展节约资源生产必然导致其生产成本费用大幅上升，增加企业的额外负担。在利润最大化目标的驱使下，企业会自觉抵制资源节约和综合利用行为。节约资源行为不仅对企业构成了负担，更对企业税负的真正承担者——消费者形成了无形的经济压力。企业将节约资源行为产生的成本"内部化"，使得其生产出来的产品价格增加，而消费者则需要支付更多的费用来购买同一产品。这样一来，消费者不仅要为自身的消费行为支付费用，还要为资源节约和环境改善支付费用，由此会引发消费者对节约资源、环保行为的抵制。

6 中国促进自然资源合理利用财税政策建议

由于促进自然资源合理利用活动具有典型的外溢性，仅仅依靠市场机制进行调节必然产生"失灵"现象，这就要求政府必须有所作为。财税政策作为国家进行宏观调控的重要政策工具，对于促进自然资源合理利用以及整个社会经济的可持续发展都将产生的重要影响。从前文的论述可知，目前我国促进自然资源合理利用财税政策作用还不十分明显，急需完善，因此，本书在对促进我国自然资源合理利用财税政策的政策目标及设计原则进行总体设计的基础上，分别从优化促进自然资源合理利用税费政策体系、完善促进自然资源合理利用财政支出政策及加强促进自然资源合理利用财税政策配套措施建设三方面提出具体的政策建议。

6.1 促进自然资源合理利用财税政策设计的总体思路

6.1.1 促进自然资源合理利用财税政策目标

根据党的十八大报告、《中共中央关于制定国民经济和社会发展第十三个五年规划的建议》及《中华人民共和国国民经济和社会发展第十三个五年规划纲要》，我国促进自然资源合理利用财税政策应达到以下目标：

（1）总体目标

①促进自然资源合理利用税收政策全面"绿化"，包括清理和废除不利于资源节约、高效利用及环境保护的税种及相关规章制度，整合现有促进资源节约相关的税种，特别要加快资源税、城镇土地使用税、耕地占用税的改革进程，尽快完成水资源、森林资源的"费改税"。

②构建促进自然资源合理利用财政支出体系，包括充分发挥政府投资在促进自然资源合理利用领域的引导作用，运用财政补贴政策重点支持森林资源、矿产资源等资源的节约、集约利用，扩大政府绿色采购中合理利用自然资源产品和服务的规模和比重。

③加快促进自然资源合理利用配套措施建设，包括转变经济增长方式、深化财政体制改革、完善市场机制、打造节约资源文化等四方面内容，为促进自然资源合理利用财税政策提供根本保障、制度保障、机制保障和思想保障。

（2）具体目标

①加强节约资源文化建设。这是合理利用自然资源财税政策改革的首要任务。要在全社会树立节约、集约、循环利用的资源观，就要发挥财税政策的引导作用，不断增强公众节约资源的意识，使其自觉参与到节约资源和环境保护事业中去，形成人人要节约的良好局面。

②全面促进资源节约。充分发挥税费制度、政府投资、财政补贴及政府采购等财税政策工具的作用，全面推动能源节约、推进节水型社会建设、强化土地节约集约利用、加强矿产资源节约管理，避免自然资源

的过度开采和滥用对社会经济发展产生的不良影响。

③实现资源利用方式的根本转变。通过财税政策的引导，加强节约资源的全过程管理，转变资源利用模式，更加注重产出效率和集约效益，大幅提高资源利用综合效益，着力实现绿色发展、循环发展、低碳发展的目标，从源头上扭转生态环境恶化形势。

④大力发展循环经济。按照减量化、再利用、资源化的总体要求，从源头上减少生产过程中的污染物及消费过程中的废弃物产生。对从事资源循环利用的技术研发给予财政补贴，对实行废旧物回收再利用的企业和个人给予税收优惠，推动资源再生利用产业化，形成覆盖全社会的资源循环利用体系。

⑤防止能源的过度消耗。实施能源和水资源消耗、建设用地等总量和强度双控行动，根据污染程度的不同对能源实行差别征税，并对节约能源的行为和产品实行税收优惠。与此同时，还要强化约束性指标管理，具体包括合理分解目标责任、发挥市场调节作用、科学制定控制标准和完善考核监管制度等方面。

6.1.2　促进自然资源合理利用财税政策设计原则

（1）坚持公平与效率相协调

公平与效率二者互为前提。效率是公平的前提，如果促进自然资源合理利用财税政策阻碍经济运行，影响 GDP 增长，即使再公平也毫无意义可言。公平也是效率的前提。如果不考虑社会公平，只是一味追求效率，那么经济的高速增长也不会持久，因此，在制定促进自然资源合理利用财税政策时，要坚持公平和效率相协调的原则。一方面，政府要充分发挥财税政策对经济增长的促进作用，重点调控市场失灵的领域，促进自然资源合理利用产业的健康发展。另一方面，政府要根据各类合理利用自然资源产业市场的发展情况，制定不同的财税政策鼓励其发展，并适时退出，促进各市场经营主体之间的公平竞争。

（2）实行总量和强度双控

目前，我国促进自然资源合理利用财政政策实施过程中，偏重于鼓励性财政政策，缺少专门促进自然资源合理利用的限制性财政政策。"十三五"规划中指出，在促进全面节约和高效利用资源的过程中，要强化约束性指标管理，实行总量与强度双控。既要控制矿产资源、水资源、土地资源、森林资源的消耗总量，又要控制单位生产总值的能耗、水耗、建设用地强度，因此，政府必须从合理利用自然资源的全局高度出发，加快约束性指标体系建设，全面提高节水、节地、节矿、节材控制标准，从根本上解决资源、经济、社会、环境之间的矛盾，从而实现我国经济社会的可持续发展。

（3）坚持成本效益原则

成本效益原则是判断一项政策是否合理的重要原则。我国制定促进自然资源合理利用财税政策时，必须坚持成本效益原则，采用科学的方法对政策的成本和效益进行测算。这里提到的"效益"包括经济效益、社会效益和环境效益三个方面。如果政策运行成本低于其所带来的整体效益，则该政策是可行的。但如果政策运行成本太高甚至超过其所带来的整体效益，无论出于何种考虑，这一政策都不宜实行。此外，为提高政策的整体效益，应尽量简化促进自然资源合理利用财税政策程序，减少不必要的实施环节，切实降低政策的运行成本。

（4）保持整体性与稳定性

促进自然资源合理利用是一项庞大的系统工程，不可能一蹴而就，因此，保持财税政策的整体性和稳定性就显得尤为重要。就整体性而言，一方面，政府在制定促进自然资源合理利用财税政策时，要充分考虑自然资源节约、集约、循环利用等各个领域，尤其对资源节约潜力大但发展缓慢的行业，更不能忽视，必须全面推进资源节约和高效利用。另一方面，财税政策工具各具特点，应该进行科学规划，使得各种政策手段相互配合，有效发挥整体效应。就稳定性而言，因资源产业生产具有投资额大、回收期长的特点，在制定财税政策时应合理确定政策的时限，不能朝令夕改。财税政策的时效要符合资源产业发展周期，以保证政策的稳定实施。

6.2 优化促进自然资源合理利用税费政策体系

6.2.1 调整合理利用自然资源税收

（1）调整资源税以抑制自然资源的过度开采

①发挥资源税在促进自然资源合理利用中的主导功能

借鉴世界主要资源大国促进自然资源合理利用的成功经验，政府在自然资源税费体系中应该承担两种角色，一是自然资源的所有者，二是社会管理者，由此衍生出政府对自然资源具有所有权、矿业权和政治权三种权利，其中矿业权是由所有权派生出来的权利。权利金是国家基于自然资源所有权而对自然资源开发者征收的租金，其征收的目的是维护国家对自然资源的所有者权益并对自然资源进行有效、公平的代际配置。我国现行税制中的资源税、矿产资源补偿费和矿区使用费都有权利金的性质。虽然矿产资源补偿费的费率已降低为零，但矿产资源补偿费制度并未取消。建议将资源税定位为自然资源的"权利金"，将矿产资源补偿费和矿区使用费并入资源税中，并充分发挥资源税在促进中国自然资源合理利用中的主导作用。

②资源税"扩围"

考虑到我国自然资源合理利用的现状，应将所有不可再生资源和部分存量即将或已经达到自身承载极限的资源纳入资源税的征收范围，如水资源、森林资源等。目前正在进行的水资源"费改税"就是一个良好的开端，水资源试点的范围也在不断扩大，但水资源税改革全面实施的具体时间还没有确定。待条件进一步成熟时，可以考虑将森林资源纳入资源税的征收范围。鉴于国家已针对土地资源单独开征相关税种，这里暂不考虑将土地资源纳入资源税的征收范围进行管理，因此，扩大后的资源税的征收范围由矿产资源、水资源和森林资源三类资源组成①。

③完善计税依据

现行的资源税主要是针对矿产资源设置，几乎所有的矿产资源②都

---

① 因草原资源不在本书的研究范围，故对草原资源纳入资源税征收范围不予研究。
② 只对经营分散、多为现金交易且难以管控的黏土、砂石等少数矿产品仍实行从量定额计征。

采用从价计征方式。即便如此，矿产资源税的征收标准仍然偏低。建议设置资源税率时充分考虑资源回采率这一因素，对于矿产资源回采率低的开采企业和单位，实行高税率，反之，实行低税率。对水资源税来说，仍然采用定额征收方式，建议以单位和个人直接从我国江河、湖泊以及地下抽取的水资源量为计税依据，并按不同取水性质实行差别税额，每一个税目设置一个定额税率。就森林资源税而言，建议将其计税依据设定为林业企业的木材销售量及在矿产资源勘探、采掘和水利建设等过程中的木材破坏量，并细化森林资源税目，设定差别定额税率，按照各种木材的使用量和破坏量进行征收。

（2）完善城镇土地使用税和耕地占用税以保护土地资源

为更好发挥城镇土地使用税和耕地占用税促进土地资源节约利用的作用，也为了条件成熟时将"土地资源税"纳入资源税的需要，建议将城镇土地使用税和耕地占用税两者合并为"土地使用税"。税制设计具体包括两方面：一是实行从价计征方式，改变以往从量计征的方式，使得征收的税额能够更加客观地反映土地的交易价格，发挥"土地使用税"对土地价格应有的调控作用。二是合理设置税率，考虑到我国各地区经济社会发展水平的差异，难以设置统一的税率。建议在充分调研论证的基础上，设置浮动税率。这样一来，既能发挥"土地使用税"保护土地资源的目的，又有利于地方经济发展。但在房地产价格持续过热的情况下，土地资源税负增加可能会引起房价的进一步上涨，因此，需要政府出台相关抑制房价的行政措施予以配合①。

（3）完善消费税、车辆购置税和车船税以引导消费者节约消费

①消费税

现阶段，应充分发挥消费税在合理利用自然资源及保护环境方面的作用，通过消费税影响商品的价格进而引导消费者进行"绿色消费"。消费税税制具体设计如下：一是扩宽消费税的征收范围，将一些高能耗产品和容易造成环境污染的消费品纳入征税范围，如一次性电池、白色垃圾、煤炭、化肥、含磷洗涤用品等，充分发挥税收对污染行为的限制

---

① 魏琳. 促进资源节约的税收政策研究［D］. 大连：东北财经大学，2013.

约束作用。二是调整消费税税率，充分发挥消费税在合理利用自然资源领域的引导作用，适当提高高能耗、高污染产品的消费税税率。同时将属于同一性质的消费品税率进行统一，如贵重首饰与金银首饰。对于新纳入消费税征收范围的税目，力求科学合理设置其税率，以期更好发挥消费税对于合理利用自然资源的调控作用。三是实行价外税。由于现行消费税是价内税，消费者对其税额的变动不敏感，弱化了消费税对合理利用自然资源的调控作用。有鉴于此，建议将消费税改为价外税，明确标出商品的价格和需承担的消费税，并改变消费税的纳税环节，统一在商品零售环节进行征收。

②车辆购置税和车船税

如前所述，虽然车辆购置税和车船税具有间接保护自然资源的作用，但这两个税种的税率和单位税额较低，不足以影响高收入者购买高排量汽车的选择，因此，必须对现有的车辆购置税法和车船税法进行完善。对于车辆购置税来说，因其采用从价计征方式，建议提高车辆购置税的税率，特别是大排量的汽车的税率，具体税率可以定为20%，以此抑制人们对大排量汽车的需求。对于车船税来说，因其采用从量计征方式，建议提高车船税的单位税额标准，进而增强车船税的宏观调控作用。

（4）调整增值税、关税和城市维护建设税以鼓励资源综合利用

①增值税

要充分发挥增值税在促进自然资源合理利用方面的作用，就必须对现有税制进行完善。一方面，应降低资源节约型产业的增值税税率，主要是降低资源回收企业及开发新能源企业的增值税税率。这类企业在购进原材料时，要么无法取得增值税专用发票，要么取得增值税专用发票的数额很少，如果按照常规生产企业核算增值税，必然导致资源节约型企业税负明显高于其他企业，因此，建议对资源节约型产业按照6%的征收率征收增值税，切实降低企业的生产成本，加快资源节约产业的发展速度。另一方面，应设置差别税率。对增值税的税目进一步进行细化，分为节约资源型和滥用资源型两类，并针对不同的类型分别设计不同的差别税率。对于节约资源的企业设置较低的税率，对于滥用资源的

企业设置较高的税率，以鼓励企业生产和提供节约资源的产品和服务，最终达到促进自然资源合理利用的目的。

②关税

要完善现有关税制度设计，需要从进口政策和出口政策两方面入手。在进口政策设计方面，应进一步降低节约资源设备进口环节的关税，为我国节约资源产品的生产提供保障。同时，应减少或停止对环境有害产品的进口，如需进口，应大幅度提高其进口关税。在出口政策设计方面，对大量消耗不可再生资源制成的产品出口征收出口税，同时鼓励具有高附加值的技术密集型产品和资源节约型产品的出口，降低其出口关税税率以促进资源节约产业的快速发展。

③城市维护建设税

城市维护建设税为城市基础设施建设及环境保护提供专项资金，因此，其对于合理利用自然资源就显得十分重要。建议将城市维护建设税设立为独立税种，改变其附加税的性质，重新确定城市维护建设税的征税依据、征收范围，适当调高市、县（建制镇）及其他地区三个税目的城市维护建设税税率，扩大其税收收入规模，为更好地建设城市生态环境提供充足的资金保障。

（5）完善环境保护税以防治滥用资源造成的环境污染

为了更好发挥环境保护税在促进资源节约、保护环境领域的作用，必须对现有环境保护税制进行完善。具体来说：一是应扩大环境保护税的征税范围。一方面，为降低温室气体排放量，可依照二氧化碳污染排放量征收二氧化碳税。另一方面，考虑到垃圾污染对我国绿色发展的危害，可根据垃圾重量征收垃圾税，并按照垃圾种类的不同设计差别税率。二是应提高环境保护税的税率。依据污染程度的不同采用差别税率，坚持"多排多征，少排少征，不排不征"的原则。对于应税大气或水污染物排放低于国家和地方规定标准的企业，给予环境保护税的减免优惠。

6.2.2　进一步完善税收优惠政策

税收优惠政策是一把"双刃剑"，既能对促进自然资源合理利用发挥重要作用，又可能对税收公平产生消极影响，加大税收征收管理的难度，因此，政府必须优化税收优惠政策设计，科学制定税收优惠政策，把握好税收优惠的"度"，才能充分发挥税收优惠促进自然资源合理利用的积极作用。

（1）扩大合理利用自然资源税收优惠减免范围

为充分发挥税收优惠政策的激励作用，应逐步扩大与合理利用自然资源相关产业的税收减免范围。在继续加大生产领域合理利用自然资源税收优惠力度的同时，向研发环节和消费环节倾斜。对于那些从事合理利用自然资源技术研发、产品销售以及提供信息服务的中介机构，应给予一定的减免措施。具体来说：首先，在增值税政策方面，对根据矿山建设需要从国外购进的各种机器设备产生的关税和进口增值税予以减免，对处于勘查阶段的新建矿山在三年内免征增值税，对非常规油气资源产业的增值税予以减免。其次，在企业所得税政策方面，对于企业符合合理利用自然资源产品生产需要购进的机器设备，可以采用加速折旧及所得税的投资抵免。对于能够独立核算的促进自然资源合理利用技术研发的允许进行加计扣除，相应技术的转让所得也可享受税收减免优惠。再次，完善促进自然资源合理利用的相关辅助税收政策设计，使得各税种相互配合，共同促进我国自然资源的合理利用。

（2）丰富合理利用自然资源税收优惠形式

税收优惠政策分为直接优惠与间接优惠两类。直接税收优惠政策的优点是征收方式简单、税率明确、成本降低明显，缺点是容易引起企业的机会主义行为和短视行为。而间接税收优惠方式既能激励纳税人调整生产经营活动方式，又不会减少税收收入，对国家财政收入影响较小，其优点十分显著。目前，我国税收优惠政策仍以直接优惠方式居多，实际政策效果并不理想，因此，可以借鉴发达国家的经验，多采用加速折旧、投资抵免等间接税收优惠的方法，鼓励企业主动进行促进自然资源合理利用技术的引进、研发和转让以及产品的推广使用。

（3）建立相互协调的税收优惠体系

首先，要明确税收优惠政策的目标，适度考虑国民待遇原则，对于需要鼓励或优先发展的项目制定激励性的税收政策，而对于需要淘汰的落后技术和产业实行约束性的税收政策。其次，应对现有分散的促进自然资源合理利用的税收优惠政策进行整合，由税务部门统一发布、统筹管理，切实提高税收优惠政策的系统性和可执行性。再次，应将税收优惠政策纳入预算管理，对每个税种的税收优惠数额予以单独反映，将现有集中在中央的税收优惠管理权适当下放到地方政府，并发挥社会公众对税收优惠政策落实的监督作用。

6.2.3 规范自然资源收费项目的管理

（1）合理控制收费项目的规模

要规范自然资源收费项目的管理，必须合理控制收费项目的规模。具体来说：一方面，各级政府要树立自然资源收费项目管理的新理念，按照"所有权属国家，使用权归政府，管理权在财政"的原则对其进行管理。自然资源收费项目改革要从社会经济发展及财税体制改革的全局出发，摆正政府与市场、政府与企业之间的关系，摒弃狭隘的地方保护主义。另一方面，严格自然资源收费项目的审批制度。作为政府非税收入，自然资源收费项目的立项与审批权限应集中在立法机关，由全国人大或地方人大审议、批准，各级地方政府不得为增加财政收入而增设不合理的收费项目。

（2）分流归位，科学界定自然资源收费范围

要实现对自然资源收费项目的规范化管理，就要科学界定其征收范围和标准，根据其征收项目性质的不同，采用不同的处理方式，使之"分流归位"。具体来说，分为以下三种情况：一是对于一些重复征收比较严重、征收无依据的收费项目，必须进行清理，建议将探矿权、采矿权使用费和探矿权、采矿权价款合并，集中体现保护资源勘探和开采的目的。二是对于符合税收性质的收费项目，尽快实行"费改税"。除了已经完成的环境保护"费改税"和正在进行的水资源"费改税"，还要在条件适宜时，开展森林资源的"费改税"。三是规范保留下来的收费项目，厘清行政收费和政府基金的权益边界，将行政收费限定在政府针对企业提供的特殊服务上，而将政府性基金的征收限定在政府对特定群体受益提供的公共服务上。

（3）提高自然资源收费项目征管水平

现行自然资源收费项目征管水平不高直接影响了自然资源收费政策的实际效果，亟待加以完善。首先，对自然资源收费项目进行统一管理，由财政部门集中。在财政部门内部，按照征收项目的不同性质实行分级管理。其次，改革自然资源收费的征收方式，综合考虑资源稀缺性、环境污染程度、社会生活水平和经济发展水平等因素实行科学化、差别化征收，规范征收管理行为。再次，严格按照政策确定自然资源收费项目，不得擅自扩大征收范围、提高征收标准或征收附加费。最后，规范资源收费项目减免制度，避免不正当"人情减免"，保证这部分政府非税收入及时、足额上缴国库，切实提高其资金征收效率。

6.3 完善促进自然资源合理利用财政支出政策

6.3.1 继续增加合理利用自然资源财政投入

（1）加大政府预算投入力度

充足的财政资金是实施促进自然资源合理利用财税政策的必要保障，我国政府应继续加大合理利用自然资源政府预算投入力度。具体来说：一是科学确定合理利用自然资源的财政投入与 GDP 之间恰当的比例关系，在"能源节约利用"、"可再生能源"和"循环经济"等预算科目中予以体现。在条件允许的情况下，进行政府预算支出科目改革，在中央预算和地方预算中把资源节约、集约、循环利用作为专门科目进行列示，单独反映促进我国自然资源合理利用预算投入情况。二是通过立法的形式规定促进自然资源合理利用预算投入的额度和增长幅度，为合理利用自然资源提供稳定的资金来源，建立促进自然资源合理利用预算投入的长效增长机制。三是建立中央和地方政府共同投入的机制。在继续保证中央财政支持的基础上，着力加大地方政府预算资金的投入力度。此外，还应加大对合理利用自然资源及环保投入资金的监管力度，以保证国家促进资源节约战略的顺利实施。

（2）探索多样化的财政投入手段

随着促进自然资源合理利用所需资金规模的不断扩大，单纯依靠政府预算投入显然是不够的，积极探索多样化的资金投入手段就显得十分重要。第一，应鼓励社会资本投入合理利用资源自然产业建设中来。通过出台优惠政策，引导企业投资于合理利用自然资源产业，发挥企业投资的主体作用，同时，鼓励民间团体也投身于合理利用自然资源产业中来。第二，可以借鉴国外的成功经验，设立合理利用自然资源专项基金，以稳定合理利用自然资源资金的来源。利用专项基金对发展前景较好的合理利用自然资源项目进行投资，弥补其资金的供求缺口，促进这一产业的良性发展。第三，应积极推进合理利用自然资源投资公共私营合作制（简称 PPP 模式），拓宽合理利用自然资源资金的来源渠道，特别是吸引国内外民营资本投入这一产业中来。PPP 模式的核心就是以较少的公共资金投入带动更多社会资本的投入，以此推动合理利用自然资源，项目的顺利实施。

6.3.2　科学设计合理利用自然资源财政补贴制度

（1）拓宽财政补贴覆盖范围

我国现行的财政补贴政策覆盖面较窄，资金支持力度不够，亟待加以完善。政府应将财政补贴的重点放在促进自然资源节约、集约、循环利用等领域，保证实现全面节约和高效利用资源的战略目标。具体来说，主要体现在以下三个方面：

第一，加大资源节约、集约、循环利用领域技术研发、创新的财政补贴力度。对于应用资源节约、集约、循环利用新技术的企业给予更多的贷款额度和贷款贴息，对研发和管理人员提供补贴，对创新成果给予奖励等，以此带动合理利用自然资源领域的科学技术进步。

第二，对合理利用自然资源产品的推广和使用给予财政补贴。充分运用财政贴息、以旧换新等方式推广新投入市场的资源节约、集约、循环利用产品，引导消费者进行节约资源产品消费，鼓励资源节约行业的发展，进而带动工业、交通、建筑领域中节能产业的发展。

第三，加大对节能服务产业发展的支持力度。实施合同能源管理项目可以降低用能单位节能技术改造的成本和风险，有利于调动其节能生产的积极性，因此，政府应加大对节能服务产业的支持力度，扩大其资助范围，降低获得补助的门槛。此外，政府还要对节能服务中心的建设给予一定的预算经费支持。

（2）加强财政补贴管理

要充分发挥财政补贴政策在促进自然资源合理利用中的重要作用，就必须对现有财政政策进行完善，以期不断提高财政补贴政策的科学性。具体来说：首先，确定重点补贴对象，在多方调查摸底和充分论证的基础上，适度向包括公共事业在内的政策性补贴行业倾斜，合理确定财政重点补贴的对象，并做好补贴申请受理、操作办法告知等政策宣传工作。其次，规范财政补贴的金额标准，并出台相关的法律法规予以明确。这样可以有效避免财政补贴分配不均的现象，进一步提高财政补贴信息的透明度。最后，加强财政补贴资金的监督管理。既要严格规范财政补贴资金的下拨流程，保证补贴资金足额到位，避免出现挪用、滞留资金的现象，又要建立完善的信息管理系统，监督审核财政资金支持企业合理利用自然资源的情况，对违规使用财政补贴资金的企业给予必要的惩罚。

6.3.3　增强政府绿色采购的支持功能

政府采购将行政管理和市场运行有机结合起来，对推动资源节约具有重要的意义。科学的政府绿色采购制度可以通过有效的市场激励机制，促使企业自觉参与到节约资源活动中来，促进合理利用自然资源经济的发展。

（1）扩大政府绿色采购的范围

从目前我国政府绿色采购制度来看，亟待扩大政府绿色采购的范围。具体措施如下：一是扩大政府节能采购资金的规模。在保持各部门财政支出规模适度的前提下，提高政府绿色采购资金占财政支出总额的比重，为政府绿色采购提供充足的资金保障。二是继续扩大合理利用自然资源产品采购的种类，将节约资源产品、集约利用资源产品和循环利用资源产品全部纳入政府绿色采购中，提高合理利用自然资源产品在政府采购产品中所占的比例。三是将更多的节能服务纳入政府绿色采购中来，并出台专门的政策支持节能服务项目的发展。

（2）理顺政府绿色采购管理机制

要理顺政府绿色采购的管理机制，着重从以下三方面入手：第一，由财政部门设立专门的机构对政府采购进行统一管理，保证政府绿色采购工作的顺利进行。整体规划合理利用资源产品的采购规模，细化政府绿色采购具体的实施措施及采购标准，协调相关部门之间的利益冲突，评估和监督政府绿色采购工作的贯彻落实情况。第二，改革政府绿色采购清单制度。一方面，将政府绿色清单的列举方式从直接指定产品的制造商改为指定产品的性能、特征和相关项目指标，并将对最终产品的绿色要求扩展到产品的整个生命周期。另一方面，必须将绿色清单发布时间固定下来，以便各级政府采购中心合理安排其政府采购工作的进程，确保政府绿色采购制度的顺利实施。第三，完善政府绿色采购的监督机制。政府要将监督管理贯穿于绿色政府采购的事前、事中和事后全过程，并制定一套能够科学反映政府绿色采购情况的考核指标，力求从多个维度跟踪反馈、评价政府绿色采购制度的绩效。此外，还要加快政府绿色采购信息化平台的建设步伐，定期向社会公众公开政府绿色采购的执行情况，充分发挥社会公众对政府采购的舆论监督作用。

6.4 加强促进自然资源合理利用财税政策配套措施的建设

6.4.1 转变经济增长方式，为合理利用自然资源财税政策提供根本保障[①]

经济发展与保护资源环境二者之间的关系是相辅相成的。当前我国资源浪费及环境破坏问题的产生，与我国过去粗放型的经济发展方式密不可分，因此，要从根本上解决我国资源利用方式不合理的问题，就必

---

① 吕敏. 中国绿色税收体系改革研究［D］. 大连：东北财经大学，2015.

须转变我国经济增长方式。在新的经济形势下，我国经济增长方式的转变不单单是指向集约型增长方式转变，还要赋予其更加丰富、深刻的内涵，如：将经济的增长方式由出口拉动向出口、消费、投资协调发展转变、由第二产业带动向三大产业协调发展转变。

伴随着我国经济增长方式的转变，我国国民经济核算体系也要发生相应的变化。现行的国民经济核算体系以国内生产总值（GDP）为核心指标，它在判断宏观经济运行状况、制定宏观经济政策和检验政策合理性方面的效果十分明显，但不足之处在于不能反映环境破坏和资源浪费所引起的经济损失。借鉴国外的成功经验，可以适当引入绿色 GDP 概念。在现行政府政绩考核中加入绿色 GDP 的因素，并在重要的生态保护区率先实行绿色 GDP 核算，从而实现当地经济发展和资源环境保护的协调发展。

6.4.2 深化财政体制改革，为合理利用自然资源财税政策提供制度保障

（1）统筹规划节约资源工作

节约资源是一项涉及领域广泛、实施主体众多、复杂的、系统性工程。任何一个环节出现问题，都会影响到其他环节实施的效果，因此，要破解"资源节约降耗"难题，就必须从制度层面进行深层思考，做好长远规划。具体来说：一是制定好资源节约降耗工作的目标，保证其工作目标的科学性和整体性。二是科学设置政府资源节约管理机构，提高资源节约管理的水平。与此同时，还要加强各管理部门的协调性和统一性，保证资源节约政策的顺利实施。三是理顺资源节约工作机制，使得经济政策、行政政策和法律政策相互配合，提高资源节约工作的整体效率。

（2）建立财力与支出责任相适应的制度

首先，明确划分各级政府的支出责任，适度加大中央政府的支出责任。坚持谁受益、谁补偿的原则，合理、明确划分各级政府在促进自然资源合理利用中的支出责任。对于影响全局的合理利用资源事务，应该由中央政府负责。对于属于地方性合理利用自然资源的事务，划归地方

政府负责。对于跨行政区域的合理利用自然资源事务，则由中央政府建立科学合理的补偿机制，最大限度地保障区域间的经济利益诉求。

其次，确立合理有序的财力格局。坚持财力与支出责任相适应的原则，将中央高度集中的财权适度向地方下放，进一步理顺中央和地方政府财政收入分享机制，尤其是健全省以下财力分配机制。此外，我国还应完善增值税的分享机制，积极培育资源税、房产税等地方主体税种，切实提高各级地方政府的财力。

最后，完善政府间的转移支付制度。为解决当前各级地方政府间财力差距悬殊、区域经济发展不均衡的问题，必须充分发挥财政转移支付政策的调节作用。第一，中央政府应加大对资源型地区省级政府的一般转移支付力度，对该地区的资源型城市转型、资源地质勘查、矿山地质环境治理及生态恢复提供资金支持。第二，资源型省区政府也应该加大对资源输出地区，尤其是资源枯竭地区的转移支付力度，不断提高该地区基本公共服务的保障能力。第三，科学制定转移支付资金的分配标准，综合考虑资源禀赋、经济效益、社会发展、环境治理等因素，尽快建立一套规范、科学的转移支付标准体系。

6.4.3 完善市场机制，为合理利用自然资源财税政策提供机制保障

要想达到促进自然资源合理利用的政策目标，政府宏观调控必须与市场经济相互配合。借鉴国外的成功经验，有效利用市场机制对于促进自然资源合理利用十分重要。

（1）积极推动能源价格改革

如前所述，我国资源价格存在市场扭曲现象，不能完整反映资源的内在价值，因此，应积极推动能源价格改革，尽快建立以市场为基础的资源价格调控机制。具体来说：一方面，应减少政府对价格形成的干预，全面放开电力、石油、天然气等竞争性领域商品的价格，同时取消资源一级市场供应的双轨制，使得资源价格能够真正反映资源价值、稀缺程度和环境成本。在煤炭定价方面，要考虑可持续开发成本和环境成本，建立反映煤炭真实成本的价格形成机制。在石油和天然气定价方

面，要坚持市场化原则，建立能同时反映国际市场波动、国内市场供求以及生产成本等因素的价格形成机制。完善水价、居民阶梯电价形成机制，全面推行居民阶梯水价、气价。另一方面，应健全能源价格监管体系。为保证能源定价机制的有效运行，应尽快出台专门规范能源行业经营行为的法律法规及配套的实施细则。对于单位产品能耗超过国家和地区规定限额标准的企业和产品，实行惩罚性电价。在国家统一规定的基础上，各地区可适度加大差别电价和惩罚性电价的实施力度。

（2）建立科学的生态补偿机制

生态补偿机制是促进我国生态保护、协调区域发展的一项重要制度。良好的生态补偿机制能够使生态建设者享受其应得的经济利益，并让生态环境的受益者支付相应的费用，实现"生态环境"①的生产者与消费者之间的公平。要完善我国现有的生态补偿机制，必须从以下三方面入手：一是科学测算生态补偿的标准。生态补偿标准测算的正确与否，直接关系到生态补偿的效果和补偿者的承受能力，因此，政府应根据不同类别的环境，建立一套完整、系统的分类标准体系进行补偿资金的测算分配。二是丰富生态补偿的实现形式，要将政府主导、企事业单位投入与个人国际捐赠等方式结合起来，建立多元化的生态补偿机制。三是颁布生态补偿管理办法。加强对生态补偿资金的管理，规范生态补偿基金的使用方向，使得生态保护实施的主体和受生态保护影响的居民能够获得合理的补偿。

（3）加快推进法治进程

要促进自然资源的合理利用，必须要加快资源税制的法制进程。具体来说：首先，应完善现有促进自然资源合理利用的法律。各级政府要将合理利用自然资源提升到战略层面，加快《中华人民共和国循环经济法》《中华人民共和国煤炭法》《中华人民共和国环境影响评价法》《中华人民共和国电力法》等法律的修订进程。其次，应积极推动与资源节约利用法律配套的行政法规建设。既要重点完善《中华人民共和国节约能源法》及其相关配套政策，明确将有利于节约资源的财税激励政策以

---

① 这里将"生态环境"作为一种"公共产品"来看待，所以才有"生态环境"的生产者与消费者一说。

及对滥用资源行为的惩罚政策都纳入《中华人民共和国节约能源法》当中。同时，应对《城镇排水与污水处理条例》等行政规章以及《节能产品认证管理办法》等部门规章进行修订。再次，应当加大资源节约执法监督的力度。一方面，应加大对资源滥用和环境污染行为的专项检查力度，严厉查处检查出的违法违规行为，严肃处理相关责任人，并采取公开通报、挂牌督办及限期整改等方式对相关企业予以惩罚；另一方面，对各政府执法过程中出现的执法不严、行政不作为等行为要严厉惩处，并追究主管部门领导及执法机构负责人的连带责任。

6.4.4 打造节约资源文化，为合理利用自然资源财税政策提供思想保障

在社会节约资源的文化培育中，政府应当承担主体责任。通过树立节约、集约、循环利用的资源观，促使社会公众自觉从事合理利用资源的行动，从思想上保障节约资源活动的顺利开展。首先，政府机关应以身作则，带头节约资源。在充分认识合理利用自然资源重要性的基础上，各级政府机关应自觉践行合理利用资源的行动，做资源节约和环境保护的表率。其次，政府机关应加强对节约资源的宣传和教育力度，通过公益广告、新闻媒体等多种方式进行宣传，使公众深入理解资源节约、集约、循环利用的内涵。再次，应积极开展各行业、各阶层的全面节约和高效利用资源活动，尤其应注重对社区、企业、学校、农村等基层人员节约意识的培育，以专题活动、岗位创建等形式为载体，引导公众参与到促进自然资源合理利用的活动中来。

主要参考文献

[1]   ALLCOTT H, MULLAINATHAN S, TAUBINSKY D. Energy policy with externalities and internalities [J]. Journal of Public Economics, 2012, 112 (2): 72-88.

[2]   ANSHASY A A E , KATSAIT M S. Natural resources and fiscal perforance: does good governance matter? [J] . Journal of Macroeconomics, 2013, 37 (37): 285-298.

[3]   ANTON-SARABIA A , HERNANDEZ-TRILLO F. Optimal gasoline tax in developing oil-producing countries: the case of mexico [J]. Energy Policy, 2013, 67 (2): 564-571.

[4]   BUCHNER B, CATENACCI M, SGOBBI A. Governance and environmental policy Integration in Europe: what can we learn from the EU emission trading scheme? [J]. Working Papers, 2007 (5): 54.

[5]   BYE B. Environmental tax reform and producer foresight: an interteporal computable general equilibrium analysis [J] . Journal of Policy Modeling, 2000, 22 (6): 719-752.

[6]   CALLAN T, LYONS S, SCOTT S, et al. The distributional Implications of a carbon tax in ireland [J]. Energy Policy, 2009, 37 (2): 407-412.

[7]   CASAL P. Global taxes on natural resources [J]. Journal of Moral

Philosophy, 2011, 8 (3): 307-327.

[8] CASELLI F, CUNNINGHAM T. Leader behavior and the natural
     resource curse [J]. Oxford Economic Papers, 2009, 61 (4): 628-
     650.

[9] CORDANO A L V, BALISTRERI E J. The marginal cost of public funds
     of mineral and energy taxes in peru [J]. Resources Policy, 2010, 35
     (4): 257-264.

[10] CREMER H, GAHVARI F, LADOUX N. Environmental tax design with
     endogenous Earnings Abilities [J]. Journal of Environmental
     Economics and Management, 2010, 59 (1): 82-93.

[11] DANIEL P, KEEN M, MCPHERSON C. The taxation of petroleum and
     minerals: principles, problems and practice [J]. Taylor and Francis
     Group, 2010, 43 (8): 3757-3763.

[12] DASGUPTA P, HEAL G [M]. The optimal depletion of exhaustible
     resources [J]. Review of Economic Studies, 1974 (41): 3-28.

[13] DASGUPTA P, HEAL G M. So on the taxation of exhaustible resources
     [J]. Public Policy and the Tax System, 1980, 25 (3): 432-497.

[14] DASGUPTA P, STIGLITZ J. Resource depletion under technological
     uncertainty [J]. Econometrica, 1981, 49 (1): 85-104.

[15] DENNIS F. Common and unique factors influencing daily swap returns
     in the nordic electricity market, 1997—2005 [J]. Energy Economics,
     2010 (2): 458-468.

[16] DEROUBAIX J F, LEVEQUE F. The rrise and fall of french ecological
     tax reform: social acceptability versus political feasibility in the Energy
     Tax Implementation Process [J]. Energy Policy, 2006 (34): 940-
     949.

[17] DREZNER J A. Designing effective incentives for energy conservation
     in the public sector [M]. California: Doctor Dissertation of the
     Claremont Graduate University, 1999.

[18] EISENACK K, EDENHOFER O, KALKUHI M. Resource rents: the
     effects of energy taxes and quantity instruments for climate protection
     [J]. Energy Policy, 2012, 48 (3): 159-166.

[19] EKINS P, KLEINMANn H, Bell S, et al. Two unannounced
     environmental tax reforms in the UK: the fuel duty escalator and income
     tax in the 1990s [J]. Ecological Economics, 2010, 69 (7): 1561-

1568.

[20] EKINS P, SUMMERTON P, THOUNG C,et al. A major environmental tax reform for the UK: results for the economy, employment and the environment [J]. Environ Resource Econ, 2011, 503 (3): 447-474.

[21] FANE G. Allocating and taxing rights to state-owned minerals [J]. Bulletin of Indonesian Economic Studies, 2012, 48 (2): 173-189.

[22] GILJUM S, BEHRENS A, HINTERBERGER F,et al. Modeling scenarios towards a sustainable use of natural resources in europe [J]. Environmental Science and Policy, 2008, 11 (3): 204-216.

[23] GINGRICH S. Long term changes in CO_2 emissions in austria and czechoslovakia–identifying the drivers of environmental pressures [J]. Energy Policy 2011, 39 (39): 535-543.

[24] GROTH C, POUL S. Growth and non-renewable resources: the different roles of capital and resources taxes [J]. Journal of Environmental Economics and Management, 2007, 53 (1): 80-98.

[25] HAMZA N, GILROY R. The challenge to UK energy policy: an ageing population perspective on energy saving measure and consumption [J]. Energy Policy, 2011, 39 (2): 782-789.

[26] HOGAN L. Non-renewable resource taxation: policy reform in australia [J]. Australian Journal of Agricultural and Resource, 2012, 56 (2): 244-259.

[27] HOTELLING H. The economics of exhaustible resources [J]. Journal of Political Eonomy, 1931, 39 (2): 281-312.

[28] HUNG N M, QUYEN N V. Specific or ad Valorem tax for an exhaustible resource [J]. Economics Letters, 2009, 102 (2): 132-134.

[29] KAHN J R, FRANCESCHI D. Beyond kyoto: a Tax-based system for the global reduction of greenhouse gas emissions [J]. Ecological Economics, 2006, 58 (4): 778-787.

[30] KUNCE M, GERKING S, MORGAN W, et al. State Taxation, exploration and production in the U. S. oil industry [J]. Journal of Regional Science, 2003, 43 (4): 749-770.

[31] LIU LIQUN, LIU CHUNXIA, GAO YUNGUANG. Green and sustainable city will become the development objective of china's low carbon city in future [J]. Journal of Environment Health Science and Engineering, 2014, 12 (1): 12-34.

[32]   MARION J, MUEHLEGGER E. Fuel tax incidence and supply conditions
        [J]. Journal of Public Economics, 2011, 95 (9-10): 1202-1212.

[33]   MARKANDYA A, ORTIZ R A, MUDGAL S, et al. Analysis of tax
        incentives for energy-efficient durables in the EU [J]. Energy Policy,
        2009, 37 (12): 5662-5674.

[34]   METCALF G E. Federal tax policy towards energy [J]. Tax Policy and
        the Economy, 2007, 21 (21): 145-184.

[35]   OIKONOMOU V, BECCHIS F, STEG L, et al. Energy saving and energy
        efficiency concepts for policy making [J]. Energy Policy, 2009, 37
        (11): 4787-4796.

[36]   OTAKI M. Emission trading or proportional carbon tax: a Quest for
        more Efficacious Emission Control [J]. Environmental Systems
        Research, 2013, 2 (1): 2-8.

[37]   REILLY J M. Green growth and the efficient use of natural resources
        [J]. Energy Economics, 2012, 34 (3): S85-S93.

[38]   ROCCHI P, SERRANO M, ROCA J. The reform of the european
        energy tax directive: exploring potential economic impacts in the EU27
        [J]. Energy Policy, 2014, 75 (13): 341-353.

[39]   SANCHO F. Double dividend effectiveness of energy tax policies and
        the elasticity of sub Stitution: a CGE Appraisal [J]. Energy Policy,
        2010, 38 (6): 2927-2933.

[40]   SANDMO A. Atmospheric externalities and environmental taxation [J].
        Energy Economics, 2010, 33 (6): S4-S12.

[41]   SCHUMACHER I, ZOU B. pollution Perception: a challenge for
        intergenerational equity [J]. Journal of Environmental Economics and
        Management, 2008, 55 (3): 296-309.

[42]   SHELTON R B, MORGAN W E. Resource taxation, tax exportation
        and regional energy policies [J]. Nat. Resources J, 1977, 17 (2):
        261-282.

[43]   SLADE M E. The effects of higher energy prices and declining equality:
        copper aluminum substitution and recycling in the USA [J]. Resource
        Policy, 1980, 6 (3): 223-239.

[44]   SDERHOLM P. Taxing virgin natural resources: lessons from
        aggregates taxation in europe [J]. Resources, Conservation and
        Recycling, 2011 (55): 911-922.

[45]   STREIMIKIENE D，VOLOCHOVIC A，SIMANAVICIENE Z. Comparative assessment of policies targeting energy use efficiency in lithuania [J]. Renewable and Sustainable Energy Reviews，2012，16（6）：3613-3620.

[46]   UCHIDA S，HIGANO Y. An evaluation of policy measures against global warming by promoting effective use of potential energy in wastes [J]. ERSA Conference Papers，2005（8）：537.

[47]   WEBSTER A，AYATAKSHI S. The effect of fossil energy and other environmental taxes on profit incentives for change in an open economy：evidence from the UK [J]. Energy Policy，2013，61（7）：1422-1431.

[48]   ZHAO XIAOFAN，LI HUIMIN，WU LIANG, et al. Implementation of energy-saving policies in China：how local governments assisted industrial enterprises in achieving energy-saving targets [J]. Energy Policy，2014，66（66）：170-184.

[49]   蔡红英，胡凯，魏涛. 资源税改革：基于理论与实践的演变逻辑 [J]. 税务研究，2014（2）：38-42.

[50]   陈少克. 资源税改革：现状、问题与思路 [J]. 财会研究，2012（13）：20-27.

[51]   成金华，陈军，易杏花. 矿区生态文明评价指标体系研究 [J]. 中国人口·资源与环境，2013（2）：5-9.

[52]   迟美青. 节能财税政策的经济效应研究 [D]. 太原：山西财经大学，2015.

[53]   邓绍云，邱清华. 区域自然资源可持续开发利用评价指标体系构建 [J]. 云南地理环境研究，2011（8）：73-76.

[54]   邓晓兰，陈宝东. 破解矿产资源地生态诅咒的财税政策研究 [J]. 学术论坛，2015（2）：40-42.

[55]   丁浩，张书通. 非常规油气产业财税优惠政策研究 [J]. 中国石油大学学报：社会科学版，2015（1）：6-9.

[56]   董文，张新，池天河. 我国省级主体功能区划的资源环境承载力指标体系与评价方法 [J]. 地球信息科学学报，2011（4）：178-180.

[57]   范振林. 中国矿产资源税费制度改革研究 [J]. 中国人口·资源与环境，2013（S1）：42-46.

[58]   房红，贾欣宇，裴英凡. 我国资源型城市财政支持问题研究 [J]. 煤炭经济研究，2015（11）：23-27.

[59]   黄静，董锁成. 自然资源综合评价研究 [J]. 地理科学，1994（4）：324-

330.

[60] 纪瑞鹏，陈鹏狮，冯锐，等．农业气候资源综合评价方法研究——以辽宁省为例 [J]．自然资源学报，2010（1）：121-128.

[61] 贾康，刘薇．生态补偿财税制度改革与政策建议 [J]．环境保护，2014（9）：10-13.

[62] 康玮．中美矿业税费生态补偿制度对比研究 [J]．中国人口·资源与环境，2011（2）：477-480.

[63] 寇铁军，高巍．资源税改革的国际经验借鉴及未来政策构想 [J]．东北财经大学学报，2013（6）：56-62.

[64] 李冬梅，马静．我国资源税改革的经济效应分析 [J]．东南学术，2014（2）：99-104.

[65] 李志学，彭飞鹤，吴文洁．国内外石油资源税费制度的比较研究 [J]．国土与自然资源研究，2010（1）：68-70.

[66] 林炳豪．资源税对区域财政收入差距影响的实证分析 [J]．福建农林大学学报，2014（3）：57-62.

[67] 林伯强，刘希颖，邹楚沅，等．资源税改革：以煤炭为例的资源经济学分析 [J]．中国社会科学，2012（2）：58-78.

[68] 刘璨，李成金，许兆军，等．我国林业财政政策研究 [J]．林业经济，2014（1）：60-79.

[69] 卢洪友，杜亦譞，祁毓．生态补偿的财政政策研究 [J]．环境保护，2014（5）：23-26.

[70] 吕敏．中国绿色税收体系改革研究 [D]．大连：东北财经大学，2015.

[71] 马杰．促进我国清洁能源发展的财税政策研究 [D]．北京：中国地质大学，2015.

[72] 马苗飞．进一步改革资源税收制度 [J]．中国国土资源经济，2012（7）：35-37.

[73] 缪勇，董春诗．资源开发、经济结构与经济增长——关于"资源诅咒"成因的解释框架 [J]．中央财经大学学报，2011（9）：52-57.

[74] 南箔，梅建波，陈永洮．自然资源地域组合综合评价研究——以甘肃省兰州市为例 [J]．科教导刊，2010（8）：233-237.

[75] 齐晓娟．矿产资源可持续发展财政支出绩效评价研究——以内蒙古为例 [D]．北京：财政部财政科学研究所，2014.

[76] 宋猛，薛亚洲，王雪峰，等，矿产资源节约形势及监管途径探讨 [J]．矿产保护与利用，2018（1）：28-29.

[77] 宋亚明．我国税收优惠政策改革研究 [D]．北京：财政部财政科学研究

所，2015.

[78]　苏京春. 中国构建绿色财税制度体系的难点、障碍及破解之道 [J]. 经济研究参考，2017 (8)：10-19.

[79]　苏明. 我国生态文明建设与财政政策选择 [J]. 经济研究参考，2014 (61)：3-22.

[80]　苏明，杨良初，韩凤芹，等. 促进我国海洋经济发展的财政政策研究 [J]. 经济研究参考，2013 (7)：3-19.

[81]　孙家胜，王春婷. 我国矿产资源补偿财税政策探析——以油气资源为例 [J]. 税务与经济，2014 (3)：101-104.

[82]　田贵贵. 促进节能环保产业发展的财税政策研究 [J]. 湖南税务高等专科学校学报，2014，27 (2)：26-27.

[83]　王京诚. 资源税与我国地区经济增长关系检验 [J]. 商业时代，2014 (28)：128-130.

[84]　王丽辉. 税式支出与税收优惠的比较分析 [J]. 财会月刊，2010 (9)：58-59.

[85]　王美田. 我国天然气产业财税政策研究 [D]. 青岛：中国石油大学（华东），2013.

[86]　王敏，李薇. 欧盟水资源税（费）政策对中国的启示 [J]. 财政研究，2012 (3)：57-60.

[87]　王振宇，连家明，郭艳娇. 生态文明、经济增长及其财税政策取向——基于辽宁生态足迹的样本分析 [J]. 财贸经济，2014 (10)：32-40.

[88]　魏琳. 促进资源节约的税收政策研究 [D]. 大连：东北财经大学，2013.

[89]　吴健，陈青. 环境保护税：中国税制绿色化的新进程 [J]. 环境保护，2017 (2)：28-32.

[90]　解洪涛，陈志勇. 试析煤炭资源税改革中的几个问题 [J]. 税务研究，2014 (2)：46-48.

[91]　徐玢玢. 基于熵值法的我国区域创新能力评价研究 [D]. 沈阳：沈阳工业大学，2013.

[92]　徐晓亮，许学芬. 资源税税率设置分析、比较和选择 [J]. 自然资源学报，2012 (1)：41-49.

[93]　胥力伟. 促进太阳能资源开发利用的财税政策研究 [J]. 财会月刊，2015 (2)：100-102.

[94]　杨波. 资源型城市转型系统与评价研究 [D]. 天津：天津大学，2013.

[95]　殷俐娟. 关于我国矿产资源税费现状及改革思路 [J]. 铜业工程，2012 (1)：80-83.

［96］ 于红．防范化解资源环境风险财政对策研究［D］．北京：财政部财政科学研究所，2014．

［97］ 余韵．资源税在中国矿业税费金制度中的功能定位［J］．生态经济，2013（4）：118-120．

［98］ 张雄化，钟若愚．自然资源利用及其效率研究——基于粮食安全生产的视角［J］．技术经济与管理研究，2014（12）：3-7．

［99］ 张玉．财税政策的环境治理效应研究［D］．济南：山东大学，2014．

［100］赵荣辉．论我国资源税征税范围［J］．辽宁公安司法管理干部学院学报，2014（2）：19-22．

［101］仲倩雯．我国节能财税政策效应研究［D］．苏州：苏州大学，2017．

索引

附表 1 合理利用自然资源财税政策效果评价指标数值（1）

地区	年份	A₁₁	A₁₂	A₁₃	A₂₁	A₂₂	B₁₁	B₁₂	B₁₃
北 京	2012	24.02	0.01	193	0.44	0.05	3 315	87 475	3 294
	2013	24.44	0.01	119	0.38	0.05	3 661	94 648	3 566
	2014	23.61	0.01	95	0.36	0.05	4 027	99 995	3 747
	2015	24.87	0.01	124	0.34	0.05	4 724	106 497	3 711
	2016	18.91	0.01	162	0.32	0.05	5 081	118 198	4 027
天 津	2012	24.45	0.03	238	0.67	0.06	1 760	93 173	6 123
	2013	23.53	0.03	101	0.57	0.06	2 079	100 105	6 687
	2014	22.78	0.03	76	0.54	0.05	2 390	105 231	7 079
	2015	22.49	0.03	84	0.50	0.05	2 667	107 960	6 983
	2016	22.30	0.03	122	0.46	0.04	2 724	115 053	6 805
河 北	2012	94.48	0.09	324	1.22	0.12	2 084	36 584	12 512
	2013	93.35	0.09	241	1.10	0.12	2 296	38 909	13 195
	2014	100.99	0.09	144	1.02	0.12	2 447	39 984	13 331
	2015	100.73	0.09	182	0.96	0.10	2 649	40 255	12 626
	2016	100.16	0.09	280	0.91	0.10	2 850	43 062	13 387
山 西	2012	2 557.51	0.11	295	1.69	0.15	1 516	33 628	6 024
	2013	2 539.84	0.11	350	1.59	0.15	1 702	34 984	5 842
	2014	2 575.70	0.11	305	1.52	0.14	1 821	35 070	5 471
	2015	2 565.93	0.11	257	1.44	0.13	1 642	34 919	4 360
	2016	2 538.45	0.11	365	1.38	0.13	1 557	35 532	4 149

续表

地区	年份	A_{11}	A_{12}	A_{13}	A_{21}	A_{22}	B_{11}	B_{12}	B_{13}
内蒙古	2012	1 708.79	0.37	2 053	1.33	0.14	1 553	63 886	7 736
	2013	1 959.59	0.37	3 849	1.09	0.13	1 721	67 836	7 944
	2014	2 091.01	0.37	2 150	1.05	0.14	1 844	71 046	7 904
	2015	2 095.61	0.37	2 141	1.01	0.14	1 964	71 101	7 739
	2016	2 133.57	0.37	1 695	0.96	0.13	2 016	72 064	7 233
辽 宁	2012	236.88	0.11	1 248	1.04	0.08	3 105	56 649	11 605
	2013	223.13	0.11	1 055	0.88	0.08	3 344	61 996	12 301
	2014	207.93	0.11	332	0.84	0.08	3 193	65 201	12 657
	2015	205.24	0.11	408	0.81	0.07	2 127	65 354	11 271
	2016	202.96	0.11	757	0.80	0.08	2 200	50 791	6 818
吉 林	2012	58.39	0.26	1 674	0.85	0.06	1 041	43 415	5 582
	2013	61.64	0.25	2 208	0.72	0.05	1 157	47 428	6 059
	2014	60.72	0.25	1 112	0.67	0.05	1 203	50 160	6 425
	2015	61.42	0.25	1 203	0.60	0.05	1 229	51 086	6 112
	2016	62.34	0.26	1 782	0.55	0.05	1 264	53 868	6 070
黑龙江	2012	177.16	0.41	2 195	1.00	0.06	1 163	35 711	5 241
	2013	175.65	0.41	3 702	0.86	0.06	1 277	37 697	5 090
	2014	177.15	0.41	2 463	0.82	0.06	1 301	39 226	4 784
	2015	176.50	0.42	2 130	0.79	0.06	1 166	39 462	4 054
	2016	178.34	0.42	2 217	0.75	0.05	1 148	40 432	3 647
江 苏	2012	16.62	0.06	472	0.57	0.09	5 861	68 347	23 908
	2013	16.66	0.06	358	0.53	0.09	6 568	75 354	25 504
	2014	16.27	0.06	502	0.50	0.08	7 233	81 874	26 963
	2015	15.91	0.06	731	0.46	0.08	8 029	87 995	27 996
	2016	15.64	0.06	929	0.44	0.08	8 121	96 887	30 455
浙 江	2012	1.60	0.04	2 641	0.55	0.10	3 441	63 374	15 338
	2013	1.59	0.04	1 697	0.53	0.10	3 797	68 805	15 837
	2014	2.00	0.04	2 057	0.50	0.09	4 122	73 002	16 772
	2015	2.04	0.04	2 547	0.48	0.09	4 810	77 644	17 217
	2016	2.06	0.04	2 378	0.46	0.09	5 302	84 916	18 655
安 徽	2012	151.18	0.10	1 173	0.72	0.09	1 793	28 792	8 026
	2013	157.20	0.10	975	0.67	0.09	2 075	32 001	8 880
	2014	155.28	0.10	1 285	0.63	0.08	2 218	34 425	9 455
	2015	153.68	0.10	1 495	0.60	0.08	2 454	35 997	9 265
	2016	149.56	0.09	2 018	0.57	0.08	2 673	39 561	10 077
福 建	2012	23.20	0.04	4 048	0.61	0.09	1 776	52 763	8 542
	2013	21.86	0.04	3 063	0.55	0.08	2 119	58 145	9 455
	2014	21.41	0.04	3 218	0.54	0.08	2 362	63 472	10 427
	2015	20.48	0.03	3 469	0.50	0.08	2 544	67 966	10 820
	2016	19.89	0.03	5 469	0.47	0.07	2 655	74 707	11 698

地区	年份	A₁₁	A₁₂	A₁₃	A₂₁	A₂₂	B₁₁	B₁₂	B₁₃
江 西	2012	17.99	0.07	4 836	0.61	0.07	1 372	28 800	5 828
	2013	17.31	0.07	3 155	0.58	0.07	1 621	31 930	6 452
	2014	16.05	0.07	3 601	0.57	0.07	1 882	34 674	6 849
	2015	15.85	0.07	4 394	0.54	0.07	2 166	36 724	6 918
	2016	14.32	0.07	4 851	0.52	0.07	2 151	40 400	7 219
山 东	2012	96.94	0.08	284	0.82	0.08	4 059	51 768	22 798
	2013	95.93	0.08	300	0.68	0.08	4 560	56 885	24 265
	2014	93.35	0.08	152	0.64	0.07	5 027	60 879	25 341
	2015	93.18	0.08	172	0.62	0.08	5 529	64 168	25 911
	2016	90.53	0.08	223	0.59	0.08	5 860	68 733	27 589
河 南	2012	109.90	0.09	283	0.83	0.10	2 040	31 499	15 018
	2013	99.42	0.09	226	0.71	0.09	2 415	34 211	14 938
	2014	95.92	0.09	301	0.68	0.09	2 739	37 072	15 809
	2015	94.90	0.09	304	0.63	0.08	3 016	39 123	15 823
	2016	94.24	0.09	355	0.58	0.08	3 153	42 575	17043
湖 北	2012	31.54	0.09	1 411	0.87	0.07	1 823	38 572	9 735
	2013	30.88	0.09	1 365	0.71	0.07	2 191	42 826	10 139
	2014	28.51	0.09	1 574	0.67	0.07	2 567	47 145	10 993
	2015	32.13	0.09	1 741	0.62	0.06	3 006	50 654	11 532
	2016	31.39	0.09	2 553	0.59	0.06	3 102	55 665	12 536
湖 南	2012	13.04	0.06	3 006	0.83	0.07	1 782	33 480	9139
	2013	13.69	0.06	2 374	0.67	0.06	2 031	36 943	10 001
	2014	13.67	0.06	2 680	0.63	0.06	2 263	40 271	10 750
	2015	13.60	0.06	2 839	0.59	0.05	2 515	42 754	10 946
	2016	13.73	0.06	3 229	0.56	0.05	2 698	46 382	11 337
广 东	2012	3.33	0.02	1 921	0.53	0.08	6 229	54 095	25 810
	2013	3.29	0.02	2 131	0.48	0.08	7 081	58 833	26 895
	2014	3.19	0.02	1 608	0.46	0.08	8 065	63 469	29 144
	2015	2.80	0.02	1 792	0.44	0.08	9 367	67 503	30 259
	2016	2.91	0.02	2 251	0.42	0.08	10 390	74 016	32 651
广 西	2012	19.27	0.09	4 476	0.77	0.10	1 166	27 952	5 279
	2013	22.37	0.09	4 377	0.69	0.09	1 318	30 741	5 601
	2014	25.09	0.09	4 203	0.67	0.09	1 422	33 090	6 065
	2015	23.59	0.09	5 097	0.63	0.09	1 515	35 190	6 360
	2016	26.53	0.09	4 523	0.61	0.08	1 556	38 027	6 817

续表

地区	年份	A_{11}	A_{12}	A_{13}	A_{21}	A_{22}	B_{11}	B_{12}	B_{13}
海南	2012	25.08	0.08	4131	0.67	0.08	409	32377	521
	2013	26.36	0.08	5637	0.62	0.08	481	35663	472
	2014	25.63	0.08	4 266	0.61	0.08	555	38 924	514
	2015	25.56	0.08	2 185	0.60	0.08	628	40 818	486
	2016	25.90	0.08	5 360	0.58	0.08	638	44 347	483
重庆	2012	75.44	0.08	1 627	0.89	0.07	1 703	38 914	4 981
	2013	76.36	0.08	1 604	0.68	0.07	1 693	43 223	4 632
	2014	69.25	0.08	2 156	0.66	0.07	1 922	47 850	5 176
	2015	67.86	0.08	1 519	0.62	0.06	2 155	52 321	5 558
	2016	68.49	0.08	1 995	0.57	0.06	2 228	58 502	6 184
四川	2012	123.92	0.08	3 587	0.92	0.08	2 421	29 608	10 551
	2013	124.05	0.08	3 053	0.78	0.08	2 784	32 617	11 541
	2014	120.73	0.08	3 148	0.75	0.08	3 061	35 128	11 852
	2015	119.88	0.08	2 717	0.69	0.07	3 355	36 775	11 039
	2016	120.76	0.08	2 843	0.66	0.07	3389	40 003	11 059
贵州	2012	225.53	0.13	2 802	1.64	0.17	1 014	19 710	2 217
	2013	262.10	0.13	2 174	1.37	0.17	1 206	23 151	2 687
	2014	293.93	0.13	3 461	1.30	0.16	1 367	26 437	3 141
	2015	314.48	0.13	3 279	1.20	0.14	1 503	29 847	3 316
	2016	337.80	0.13	3 009	1.12	0.14	1 561	33 246	3 716
云南	2012	151.98	0.13	3 638	1.12	0.14	1 338	22 195	3 451
	2013	152.86	0.13	3 652	0.97	0.14	1 611	25 322	3 764
	2014	150.73	0.13	3 673	0.93	0.14	1 698	27 264	3 899
	2015	149.57	0.13	3 959	0.85	0.12	1 808	28 806	3 848
	2016	148.83	0.13	4 392	0.80	0.11	1 812	31 093	3 891
陕西	2012	320.37	0.11	1 042	0.82	0.08	1 601	38 564	6 847
	2013	307.95	0.11	941	0.73	0.08	1 748	43 117	7 507
	2014	287.26	0.11	933	0.71	0.08	1 890	46 929	7 993
	2015	367.89	0.11	881	0.68	0.07	2 060	47 626	7 345
	2016	461.40	0.10	714	0.66	0.07	1 834	51 015	7 598
甘肃	2012	155.50	0.21	1 038	1.34	0.19	520	21 978	2 070
	2013	150.17	0.21	1 042	1.26	0.19	607	24 539	2 155
	2014	149.39	0.21	767	1.19	0.17	673	26 433	2 263
	2015	148.04	0.21	635	1.10	0.16	744	26 165	1 778
	2016	129.14	0.21	646	1.00	0.15	787	27 643	1 758

地区	年份	A₁₁	A₁₂	A₁₃	A₂₁	A₂₂	B₁₁	B₁₂	B₁₃
青　海	2012	316.72	0.10	15 687	2.05	0.35	186	33 181	896
	2013	249.85	0.10	11 217	1.98	0.35	224	36 875	913
	2014	243.21	0.10	13 675	1.92	0.35	252	39 671	954
	2015	252.23	0.10	10 058	1.83	0.29	267	41 252	894
	2016	248.77	0.10	10 376	1.69	0.26	239	43 531	902
宁　夏	2012	506.52	0.20	168	2.16	0.35	264	36 394	879
	2013	594.84	0.20	175	2.06	0.35	308	39 613	933
	2014	580.75	0.19	153	1.97	0.34	340	41 834	974
	2015	566.08	0.19	138	2.00	0.32	373	43 805	980
	2016	561.21	0.19	143	1.91	0.30	388	47 194	1054
新　疆	2012	754.79	0.23	4 056	1.73	0.17	909	33 796	2850
	2013	763.82	0.23	4 252	1.80	0.20	1 128	37 553	2926
	2014	763.98	0.22	3 187	1.79	0.23	1 282	40 648	3180
	2015	763.30	0.22	3 994	1.73	0.24	1 331	40 036	2741
	2016	766.00	0.22	4 596	1.67	0.24	1 299	40 564	2678

注：受表格篇幅的限制，这里的指标数值自动进行四舍五入，以避免数据过长。

附表 2　　合理利用自然资源财税政策效果评价指标数值（2）

地区	年份	B₂₁	B₂₂	C₁₁	C₁₂	C₁₃	C₂₁	C₂₂	C₂₃	C₂₄
北　京	2012	22.7	76.5	17.1	5.4	95	1.3	36 469	16 476	177
	2013	21.7	77.5	16.3	5.6	155	1.2	44 564	17 101	180
	2014	21.3	77.9	16.4	6.2	99	1.3	48 532	18 867	186
	2015	19.7	79.7	14.9	5.0	104	1.4	52 859	20 569	188
	2016	19.3	80.2	13.9	4.5	108	1.4	57 275	22 310	216
天　津	2012	51.7	47.0	17.7	3.6	55	3.6	29 626	14 026	89
	2013	50.4	48.3	18.1	3.6	81	3.6	28 980	15 353	96
	2014	49.2	49.6	17.9	3.8	56	3.5	31 506	17 014	106
	2015	46.6	52.2	15.7	3.7	59	3.5	34 101	18 482	121
	2016	42.3	56.4	13.6	3.4	61	3.5	37 110	20 076	135
河　北	2012	52.7	35.3	21.2	1.1	43	3.7	20 543	8 081	3 335
	2013	52.0	36.1	19.0	1.1	44	3.7	22 227	9 188	3 354
	2014	51.0	37.3	18.6	1.1	48	3.6	24 141	10 186	3 404
	2015	48.3	40.2	18.5	0.8	50	3.6	26 152	11 051	3 440
	2016	47.6	41.5	18.8	1.2	53	3.7	28 249	11 919	3 446

续表

地区	年份	B_{21}	B_{22}	C_{11}	C_{12}	C_{13}	C_{21}	C_{22}	C_{23}	C_{24}
安　徽	2012	54.6	32.7	18.1	2.4	39	3.7	21 024	7 160	3 351
	2013	54.0	34.2	16.9	2.5	37	3.4	22 789	8 850	3 309
	2014	53.1	35.4	15.9	2.8	44	3.2	24 839	9 916	3 337
	2015	49.7	39.1	16.4	2.8	46	3.1	26 936	10 821	3 397
	2016	48.4	41.0	16.5	4.7	47	3.2	29 156	11 721	3 432
福　建	2012	51.7	39.3	21.6	1.9	47	3.6	28 055	9 967	1 446
	2013	51.8	39.6	18.7	2.0	54	3.6	28 174	11 405	1 467
	2014	52.0	39.6	19.2	2.0	54	3.5	30 722	12 650	1 473
	2015	50.3	41.6	18.9	1.9	55	3.7	33 275	13 793	1 480
	2016	48.9	42.9	18.5	1.9	57	3.9	36 014	14 999	1 489
江　西	2012	53.6	34.6	20.6	0.9	40	3.0	19 860	7 829	1 738
	2013	53.5	35.5	19.1	1.3	39	3.2	22 120	9 089	1 773
	2014	52.5	36.8	18.3	1.5	44	3.3	24 309	10 117	1 798
	2015	50.3	39.1	18.0	1.7	46	3.4	26 500	11 139	1 830
	2016	47.7	42.0	18.4	1.8	48	3.4	28 673	12 138	1 844
山　东	2012	51.5	40.0	22.2	2.1	55	3.3	25 755	9 447	4 401
	2013	49.7	42.0	20.9	2.2	62	3.2	26 882	10 687	4 513
	2014	48.4	43.5	20.4	2.0	62	3.3	29 222	11 882	4 540
	2015	46.8	45.3	20.5	1.9	63	3.4	31 545	12 930	4 534
	2016	46.1	46.7	20.9	1.9	65	3.5	34 012	13 954	4 539
河　南	2012	56.3	30.9	22.1	1.4	46	3.1	20 443	7 525	4 720
	2013	52.0	35.6	21.0	1.4	42	3.1	21 741	8 969	4 797
	2014	51.0	37.1	19.9	1.3	52	3.0	23 672	9 966	4 844
	2015	48.4	40.2	18.7	1.2	55	3.0	25 576	10 853	4 855
	2016	47.6	41.8	18.0	1.3	57	3.0	27 233	11 697	4 894
湖　北	2012	50.3	36.9	19.5	1.4	50	3.8	20 840	7 852	2 266
	2013	47.5	40.2	15.8	1.8	50	3.5	22 668	9 692	2 236
	2014	46.9	41.5	15.7	2.7	58	3.1	24 852	10 849	2 231
	2015	45.7	43.1	14.9	2.6	63	2.6	27 052	11 844	2 215
	2016	44.9	43.9	16.3	3.0	65	2.4	29 386	12 725	2 220
湖　南	2012	47.4	39.0	19.6	1.2	45	4.2	21 319	7 440	3 120
	2013	46.9	40.9	17.3	1.2	45	4.2	24 352	9 029	3 316
	2014	46.2	42.2	16.6	1.2	51	4.1	26 570	10 060	3 298
	2015	44.3	44.1	16.2	1.2	55	4.1	28 838	10 993	3 280
	2016	42.3	46.4	16.3	1.1	58	4.2	31 284	11 930	3 321

续表

地区	年份	B_{21}	B_{22}	C_{11}	C_{12}	C_{13}	C_{21}	C_{22}	C_{23}	C_{24}
广东	2012	48.5	46.5	20.3	3.3	49	2.5	30 227	10 543	2 255
	2013	46.4	48.8	20.7	4.1	63	2.4	29 537	11 068	2 347
	2014	46.3	49.0	19.8	3.0	54	2.4	32 148	12 246	2 408
	2015	44.8	50.6	15.9	4.4	57	2.5	34 757	13 360	2 500
	2016	43.4	52.0	17.2	5.5	60	2.5	37 684	145 122	2 543
广西	2012	47.9	35.4	19.7	1.4	47	3.4	21 243	6 008	1 572
	2013	46.6	37.6	19.0	1.7	44	3.3	22 689	7 793	1 664
	2014	46.7	37.9	19.0	1.7	54	3.2	24 669	8 683	1 714
	2015	45.9	38.8	19.4	1.2	57	2.9	26 416	9 467	1 742
	2016	45.2	39.6	19.2	1.0	60	2.9	28 324	10 360	1 771
海南	2012	28.2	46.9	17.4	1.3	51	2.0	20 918	7 408	270
	2013	25.1	51.7	17.3	1.4	53	2.2	22 411	8 802	272
	2014	25.0	51.9	16.0	1.2	56	2.3	24 487	9 913	275
	2015	23.7	53.3	16.7	1.0	60	2.3	26 356	10 858	281
	2016	22.4	54.3	15.6	1.1	63	2.4	28 454	11 843	284
重庆	2012	52.4	39.4	15.5	1.0	45	3.3	22 968	7 383	1 131
	2013	45.5	46.7	14.3	1.3	42	3.4	23 058	8 493	1 123
	2014	45.8	46.8	14.2	1.2	52	3.5	25 147	9 490	1 113
	2015	45.0	47.7	14.1	1.2	55	3.6	27 239	10 505	1 111
	2016	44.5	48.1	14.4	1.3	59	3.7	29 610	11 549	1 116
四川	2012	51.7	34.5	18.2	1.1	48	4.0	20 307	7 001	2 828
	2013	51.0	36.2	16.7	1.1	47	4.1	22 228	8 381	3 002
	2014	48.9	38.7	15.6	1.2	56	4.2	24 234	9 348	3 014
	2015	44.1	43.7	16.7	1.3	58	4.1	26 205	10 247	3 020
	2016	40.8	47.2	16.3	1.3	60	4.2	28 335	11 203	3 052
贵州	2012	39.1	47.9	18.2	1.1	37	3.3	18 701	4 753	1 261
	2013	40.5	47.1	18.2	1.1	36	3.3	20 565	5 898	1 487
	2014	41.6	44.6	18.0	1.3	48	3.3	22 548	6 671	1 587
	2015	39.5	44.9	19.6	1.5	53	3.3	24 580	7 387	1 649
	2016	39.7	44.7	19.8	1.6	58	3.2	26 743	8 090	1 702
云南	2012	42.9	41.1	18.9	0.9	36	4.0	21 075	5 417	2 103
	2013	41.7	42.5	16.7	1.0	42	4.0	22 460	6 724	2 153
	2014	41.2	43.3	15.2	1.0	44	4.0	24 299	7 456	2 161
	2015	39.8	45.1	16.3	1.0	48	4.0	26 373	8 242	2 253
	2016	38.5	46.7	17.4	0.9	52	3.6	28 611	9 020	2 258

续表

地区	年份	B_{21}	B_{22}	C_{11}	C_{12}	C_{13}	C_{21}	C_{22}	C_{23}	C_{24}
陕 西	2012	55.9	34.7	21.2	1.1	58	3.2	20 734	5 763	1 706
	2013	55.0	36.0	19.4	1.0	60	3.3	22 346	7 092	1 705
	2014	54.1	37.0	17.5	1.1	67	3.3	24 366	7 932	1 711
	2015	50.4	40.7	17.3	1.3	70	3.4	26 420	8 689	1 715
	2016	48.9	42.3	17.7	1.4	76	3.3	28 440	9 396	1 721
甘 肃	2012	46.0	40.2	17.9	0.8	43	2.7	17 157	4 507	1 177
	2013	43.4	43.3	16.3	0.9	43	2.3	19 873	5 589	1 239
	2014	42.8	44.0	15.8	0.8	49	2.2	21 804	6 277	1 240
	2015	36.7	49.2	16.8	1.0	50	2.1	23 767	6 936	1 237
	2016	34.9	51.4	17.4	0.8	52	2.2	25 694	7 457	1 254
青 海	2012	57.7	33.0	14.8	0.6	51	3.4	17 566	5 364	206
	2013	54.3	36.1	9.9	0.7	57	3.3	20 352	6 462	216
	2014	53.6	37.0	11.6	0.8	58	3.2	22 307	7 283	225
	2015	49.9	41.4	10.8	0.7	60	3.2	24 542	7 933	234
	2016	48.6	42.8	11.2	0.7	62	3.1	26 757	8 664	235
宁 夏	2012	49.5	42.0	12.3	1.1	53	4.2	19 831	6 180	180
	2013	48.9	43.0	12.2	1.2	56	4.1	21 476	7 599	180
	2014	48.7	43.4	12.3	1.2	60	4.0	23 285	8 410	182
	2015	47.4	44.5	12.5	1.5	62	4.0	25 186	9 119	183
	2016	47.0	45.4	12.2	1.5	66	3.9	27 153	9 852	186
新 疆	2012	46.4	36.0	17.4	1.2	61	3.4	17 921	6 394	541
	2013	42.3	40.7	17.4	1.3	64	3.4	21 092	7 847	544
	2014	42.6	40.8	17.1	1.2	67	3.2	23 214	8 724	545
	2015	38.6	44.7	17.0	1.1	69	2.9	26 275	9 425	546
	2016	37.8	45.1	16.1	1.1	71	2.5	28 463	10 183	555

注：受表格篇幅的限制，这里的指标数值自动进行四舍五入，以避免数据过长。

附表 3　　合理利用自然资源财税政策效果评价指标数值（3）

地区	年份	D_{11}	D_{12}	D_{13}	D_{21}	D_{22}	D_{31}	D_{32}
北京	2012	93 849	140 274	1 104	32 840	3.1	872	99
	2013	87 042	144 580	1 044	42 768	3.3	904	99
	2014	78 906	150 714	1 021	75 695	4.7	895	100
	2015	71 172	151 733	710	99 958	5.3	592	79
	2016	33 210	166 419	629	98 770	5.7	543	100
天津	2012	224 521	82 813	1 820	125 559	1.8	1 816	100
	2013	216 832	84 210	1 592	148 366	1.9	1 582	97
	2014	209 200	89 361	1 735	220 923	2.0	1 724	97
	2015	185 900	93 008	1 546	240 072	2.3	1 524	93
	2016	70 614	91 534	1 490	103 597	1.8	1 475	94
河北	2012	1 341 201	305 774	45 576	236 290	3.1	17 361	81
	2013	1 284 697	310 921	43 289	511 769	3.9	18 356	83
	2014	1 189 903	309 824	41 928	889 518	4.1	18 228	87
	2015	1 108 371	310 568	35 372	541 596	5.0	19 900	96
	2016	789 444	288 795	33 236	248 465	4.3	18 455	98
山西	2012	1 301 755	134 298	29 031	323 269	3.2	20 235	80
	2013	1 255 427	138 030	30 520	555 609	3.2	19 815	88
	2014	1 208 225	145 033	30 199	311 477	3.1	19 681	92
	2015	1 120 643	145 252	31 794	278 738	2.9	17 617	97
	2016	686 444	139 291	28 845	300 742	3.4	13 950	95
内蒙古	2012	1 384 928	102 424	24 226	189 715	3.8	10 925	91
	2013	1 358 692	106 920	20 081	626 746	3.6	9 984	94
	2014	1 312 436	111 917	23 191	775 439	3.7	13 260	96
	2015	1 230 946	110 861	26 669	438 935	4.1	12 306	98
	2016	625 742	104 696	24 762	406 191	3.5	11 359	99
辽宁	2012	1 058 712	238 769	27 280	119 447	2.0	11 862	87
	2013	1 027 044	234 508	26 759	276 908	2.1	11 742	88
	2014	994 597	262 879	28 666	382 184	2.1	10 719	92
	2015	968 767	260 045	32 434	189 950	2.6	10 029	95
	2016	507 695	228 202	22 822	193 853	1.9	9 363	93

续表

地区	年份	D_{11}	D_{12}	D_{13}	D_{21}	D_{22}	D_{31}	D_{32}
吉　林	2012	403 482	119 509	4 731	57 269	4.6	3 198	46
	2013	381 453	117 703	4 591	93 731	4.6	3 712	61
	2014	372 256	122 171	4 944	163 707	4.8	3 478	62
	2015	362 928	126 908	5 385	121 203	3.7	2 986	85
	2016	188 066	97 073	4 006	98 402	3.4	2 234	86
黑龙江	2012	514 300	162 589	6 313	39 287	3.3	4 646	48
	2013	489 094	153 090	6 094	206 988	3.4	4 145	54
	2014	472 248	149 644	6 312	177 572	3.2	4 069	59
	2015	456 331	148 595	7 495	193 396	3.9	4 308	78
	2016	338 221	138 335	6 940	173 809	2.7	3 582	81
江　苏	2012	991 967	598 211	10 224	390 144	2.8	9 342	96
	2013	941 679	594 359	10 856	593 776	2.9	10 502	97
	2014	904 741	601 158	10 925	485 096	2.8	10 578	98
	2015	835 059	621 303	10 701	621 741	3.2	10 207	100
	2016	570 116	616 624	11 649	747 786	2.9	10 662	100
浙　江	2012	625 766	420 961	4 461	283 023	1.9	4 083	99
	2013	593 364	419 120	4 300	576 645	2.1	4 091	99
	2014	574 012	418 262	4 542	675 944	2.3	4 303	100
	2015	537 826	433 822	4 486	586 017	2.5	4 263	99
	2016	268 385	430 857	4 263	601 869	2.3	3 951	100
安　徽	2012	519 589	254 329	12 022	127 350	2.4	10 266	91
	2013	501 349	266 234	11 937	413 195	2.5	10 462	99
	2014	492 966	272 313	12 000	176 220	2.2	10 466	100
	2015	480 073	280 626	13 059	179 450	2.4	11 763	100
	2016	281 567	240 666	12 653	415 486	2.4	10 830	100
福　建	2012	371 251	256 263	7 720	237 635	1.9	6 887	96
	2013	361 003	259 098	8 535	383 964	1.9	7 544	98
	2014	355 957	260 579	4 835	423 817	1.9	4 278	98
	2015	337 882	256 868	4 956	446 910	2.4	3 784	99
	2016	189 257	237 016	4 449	226 267	3.0	3 091	98
江　西	2012	567 687	201 190	11 134	39 478	2.2	6 071	89
	2013	557 704	207 138	11 518	155 192	2.1	6 431	93
	2014	534 415	208 289	10 821	123 466	1.8	6 211	93
	2015	528 065	223 232	10 777	147 833	2.0	6 152	95
	2016	276 888	221 092	12 665	104 485	2.6	4 909	95

地区	年份	D_{11}	D_{12}	D_{13}	D_{21}	D_{22}	D_{31}	D_{32}
山　东	2012	1 748 807	479 100	18 343	670 633	2.6	17 073	98
	2013	1 644 967	494 570	18 172	843 493	3.2	17 134	100
	2014	1 590 237	514 423	19 199	1 416 464	2.3	18 380	100
	2015	1 525 670	559 908	19 798	945 934	2.6	18 309	100
	2016	1 134 524	507 591	22 510	1 264 063	2.7	18 976	100
河　南	2012	1 275 909	403 668	15 250	148 347	2.2	11 597	86
	2013	1 253 984	412 582	16 270	439 720	2.0	12 466	90
	2014	1 198 182	422 832	15 917	554 592	2.0	12 319	93
	2015	1 144 252	433 487	14 722	330 143	2.6	11 456	96
	2016	413 623	402 055	14 256	651 538	2.6	10 486	99
湖　北	2012	622 367	290 200	7 611	148 964	2.5	5 737	72
	2013	599 353	294 054	8 181	251 745	2.5	6 196	85
	2014	583 759	301 704	8 006	262 884	2.1	6 139	90
	2015	551 358	313 785	7 750	157 976	2.4	5 253	92
	2016	285 603	274 787	8 193	369 051	2.3	4 715	96
湖　南	2012	644 959	304 214	8 116	179 561	2.7	5 188	95
	2013	641 321	307 227	7 806	233 655	2.7	5 011	96
	2014	623 689	309 960	6 934	173 424	2.7	4 410	100
	2015	595 473	314 107	7 126	261 425	2.6	4 683	100
	2016	346 766	298 757	5 320	127 037	2.7	3 994	100
广　东	2012	799 223	838 551	5 965	280 996	3.2	5 198	79
	2013	761 896	862 471	5 912	324 634	3.7	5 024	85
	2014	730 147	905 082	5 665	378 641	2.8	4 893	86
	2015	678 341	911 523	5 609	347 103	2.5	5 103	92
	2016	353 693	938 261	5 610	264 812	2.2	4 904	96
广　西	2012	504 123	245 578	7 964	85 644	2.0	5 369	98
	2013	471 987	225 303	7 676	183 218	2.0	5 425	96
	2014	466 589	219 304	8 038	178 909	2.4	5 058	95
	2015	421 199	220 066	6 977	247 152	2.4	4 388	99
	2016	201 064	193 186	6 938	130 433	2.0	4 487	99
海　南	2012	34 137	37 103	386	48 279	2.3	238	100
	2013	32 414	36 156	415	35 094	2.3	271	100
	2014	32 564	39 351	515	56 152	2.1	274	100
	2015	32 300	39 123	422	13 161	2.5	268	100
	2016	16 958	44 097	330	16 138	2.7	211	100

续表

地区	年份	D_{11}	D_{12}	D_{13}	D_{21}	D_{22}	D_{31}	D_{32}
重 庆	2012	564 777	132 430	3 115	38 226	4.2	2 569	99
	2013	547 686	142 535	3 162	78 880	3.7	2 695	99
	2014	526 944	145 822	3 068	50 284	3.2	2 648	99
	2015	495 802	149 799	2 828	59 885	3.7	2 424	99
	2016	288 338	202 061	2 344	37 141	3.4	1 848	100
四 川	2012	864 440	283 657	13 187	110 608	2.5	6 052	88
	2013	816 706	307 648	14 007	188 392	2.6	5 780	95
	2014	796 402	331 277	14 246	232 452	2.5	6 185	95
	2015	717 584	341 607	12 316	118 259	2.3	5 507	97
	2016	488 269	352 826	11 765	116 049	2.1	4 612	99
贵 州	2012	1 041 087	91 455	7 835	124 663	2.4	4 839	92
	2013	986 423	93 085	8 194	195 562	2.2	4 160	92
	2014	925 787	110 912	7 394	184 765	2.4	4 313	93
	2015	852 965	112 803	7 055	107 033	2.4	4 289	94
	2016	647 064	100 720	7 753	56 904	3.0	4 530	95
云 南	2012	672 216	154 010	16 038	197 259	2.8	7 938	83
	2013	663 091	156 583	16 040	238 930	2.6	8 414	88
	2014	636 683	157 544	14 481	244 003	2.5	7 216	93
	2015	583 739	173 333	14 109	215 878	2.8	7 198	90
	2016	526 209	181 089	13 122	127 174	3.0	6 690	93
陕 西	2012	843 755	128 749	7 215	271 266	2.8	4 422	89
	2013	806 152	132 169	7 491	417 562	3.0	4 758	96
	2014	780 954	145 785	8 683	334 478	2.8	5 464	96
	2015	735 017	168 122	9 330	279 915	3.4	6 102	98
	2016	318 012	166 565	8 648	194 913	2.9	6 639	99
甘 肃	2012	572 489	62 813	6 671	210 984	3.5	3 593	42
	2013	561 981	64 969	5 907	182 144	3.0	3 300	42
	2014	575 649	65 973	6 141	176 244	2.9	3 086	63
	2015	570 621	67 072	5 824	40 526	3.2	3 079	64
	2016	271 976	66 325	5 091	109 742	3.0	2 628	73
青 海	2012	153 853	21 994	12 301	21 880	3.8	6 831	89
	2013	156 694	21 953	12 377	30 456	5.4	6 798	78
	2014	154 276	23 001	12 423	74 508	4.2	6 999	86
	2015	150 766	23 663	14 868	49 343	5.8	7 247	87
	2016	113 693	27 275	14 669	96 249	4.8	7 325	96

续表

地区	年份	D_{11}	D_{12}	D_{13}	D_{21}	D_{22}	D_{31}	D_{32}
宁 夏	2012	406 633	38 948	2 961	69 160	4.1	2 044	71
	2013	389 712	38 528	3 277	165 486	3.6	2 398	93
	2014	377 056	37 277	3 694	272 967	3.5	2 928	93
	2015	357 596	32 025	3 430	104 318	4.0	2 131	90
	2016	236 859	33 949	3 618	242 101	2.9	1 886	98
新 疆	2012	796 128	93 810	7 880	79 106	2.4	4 063	79
	2013	829 431	100 720	9 283	220 054	2.2	4 814	78
	2014	852 981	102 748	7 790	316 542	2.1	4 334	82
	2015	778 330	99 952	7 263	158 263	1.9	4 133	81
	2016	480 687	93 907	8 530	14 6370	1.6	4 140	83

注：受表格篇幅的限制，这里的指标数值自动进行四舍五入，以避免数据过长。

附表4　合理利用自然资源财税政策效果评价指标标准化数值（1）

地区	年份	A_{11}	A_{12}	A_{13}	A_{21}	A_{22}	B_{11}	B_{12}	B_{13}
北 京	2012	0.009	0.002	0.008	0.937	0.973	0.307	0.688	0.088
	2013	0.009	0.001	0.003	0.968	0.978	0.341	0.761	0.096
	2014	0.009	0.001	0.001	0.979	0.985	0.376	0.815	0.102
	2015	0.009	0.000	0.003	0.991	0.993	0.445	0.881	0.101
	2016	0.007	0.000	0.005	1.000	0.993	0.480	1.000	0.110
天 津	2012	0.009	0.052	0.010	0.809	0.954	0.154	0.746	0.176
	2013	0.009	0.049	0.002	0.863	0.963	0.185	0.816	0.193
	2014	0.008	0.046	0.000	0.882	0.975	0.216	0.868	0.205
	2015	0.008	0.045	0.000	0.903	0.988	0.243	0.896	0.202
	2016	0.008	0.044	0.003	0.926	1.000	0.249	0.968	0.197
河 北	2012	0.036	0.197	0.016	0.513	0.745	0.186	0.171	0.374
	2013	0.036	0.195	0.011	0.575	0.755	0.207	0.195	0.395
	2014	0.039	0.193	0.004	0.619	0.771	0.222	0.206	0.400
	2015	0.039	0.191	0.007	0.653	0.810	0.241	0.209	0.378
	2016	0.038	0.190	0.013	0.679	0.822	0.261	0.237	0.401

续表

地区	年份	A₁₁	A₁₂	A₁₃	A₂₁	A₂₂	B₁₁	B₁₂	B₁₃
山 西	2012	0.993	0.252	0.014	0.256	0.647	0.130	0.141	0.173
	2013	0.986	0.250	0.018	0.313	0.670	0.148	0.155	0.167
	2014	1.000	0.249	0.015	0.349	0.695	0.160	0.156	0.155
	2015	0.996	0.248	0.012	0.393	0.729	0.143	0.154	0.121
	2016	0.986	0.246	0.019	0.426	0.733	0.134	0.161	0.114
内蒙古	2012	0.663	0.881	0.127	0.451	0.707	0.134	0.449	0.226
	2013	0.761	0.880	0.242	0.582	0.710	0.150	0.489	0.232
	2014	0.812	0.880	0.133	0.605	0.698	0.162	0.521	0.231
	2015	0.813	0.879	0.132	0.628	0.709	0.174	0.522	0.226
	2016	0.828	0.878	0.104	0.650	0.728	0.179	0.532	0.210
辽 宁	2012	0.091	0.255	0.075	0.611	0.874	0.286	0.375	0.346
	2013	0.086	0.255	0.063	0.695	0.882	0.309	0.429	0.368
	2014	0.080	0.254	0.016	0.720	0.892	0.295	0.462	0.379
	2015	0.079	0.254	0.021	0.736	0.906	0.190	0.463	0.336
	2016	0.078	0.255	0.044	0.738	0.894	0.197	0.316	0.197
吉 林	2012	0.022	0.602	0.102	0.710	0.959	0.084	0.241	0.159
	2013	0.023	0.601	0.137	0.782	0.968	0.095	0.281	0.174
	2014	0.023	0.600	0.066	0.809	0.975	0.100	0.309	0.185
	2015	0.023	0.600	0.072	0.848	0.989	0.102	0.319	0.175
	2016	0.024	0.604	0.109	0.874	0.996	0.106	0.347	0.174
黑龙江	2012	0.068	0.990	0.136	0.633	0.936	0.096	0.162	0.148
	2013	0.068	0.991	0.232	0.709	0.947	0.107	0.183	0.144
	2014	0.068	0.992	0.153	0.730	0.955	0.109	0.198	0.134
	2015	0.068	0.997	0.132	0.748	0.963	0.096	0.201	0.111
	2016	0.069	1.000	0.137	0.767	0.968	0.094	0.210	0.099
江 苏	2012	0.006	0.118	0.025	0.865	0.853	0.556	0.494	0.728
	2013	0.006	0.117	0.018	0.888	0.856	0.625	0.565	0.778
	2014	0.006	0.117	0.027	0.905	0.876	0.691	0.631	0.823
	2015	0.006	0.116	0.042	0.923	0.892	0.769	0.693	0.855
	2016	0.005	0.116	0.055	0.935	0.895	0.778	0.784	0.932
浙 江	2012	0.000	0.064	0.164	0.873	0.827	0.319	0.443	0.462
	2013	0.000	0.064	0.104	0.888	0.829	0.354	0.498	0.477
	2014	0.000	0.064	0.127	0.905	0.847	0.386	0.541	0.507
	2015	0.000	0.063	0.158	0.915	0.865	0.453	0.588	0.520
	2016	0.000	0.062	0.147	0.925	0.861	0.501	0.662	0.565

续表

地区	年份	A_{11}	A_{12}	A_{13}	A_{21}	A_{22}	B_{11}	B_{12}	B_{13}
安徽	2012	0.058	0.217	0.070	0.782	0.865	0.157	0.092	0.235
	2013	0.060	0.215	0.058	0.808	0.861	0.185	0.125	0.261
	2014	0.060	0.213	0.077	0.830	0.875	0.199	0.149	0.279
	2015	0.059	0.210	0.091	0.849	0.888	0.222	0.165	0.273
	2016	0.057	0.208	0.124	0.866	0.886	0.244	0.202	0.298
福建	2012	0.008	0.063	0.254	0.845	0.868	0.156	0.336	0.251
	2013	0.008	0.063	0.191	0.877	0.876	0.189	0.390	0.279
	2014	0.008	0.062	0.201	0.882	0.878	0.213	0.444	0.309
	2015	0.007	0.061	0.217	0.904	0.901	0.231	0.490	0.322
	2016	0.007	0.060	0.345	0.922	0.906	0.242	0.558	0.349
江西	2012	0.006	0.144	0.305	0.841	0.907	0.116	0.092	0.166
	2013	0.006	0.143	0.197	0.857	0.909	0.141	0.124	0.186
	2014	0.006	0.142	0.226	0.867	0.914	0.166	0.152	0.198
	2015	0.006	0.141	0.277	0.880	0.919	0.194	0.173	0.200
	2016	0.005	0.140	0.306	0.894	0.919	0.193	0.210	0.210
山东	2012	0.037	0.169	0.013	0.731	0.888	0.380	0.326	0.694
	2013	0.037	0.168	0.014	0.807	0.893	0.429	0.377	0.739
	2014	0.036	0.167	0.005	0.825	0.905	0.474	0.418	0.773
	2015	0.036	0.165	0.006	0.838	0.875	0.524	0.451	0.791
	2016	0.035	0.163	0.009	0.856	0.881	0.556	0.498	0.843
河南	2012	0.042	0.188	0.013	0.723	0.833	0.182	0.120	0.452
	2013	0.038	0.188	0.010	0.790	0.843	0.218	0.147	0.450
	2014	0.037	0.187	0.014	0.806	0.866	0.250	0.176	0.477
	2015	0.036	0.186	0.015	0.830	0.890	0.277	0.197	0.477
	2016	0.036	0.184	0.018	0.857	0.901	0.291	0.232	0.515
湖北	2012	0.012	0.200	0.086	0.699	0.904	0.160	0.192	0.288
	2013	0.011	0.199	0.083	0.791	0.908	0.196	0.235	0.300
	2014	0.010	0.198	0.096	0.811	0.926	0.233	0.279	0.327
	2015	0.012	0.196	0.107	0.839	0.943	0.276	0.314	0.344
	2016	0.012	0.194	0.159	0.856	0.947	0.286	0.365	0.375
湖南	2012	0.004	0.129	0.188	0.722	0.929	0.156	0.140	0.269
	2013	0.005	0.128	0.147	0.809	0.937	0.181	0.175	0.296
	2014	0.005	0.127	0.167	0.832	0.954	0.203	0.209	0.319
	2015	0.005	0.126	0.177	0.855	0.967	0.228	0.234	0.325
	2016	0.005	0.125	0.202	0.873	0.975	0.246	0.271	0.338

续表

地区	年份	A₁₁	A₁₂	A₁₃	A₂₁	A₂₂	B₁₁	B₁₂	B₁₃
广东	2012	0.001	0.036	0.118	0.885	0.872	0.592	0.349	0.787
	2013	0.001	0.036	0.132	0.914	0.882	0.676	0.397	0.821
	2014	0.001	0.036	0.098	0.923	0.881	0.772	0.444	0.891
	2015	0.000	0.035	0.110	0.938	0.897	0.900	0.485	0.926
	2016	0.001	0.034	0.139	0.946	0.901	1.000	0.551	1.000
广西	2012	0.007	0.207	0.282	0.758	0.833	0.096	0.084	0.149
	2013	0.008	0.206	0.275	0.799	0.842	0.111	0.112	0.159
	2014	0.009	0.203	0.264	0.813	0.849	0.121	0.136	0.174
	2015	0.009	0.201	0.322	0.831	0.866	0.130	0.157	0.183
	2016	0.010	0.199	0.285	0.844	0.880	0.134	0.186	0.197
海南	2012	0.009	0.177	0.260	0.811	0.876	0.022	0.129	0.002
	2013	0.010	0.175	0.356	0.837	0.875	0.029	0.162	0.000
	2014	0.009	0.173	0.268	0.846	0.874	0.036	0.195	0.001
	2015	0.009	0.171	0.135	0.850	0.874	0.043	0.214	0.000
	2016	0.009	0.169	0.338	0.862	0.879	0.044	0.250	0.000
重庆	2012	0.029	0.180	0.099	0.693	0.922	0.149	0.195	0.140
	2013	0.029	0.179	0.098	0.803	0.922	0.148	0.239	0.129
	2014	0.026	0.177	0.133	0.817	0.930	0.170	0.286	0.146
	2015	0.026	0.173	0.092	0.839	0.950	0.193	0.331	0.158
	2016	0.026	0.167	0.123	0.863	0.958	0.200	0.394	0.177
四川	2012	0.048	0.180	0.225	0.672	0.879	0.219	0.100	0.313
	2013	0.048	0.180	0.191	0.748	0.888	0.255	0.131	0.344
	2014	0.046	0.179	0.197	0.768	0.900	0.282	0.157	0.354
	2015	0.046	0.177	0.169	0.797	0.920	0.311	0.173	0.328
	2016	0.046	0.176	0.177	0.816	0.925	0.314	0.206	0.329
贵州	2012	0.087	0.296	0.175	0.281	0.583	0.081	0.000	0.054
	2013	0.101	0.294	0.134	0.427	0.607	0.100	0.035	0.069
	2014	0.114	0.293	0.217	0.470	0.639	0.116	0.068	0.083
	2015	0.122	0.291	0.205	0.523	0.688	0.129	0.103	0.088
	2016	0.131	0.288	0.188	0.568	0.707	0.135	0.137	0.101
云南	2012	0.058	0.304	0.228	0.563	0.687	0.113	0.025	0.093
	2013	0.059	0.301	0.229	0.648	0.692	0.140	0.057	0.102
	2014	0.058	0.299	0.230	0.669	0.706	0.148	0.077	0.106
	2015	0.057	0.297	0.249	0.714	0.765	0.159	0.092	0.105
	2016	0.057	0.295	0.276	0.739	0.802	0.159	0.116	0.106

地区	年份	A_{11}	A_{12}	A_{13}	A_{21}	A_{22}	B_{11}	B_{12}	B_{13}
陕 西	2012	0.124	0.236	0.062	0.731	0.880	0.139	0.191	0.198
	2013	0.119	0.236	0.055	0.775	0.887	0.153	0.238	0.219
	2014	0.111	0.235	0.055	0.790	0.895	0.167	0.276	0.234
	2015	0.142	0.234	0.052	0.802	0.914	0.184	0.283	0.214
	2016	0.179	0.232	0.041	0.817	0.907	0.161	0.318	0.221
甘 肃	2012	0.060	0.488	0.062	0.445	0.530	0.033	0.023	0.050
	2013	0.058	0.487	0.062	0.490	0.546	0.041	0.049	0.052
	2014	0.057	0.485	0.044	0.525	0.583	0.048	0.068	0.056
	2015	0.057	0.483	0.036	0.574	0.624	0.055	0.066	0.041
	2016	0.050	0.481	0.037	0.630	0.675	0.059	0.081	0.040
青 海	2012	0.122	0.228	1.000	0.061	0.015	0.000	0.137	0.013
	2013	0.096	0.225	0.714	0.100	0.000	0.004	0.174	0.014
	2014	0.094	0.222	0.871	0.132	0.024	0.006	0.203	0.015
	2015	0.097	0.221	0.639	0.177	0.202	0.008	0.219	0.013
	2016	0.096	0.220	0.660	0.256	0.299	0.005	0.242	0.013
宁 夏	2012	0.196	0.462	0.006	0.000	0.011	0.008	0.169	0.013
	2013	0.230	0.457	0.006	0.054	0.015	0.012	0.202	0.014
	2014	0.225	0.453	0.005	0.101	0.051	0.015	0.225	0.016
	2015	0.219	0.450	0.004	0.088	0.096	0.018	0.245	0.016
	2016	0.217	0.444	0.004	0.135	0.166	0.020	0.279	0.018
新 疆	2012	0.293	0.542	0.255	0.231	0.600	0.071	0.143	0.074
	2013	0.296	0.535	0.267	0.196	0.488	0.092	0.181	0.076
	2014	0.296	0.528	0.199	0.200	0.408	0.107	0.213	0.084
	2015	0.296	0.515	0.251	0.235	0.375	0.112	0.206	0.070
	2016	0.297	0.510	0.290	0.265	0.378	0.109	0.212	0.069

注：受表格篇幅的限制，这里的指标标准化数值只能保留三位小数，故这里显示数值为 0 的，其实际值并不为 0。

附表 5 合理利用自然资源财税政策效果评价指标标准化数值（2）

地区	年份	B_{21}	B_{22}	C_{11}	C_{12}	C_{13}	C_{21}	C_{22}	C_{23}
北 京	2012	0.910	0.923	0.581	0.854	0.496	0.970	0.481	0.085
	2013	0.937	0.945	0.522	0.889	1.000	1.000	0.683	0.090
	2014	0.947	0.954	0.528	1.000	0.529	0.970	0.782	0.102
	2015	0.988	0.988	0.407	0.781	0.571	0.939	0.890	0.114
	2016	1.000	1.000	0.321	0.682	0.605	0.939	1.000	0.127
天 津	2012	0.156	0.326	0.631	0.524	0.160	0.273	0.311	0.068
	2013	0.190	0.353	0.666	0.537	0.378	0.273	0.295	0.077
	2014	0.222	0.378	0.651	0.561	0.168	0.303	0.358	0.089
	2015	0.289	0.430	0.471	0.554	0.193	0.303	0.422	0.099
	2016	0.400	0.517	0.299	0.491	0.210	0.303	0.497	0.111
河 北	2012	0.130	0.089	0.919	0.085	0.059	0.242	0.084	0.025
	2013	0.149	0.106	0.739	0.090	0.067	0.242	0.126	0.033
	2014	0.173	0.128	0.705	0.085	0.101	0.273	0.174	0.040
	2015	0.245	0.188	0.697	0.033	0.118	0.273	0.224	0.047
	2016	0.263	0.215	0.719	0.105	0.143	0.242	0.276	0.053
山 西	2012	0.055	0.157	0.838	0.104	0.160	0.364	0.081	0.013
	2013	0.142	0.223	0.650	0.254	0.185	0.424	0.127	0.024
	2014	0.218	0.275	0.531	0.202	0.176	0.333	0.172	0.031
	2015	0.442	0.451	0.626	0.084	0.185	0.303	0.216	0.035
	2016	0.498	0.497	0.634	0.069	0.210	0.303	0.254	0.040
内蒙古	2012	0.059	0.092	0.239	0.033	0.168	0.242	0.149	0.022
	2013	0.101	0.120	0.203	0.042	0.202	0.242	0.221	0.032
	2014	0.166	0.174	0.196	0.040	0.218	0.273	0.279	0.039
	2015	0.188	0.193	0.221	0.039	0.244	0.242	0.335	0.045
	2016	0.273	0.261	0.195	0.017	0.269	0.242	0.394	0.051
辽 宁	2012	0.116	0.145	0.494	0.285	0.168	0.273	0.151	0.035
	2013	0.166	0.195	0.242	0.297	0.202	0.333	0.238	0.040
	2014	0.194	0.220	0.163	0.270	0.185	0.333	0.297	0.048
	2015	0.317	0.309	0.302	0.163	0.202	0.333	0.348	0.054
	2016	0.494	0.418	0.321	0.129	0.227	0.212	0.392	0.060

续表

地区	年份	B_{21}	B_{22}	C_{11}	C_{12}	C_{13}	C_{21}	C_{22}	C_{23}
吉 林	2012	0.111	0.078	0.678	0.069	0.134	0.242	0.076	0.029
	2013	0.130	0.104	0.445	0.131	0.151	0.242	0.104	0.038
	2014	0.127	0.106	0.331	0.112	0.160	0.333	0.151	0.045
	2015	0.205	0.160	0.402	0.119	0.185	0.303	0.193	0.048
	2016	0.268	0.234	0.328	0.093	0.210	0.303	0.234	0.054
黑龙江	2012	0.354	0.193	0.591	0.101	0.134	0.091	0.015	0.029
	2013	0.449	0.233	0.404	0.094	0.160	0.030	0.092	0.035
	2014	0.542	0.301	0.393	0.094	0.160	0.000	0.136	0.042
	2015	0.673	0.402	0.306	0.080	0.168	0.000	0.176	0.047
	2016	0.757	0.469	0.270	0.079	0.185	0.091	0.214	0.052
江 苏	2012	0.196	0.255	0.757	0.540	0.118	0.424	0.312	0.055
	2013	0.235	0.296	0.690	0.579	0.168	0.455	0.360	0.064
	2014	0.268	0.326	0.638	0.576	0.185	0.455	0.428	0.074
	2015	0.312	0.359	0.660	0.572	0.210	0.455	0.499	0.084
	2016	0.337	0.387	0.695	0.568	0.244	0.455	0.573	0.093
浙 江	2012	0.201	0.290	0.909	0.598	0.202	0.455	0.434	0.071
	2013	0.257	0.337	0.827	0.611	0.311	0.455	0.497	0.092
	2014	0.259	0.343	0.819	0.606	0.269	0.455	0.579	0.106
	2015	0.305	0.382	0.742	0.560	0.311	0.485	0.662	0.118
	2016	0.334	0.407	0.710	0.575	0.345	0.485	0.750	0.131
安 徽	2012	0.079	0.036	0.668	0.321	0.025	0.242	0.096	0.019
	2013	0.095	0.066	0.571	0.338	0.008	0.333	0.140	0.031
	2014	0.119	0.090	0.490	0.384	0.067	0.394	0.191	0.038
	2015	0.207	0.165	0.524	0.392	0.084	0.424	0.244	0.045
	2016	0.241	0.205	0.535	0.725	0.092	0.394	0.299	0.051
福 建	2012	0.156	0.169	0.947	0.220	0.092	0.273	0.272	0.039
	2013	0.153	0.176	0.717	0.241	0.151	0.273	0.275	0.049
	2014	0.147	0.176	0.754	0.252	0.151	0.303	0.338	0.058
	2015	0.193	0.215	0.733	0.230	0.160	0.242	0.402	0.066
	2016	0.228	0.242	0.695	0.224	0.176	0.182	0.470	0.075
江 西	2012	0.106	0.075	0.869	0.052	0.034	0.455	0.067	0.024
	2013	0.108	0.092	0.751	0.127	0.025	0.394	0.124	0.033
	2014	0.135	0.119	0.685	0.157	0.067	0.364	0.178	0.040
	2015	0.192	0.166	0.656	0.191	0.084	0.333	0.233	0.047
	2016	0.259	0.224	0.689	0.210	0.101	0.333	0.287	0.054

续表

地区	年份	B_{21}	B_{22}	C_{11}	C_{12}	C_{13}	C_{21}	C_{22}	C_{23}
山　东	2012	0.162	0.183	1.000	0.266	0.160	0.364	0.214	0.035
	2013	0.208	0.225	0.895	0.286	0.218	0.394	0.242	0.044
	2014	0.241	0.254	0.849	0.254	0.218	0.364	0.301	0.052
	2015	0.283	0.291	0.860	0.232	0.227	0.333	0.359	0.060
	2016	0.302	0.319	0.890	0.229	0.244	0.303	0.420	0.067
河　南	2012	0.035	0.000	0.991	0.137	0.084	0.424	0.082	0.021
	2013	0.148	0.096	0.900	0.145	0.050	0.424	0.114	0.032
	2014	0.174	0.125	0.814	0.129	0.134	0.455	0.162	0.039
	2015	0.241	0.188	0.714	0.107	0.160	0.455	0.210	0.045
	2016	0.262	0.220	0.660	0.119	0.176	0.455	0.251	0.051
湖　北	2012	0.192	0.121	0.778	0.147	0.118	0.212	0.092	0.024
	2013	0.264	0.189	0.479	0.204	0.118	0.303	0.137	0.037
	2014	0.280	0.213	0.469	0.374	0.185	0.424	0.192	0.045
	2015	0.312	0.247	0.405	0.346	0.227	0.576	0.247	0.052
	2016	0.334	0.264	0.520	0.416	0.244	0.636	0.305	0.058
湖　南	2012	0.267	0.164	0.788	0.098	0.076	0.091	0.104	0.021
	2013	0.280	0.203	0.597	0.100	0.076	0.091	0.179	0.032
	2014	0.300	0.228	0.545	0.100	0.126	0.121	0.235	0.039
	2015	0.348	0.268	0.512	0.095	0.160	0.121	0.291	0.046
	2016	0.401	0.313	0.519	0.090	0.185	0.091	0.352	0.053
广　东	2012	0.238	0.315	0.846	0.483	0.109	0.606	0.326	0.043
	2013	0.294	0.363	0.880	0.619	0.227	0.636	0.309	0.047
	2014	0.295	0.366	0.801	0.422	0.151	0.636	0.374	0.055
	2015	0.336	0.399	0.488	0.679	0.176	0.606	0.439	0.063
	2016	0.371	0.427	0.596	0.872	0.202	0.606	0.512	1.000
广　西	2012	0.254	0.091	0.799	0.145	0.092	0.333	0.102	0.011
	2013	0.289	0.134	0.740	0.191	0.067	0.364	0.138	0.023
	2014	0.285	0.141	0.737	0.196	0.151	0.394	0.187	0.030
	2015	0.306	0.160	0.773	0.107	0.176	0.485	0.231	0.035
	2016	0.326	0.175	0.758	0.071	0.202	0.485	0.278	0.042
海　南	2012	0.768	0.324	0.611	0.125	0.126	0.758	0.094	0.021
	2013	0.848	0.422	0.598	0.133	0.143	0.697	0.131	0.031
	2014	0.850	0.424	0.495	0.109	0.168	0.667	0.183	0.038
	2015	0.886	0.453	0.551	0.067	0.202	0.667	0.229	0.045
	2016	0.920	0.473	0.460	0.092	0.227	0.636	0.282	0.052

续表

地区	年份	B_{21}	B_{22}	C_{11}	C_{12}	C_{13}	C_{21}	C_{22}	C_{23}
重 庆	2012	0.138	0.171	0.453	0.064	0.076	0.364	0.145	0.020
	2013	0.318	0.320	0.356	0.114	0.050	0.333	0.147	0.028
	2014	0.310	0.321	0.351	0.095	0.134	0.303	0.199	0.035
	2015	0.331	0.340	0.345	0.104	0.160	0.273	0.251	0.043
	2016	0.343	0.349	0.363	0.119	0.193	0.242	0.310	0.050
四 川	2012	0.157	0.073	0.676	0.084	0.101	0.152	0.079	0.018
	2013	0.173	0.107	0.549	0.088	0.092	0.121	0.126	0.028
	2014	0.228	0.157	0.459	0.104	0.168	0.091	0.176	0.034
	2015	0.354	0.259	0.553	0.119	0.185	0.121	0.226	0.041
	2016	0.439	0.331	0.516	0.114	0.202	0.091	0.279	0.048
贵 州	2012	0.484	0.344	0.671	0.077	0.008	0.364	0.038	0.002
	2013	0.447	0.329	0.673	0.087	0.000	0.364	0.085	0.010
	2014	0.418	0.276	0.656	0.112	0.101	0.364	0.134	0.015
	2015	0.473	0.283	0.789	0.155	0.143	0.364	0.185	0.020
	2016	0.469	0.279	0.803	0.179	0.185	0.394	0.239	0.025
云 南	2012	0.386	0.206	0.730	0.052	0.000	0.152	0.098	0.006
	2013	0.415	0.235	0.556	0.075	0.050	0.152	0.132	0.016
	2014	0.429	0.250	0.431	0.063	0.067	0.152	0.178	0.021
	2015	0.466	0.288	0.519	0.073	0.101	0.152	0.230	0.027
	2016	0.500	0.319	0.606	0.056	0.134	0.273	0.285	0.032
陕 西	2012	0.048	0.075	0.914	0.077	0.185	0.394	0.089	0.009
	2013	0.070	0.102	0.769	0.074	0.202	0.364	0.129	0.018
	2014	0.092	0.123	0.618	0.091	0.261	0.364	0.180	0.024
	2015	0.190	0.199	0.603	0.122	0.286	0.333	0.231	0.030
	2016	0.228	0.231	0.635	0.141	0.336	0.364	0.281	0.035
甘 肃	2012	0.304	0.187	0.647	0.030	0.059	0.545	0.000	0.000
	2013	0.373	0.251	0.522	0.042	0.059	0.667	0.068	0.008
	2014	0.387	0.265	0.478	0.038	0.109	0.697	0.116	0.013
	2015	0.545	0.371	0.564	0.069	0.118	0.727	0.165	0.017
	2016	0.592	0.415	0.611	0.038	0.134	0.697	0.213	0.021
青 海	2012	0.000	0.041	0.400	0.000	0.126	0.333	0.010	0.006
	2013	0.089	0.105	0.000	0.011	0.176	0.364	0.080	0.014
	2014	0.107	0.124	0.138	0.027	0.185	0.394	0.128	0.020
	2015	0.201	0.212	0.071	0.022	0.202	0.394	0.184	0.024
	2016	0.237	0.241	0.109	0.017	0.218	0.424	0.239	0.030

地区	年份	B_{21}	B_{22}	C_{11}	C_{12}	C_{13}	C_{21}	C_{22}	C_{23}
宁夏	2012	0.213	0.224	0.196	0.087	0.143	0.091	0.067	0.012
	2013	0.230	0.244	0.191	0.096	0.168	0.121	0.108	0.022
	2014	0.233	0.252	0.192	0.097	0.202	0.152	0.153	0.028
	2015	0.268	0.274	0.213	0.159	0.218	0.152	0.200	0.033
	2016	0.279	0.293	0.184	0.149	0.252	0.182	0.249	0.038
新疆	2012	0.294	0.103	0.611	0.106	0.210	0.333	0.019	0.013
	2013	0.399	0.197	0.606	0.121	0.235	0.333	0.098	0.024
	2014	0.393	0.201	0.584	0.106	0.261	0.394	0.151	0.030
	2015	0.498	0.279	0.579	0.084	0.277	0.485	0.227	0.035
	2016	0.518	0.288	0.500	0.083	0.294	0.606	0.282	0.040

注：受表格篇幅的限制，这里的指标标准化数值只能保留三位小数，故这里显示数值为 0 的，其实际值并不为 0。

附表 6　合理利用自然资源财税政策效果评价指标标准化数值（3）

地区	年份	C_{24}	D_{11}	D_{12}	D_{13}	D_{21}	D_{22}	D_{31}	D_{32}
北京	2012	0.018	0.956	0.871	0.983	0.014	0.360	0.033	0.985
	2013	0.019	0.960	0.866	0.984	0.021	0.414	0.035	0.988
	2014	0.020	0.964	0.859	0.985	0.045	0.750	0.034	0.993
	2015	0.020	0.969	0.858	0.992	0.062	0.885	0.019	0.636
	2016	0.026	0.991	0.842	0.993	0.061	0.978	0.017	0.997
天津	2012	0.000	0.880	0.934	0.967	0.080	0.053	0.080	0.997
	2013	0.001	0.885	0.932	0.972	0.096	0.078	0.068	0.945
	2014	0.003	0.889	0.926	0.969	0.148	0.104	0.076	0.943
	2015	0.007	0.902	0.922	0.973	0.162	0.164	0.066	0.875
	2016	0.009	0.969	0.924	0.974	0.064	0.048	0.063	0.901
河北	2012	0.675	0.235	0.690	0.000	0.159	0.373	0.856	0.681
	2013	0.680	0.268	0.685	0.051	0.355	0.554	0.906	0.714
	2014	0.690	0.323	0.686	0.081	0.624	0.611	0.900	0.770
	2015	0.697	0.370	0.685	0.226	0.377	0.822	0.983	0.931
	2016	0.699	0.554	0.709	0.273	0.168	0.661	0.911	0.962

地区	年份	C_{24}	D_{11}	D_{12}	D_{13}	D_{21}	D_{22}	D_{31}	D_{32}
山　西	2012	0.290	0.258	0.877	0.366	0.221	0.387	1.000	0.662
	2013	0.301	0.285	0.873	0.333	0.387	0.398	0.979	0.792
	2014	0.301	0.312	0.866	0.340	0.213	0.361	0.972	0.864
	2015	0.302	0.363	0.865	0.305	0.189	0.318	0.869	0.952
	2016	0.304	0.613	0.872	0.370	0.205	0.429	0.686	0.907
内蒙古	2012	0.139	0.210	0.912	0.472	0.126	0.541	0.535	0.849
	2013	0.144	0.225	0.907	0.563	0.437	0.480	0.488	0.890
	2014	0.140	0.252	0.902	0.495	0.543	0.502	0.652	0.933
	2015	0.134	0.299	0.903	0.418	0.303	0.608	0.604	0.961
	2016	0.135	0.648	0.910	0.460	0.280	0.467	0.557	0.981
辽　宁	2012	0.199	0.398	0.763	0.404	0.076	0.113	0.582	0.780
	2013	0.199	0.417	0.768	0.416	0.188	0.123	0.576	0.787
	2014	0.196	0.435	0.737	0.374	0.263	0.123	0.525	0.856
	2015	0.197	0.450	0.740	0.290	0.126	0.246	0.490	0.918
	2016	0.198	0.717	0.775	0.503	0.129	0.080	0.457	0.885
吉　林	2012	0.098	0.777	0.894	0.903	0.031	0.724	0.149	0.070
	2013	0.115	0.790	0.896	0.906	0.057	0.727	0.175	0.329
	2014	0.118	0.795	0.891	0.898	0.107	0.773	0.163	0.346
	2015	0.119	0.800	0.885	0.888	0.077	0.497	0.139	0.738
	2016	0.120	0.901	0.918	0.919	0.061	0.437	0.101	0.765
黑龙江	2012	0.139	0.713	0.847	0.868	0.019	0.413	0.221	0.101
	2013	0.151	0.727	0.857	0.873	0.138	0.444	0.196	0.218
	2014	0.152	0.737	0.861	0.868	0.117	0.400	0.193	0.295
	2015	0.154	0.746	0.862	0.842	0.128	0.547	0.205	0.626
	2016	0.156	0.814	0.873	0.854	0.114	0.265	0.168	0.667
江　苏	2012	0.470	0.437	0.371	0.781	0.269	0.283	0.456	0.930
	2013	0.478	0.466	0.375	0.767	0.414	0.326	0.514	0.955
	2014	0.470	0.487	0.368	0.766	0.336	0.294	0.518	0.967
	2015	0.468	0.528	0.346	0.771	0.434	0.384	0.499	1.000
	2016	0.467	0.681	0.351	0.750	0.523	0.306	0.522	0.998

续表

地区	年份	C₂₄	D₁₁	D₁₂	D₁₃	D₂₁	D₂₂	D₃₁	D₃₂
浙　江	2012	0.259	0.648	0.565	0.909	0.192	0.070	0.193	0.983
	2013	0.264	0.667	0.567	0.912	0.402	0.120	0.194	0.990
	2014	0.261	0.678	0.567	0.907	0.472	0.183	0.204	1.000
	2015	0.249	0.699	0.551	0.908	0.408	0.227	0.202	0.986
	2016	0.238	0.855	0.554	0.913	0.420	0.177	0.187	1.000
安　徽	2012	0.679	0.710	0.746	0.742	0.081	0.200	0.502	0.847
	2013	0.670	0.720	0.733	0.743	0.285	0.219	0.512	0.979
	2014	0.676	0.725	0.727	0.742	0.116	0.161	0.512	0.991
	2015	0.688	0.733	0.718	0.719	0.118	0.193	0.577	0.993
	2016	0.696	0.847	0.761	0.728	0.287	0.202	0.530	0.998
福　建	2012	0.282	0.795	0.744	0.837	0.160	0.070	0.333	0.938
	2013	0.287	0.801	0.741	0.819	0.264	0.080	0.366	0.969
	2014	0.288	0.804	0.740	0.900	0.293	0.071	0.203	0.964
	2015	0.290	0.815	0.744	0.898	0.309	0.195	0.178	0.986
	2016	0.291	0.901	0.765	0.909	0.152	0.352	0.144	0.973
江　西	2012	0.343	0.682	0.804	0.761	0.019	0.154	0.293	0.813
	2013	0.350	0.688	0.798	0.753	0.101	0.135	0.311	0.885
	2014	0.356	0.701	0.797	0.768	0.079	0.043	0.300	0.882
	2015	0.362	0.705	0.780	0.769	0.096	0.098	0.297	0.906
	2016	0.365	0.850	0.783	0.727	0.065	0.234	0.235	0.914
山　东	2012	0.897	0.000	0.501	0.602	0.469	0.249	0.842	0.967
	2013	0.921	0.060	0.484	0.606	0.592	0.384	0.845	0.991
	2014	0.926	0.092	0.463	0.583	1.000	0.179	0.907	1.000
	2015	0.925	0.129	0.413	0.570	0.665	0.253	0.904	1.000
	2016	0.926	0.355	0.470	0.510	0.891	0.277	0.937	1.000
河　南	2012	0.964	0.273	0.583	0.670	0.096	0.146	0.569	0.767
	2013	0.980	0.286	0.574	0.648	0.304	0.103	0.612	0.828
	2014	0.990	0.318	0.563	0.655	0.386	0.100	0.605	0.877
	2015	0.992	0.349	0.551	0.682	0.226	0.249	0.562	0.931
	2016	1.000	0.771	0.585	0.692	0.455	0.251	0.513	0.979
湖　北	2012	0.453	0.650	0.707	0.839	0.097	0.232	0.276	0.511
	2013	0.447	0.664	0.703	0.826	0.170	0.224	0.299	0.750
	2014	0.446	0.673	0.695	0.830	0.178	0.127	0.296	0.832
	2015	0.442	0.691	0.682	0.836	0.103	0.192	0.252	0.854
	2016	0.443	0.845	0.724	0.826	0.254	0.166	0.225	0.928

地区	年份	C₂₄	D₁₁	D₁₂	D₁₃	D₂₁	D₂₂	D₃₁	D₃₂
湖 南	2012	0.631	0.637	0.692	0.828	0.119	0.259	0.249	0.914
	2013	0.672	0.639	0.689	0.835	0.157	0.279	0.240	0.931
	2014	0.668	0.650	0.686	0.854	0.114	0.279	0.210	0.995
	2015	0.664	0.666	0.681	0.850	0.177	0.245	0.223	0.997
	2016	0.673	0.810	0.698	0.890	0.081	0.268	0.189	0.998
广 东	2012	0.451	0.548	0.109	0.875	0.191	0.385	0.249	0.642
	2013	0.470	0.570	0.083	0.877	0.222	0.498	0.240	0.736
	2014	0.483	0.588	0.036	0.882	0.260	0.300	0.234	0.767
	2015	0.502	0.618	0.029	0.883	0.238	0.224	0.244	0.856
	2016	0.511	0.806	0.000	0.883	0.179	0.153	0.234	0.935
广 西	2012	0.309	0.719	0.756	0.831	0.052	0.104	0.258	0.966
	2013	0.328	0.737	0.778	0.838	0.121	0.102	0.260	0.938
	2014	0.338	0.740	0.785	0.830	0.118	0.201	0.242	0.921
	2015	0.344	0.767	0.784	0.853	0.167	0.204	0.209	0.978
	2016	0.350	0.894	0.813	0.854	0.084	0.112	0.214	0.983
海 南	2012	0.038	0.990	0.983	0.999	0.025	0.180	0.001	0.998
	2013	0.038	0.991	0.984	0.998	0.016	0.172	0.003	0.998
	2014	0.039	0.991	0.981	0.996	0.031	0.130	0.003	0.997
	2015	0.040	0.991	0.981	0.998	0.000	0.232	0.003	0.997
	2016	0.041	1.000	0.976	1.000	0.002	0.271	0.000	0.998
重 庆	2012	0.217	0.684	0.879	0.938	0.018	0.632	0.118	0.988
	2013	0.215	0.694	0.868	0.937	0.047	0.517	0.124	0.990
	2014	0.213	0.706	0.865	0.939	0.026	0.386	0.122	0.986
	2015	0.213	0.724	0.860	0.945	0.033	0.510	0.111	0.976
	2016	0.214	0.843	0.803	0.955	0.017	0.437	0.082	1.000
四 川	2012	0.570	0.511	0.714	0.716	0.069	0.220	0.292	0.799
	2013	0.606	0.538	0.688	0.698	0.125	0.238	0.278	0.914
	2014	0.609	0.550	0.662	0.692	0.156	0.217	0.298	0.921
	2015	0.610	0.595	0.651	0.735	0.075	0.164	0.264	0.945
	2016	0.617	0.728	0.639	0.747	0.073	0.120	0.220	0.976
贵 州	2012	0.244	0.409	0.924	0.834	0.079	0.194	0.231	0.861
	2013	0.291	0.440	0.922	0.826	0.130	0.139	0.197	0.866
	2014	0.312	0.475	0.903	0.844	0.122	0.199	0.205	0.885
	2015	0.325	0.517	0.901	0.851	0.067	0.209	0.204	0.894
	2016	0.336	0.636	0.914	0.836	0.031	0.336	0.216	0.909

续表

地区	年份	C_{24}	D_{11}	D_{12}	D_{13}	D_{21}	D_{22}	D_{31}	D_{32}
云　南	2012	0.419	0.622	0.856	0.653	0.131	0.300	0.386	0.703
	2013	0.429	0.627	0.853	0.653	0.161	0.238	0.410	0.787
	2014	0.431	0.642	0.852	0.687	0.164	0.210	0.350	0.871
	2015	0.450	0.673	0.835	0.695	0.144	0.303	0.349	0.828
	2016	0.451	0.706	0.826	0.717	0.081	0.338	0.324	0.880
陕　西	2012	0.336	0.523	0.883	0.848	0.184	0.300	0.210	0.803
	2013	0.336	0.544	0.880	0.842	0.288	0.339	0.227	0.938
	2014	0.338	0.559	0.865	0.815	0.229	0.302	0.262	0.928
	2015	0.338	0.585	0.840	0.801	0.190	0.447	0.294	0.966
	2016	0.340	0.826	0.842	0.816	0.130	0.314	0.321	0.974
甘　肃	2012	0.226	0.679	0.955	0.860	0.141	0.459	0.169	0.000
	2013	0.239	0.685	0.953	0.877	0.120	0.346	0.154	0.010
	2014	0.240	0.677	0.952	0.872	0.116	0.312	0.144	0.358
	2015	0.239	0.680	0.951	0.879	0.020	0.394	0.143	0.386
	2016	0.242	0.853	0.952	0.895	0.069	0.346	0.121	0.533
青　海	2012	0.024	0.921	1.000	0.735	0.006	0.530	0.331	0.815
	2013	0.026	0.919	1.000	0.734	0.012	0.922	0.329	0.619
	2014	0.028	0.921	0.999	0.733	0.044	0.629	0.339	0.765
	2015	0.030	0.923	0.998	0.679	0.026	1.000	0.351	0.780
	2016	0.030	0.944	0.994	0.683	0.059	0.773	0.355	0.937
宁　夏	2012	0.019	0.775	0.981	0.942	0.040	0.601	0.092	0.496
	2013	0.019	0.785	0.982	0.935	0.109	0.476	0.109	0.871
	2014	0.019	0.792	0.983	0.926	0.185	0.450	0.136	0.885
	2015	0.020	0.803	0.989	0.931	0.065	0.578	0.096	0.827
	2016	0.020	0.873	0.987	0.927	0.163	0.322	0.084	0.971
新　疆	2012	0.094	0.550	0.922	0.833	0.047	0.187	0.192	0.635
	2013	0.095	0.531	0.914	0.802	0.147	0.161	0.230	0.624
	2014	0.095	0.517	0.912	0.835	0.216	0.134	0.206	0.690
	2015	0.095	0.560	0.915	0.847	0.103	0.073	0.196	0.672
	2016	0.097	0.732	0.921	0.819	0.095	0.000	0.196	0.714

　　注：受表格篇幅的限制，这里的指标标准化数值只能保留三位小数，故这里显示数值为 0 的，其实际值并不为 0。

附表 7　合理利用自然资源财税政策效果评价指标比重数值（1）

地区	年份	A_{11}	A_{12}	A_{13}	A_{21}	A_{22}	B_{11}	B_{12}	B_{13}
北 京	2012	0.001	0.000	0.000	0.009	0.008	0.010	0.016	0.002
	2013	0.001	0.000	0.000	0.010	0.009	0.011	0.017	0.002
	2014	0.001	0.000	0.000	0.010	0.009	0.012	0.019	0.003
	2015	0.001	0.000	0.000	0.010	0.009	0.014	0.020	0.003
	2016	0.000	0.000	0.000	0.010	0.009	0.015	0.023	0.003
天 津	2012	0.001	0.001	0.001	0.008	0.008	0.005	0.017	0.005
	2013	0.001	0.001	0.000	0.009	0.008	0.006	0.019	0.005
	2014	0.001	0.001	0.000	0.009	0.009	0.007	0.020	0.005
	2015	0.001	0.001	0.000	0.009	0.009	0.008	0.021	0.005
	2016	0.000	0.001	0.000	0.009	0.009	0.008	0.022	0.005
河 北	2012	0.002	0.005	0.001	0.005	0.006	0.006	0.004	0.010
	2013	0.002	0.005	0.001	0.006	0.007	0.007	0.004	0.010
	2014	0.002	0.005	0.000	0.006	0.007	0.007	0.005	0.010
	2015	0.002	0.005	0.000	0.006	0.007	0.008	0.005	0.010
	2016	0.002	0.005	0.001	0.007	0.007	0.008	0.005	0.010
山 西	2012	0.061	0.006	0.001	0.003	0.006	0.004	0.003	0.004
	2013	0.061	0.006	0.001	0.003	0.006	0.005	0.004	0.004
	2014	0.062	0.006	0.001	0.003	0.006	0.005	0.004	0.004
	2015	0.062	0.006	0.001	0.004	0.006	0.004	0.004	0.003
	2016	0.061	0.006	0.001	0.004	0.006	0.004	0.004	0.003
内蒙古	2012	0.041	0.023	0.006	0.004	0.006	0.004	0.010	0.006
	2013	0.047	0.023	0.012	0.006	0.006	0.005	0.011	0.006
	2014	0.050	0.023	0.007	0.006	0.006	0.005	0.012	0.006
	2015	0.050	0.023	0.006	0.006	0.006	0.005	0.012	0.006
	2016	0.051	0.023	0.005	0.006	0.006	0.006	0.012	0.005
辽 宁	2012	0.006	0.007	0.004	0.006	0.008	0.009	0.009	0.009
	2013	0.005	0.007	0.003	0.007	0.008	0.010	0.010	0.009
	2014	0.005	0.007	0.001	0.007	0.008	0.009	0.011	0.010
	2015	0.005	0.007	0.001	0.007	0.008	0.006	0.011	0.009
	2016	0.005	0.007	0.002	0.007	0.008	0.006	0.007	0.005
吉 林	2012	0.001	0.015	0.005	0.007	0.008	0.003	0.006	0.004
	2013	0.001	0.015	0.007	0.008	0.008	0.003	0.006	0.004
	2014	0.001	0.015	0.003	0.008	0.009	0.003	0.007	0.005
	2015	0.001	0.015	0.004	0.008	0.009	0.003	0.007	0.005
	2016	0.001	0.016	0.005	0.009	0.009	0.003	0.008	0.004

续表

地区	年份	A_{11}	A_{12}	A_{13}	A_{21}	A_{22}	B_{11}	B_{12}	B_{13}
黑龙江	2012	0.004	0.025	0.007	0.006	0.008	0.003	0.004	0.004
	2013	0.004	0.026	0.011	0.007	0.008	0.003	0.004	0.004
	2014	0.004	0.026	0.007	0.007	0.008	0.003	0.005	0.003
	2015	0.004	0.026	0.006	0.007	0.008	0.003	0.005	0.003
	2016	0.004	0.026	0.007	0.008	0.008	0.003	0.005	0.003
江苏	2012	0.000	0.003	0.001	0.009	0.007	0.018	0.011	0.019
	2013	0.000	0.003	0.001	0.009	0.007	0.020	0.013	0.020
	2014	0.000	0.003	0.001	0.009	0.008	0.022	0.014	0.021
	2015	0.000	0.003	0.002	0.009	0.008	0.024	0.016	0.022
	2016	0.000	0.003	0.003	0.009	0.008	0.024	0.018	0.024
浙江	2012	0.000	0.002	0.008	0.009	0.007	0.010	0.010	0.012
	2013	0.000	0.002	0.005	0.009	0.007	0.011	0.011	0.012
	2014	0.000	0.002	0.006	0.009	0.007	0.012	0.012	0.013
	2015	0.000	0.002	0.008	0.009	0.008	0.014	0.013	0.013
	2016	0.000	0.002	0.007	0.009	0.008	0.016	0.015	0.015
安徽	2012	0.004	0.006	0.003	0.008	0.008	0.005	0.002	0.006
	2013	0.004	0.006	0.003	0.008	0.008	0.006	0.003	0.007
	2014	0.004	0.005	0.004	0.008	0.008	0.006	0.003	0.007
	2015	0.004	0.005	0.004	0.008	0.008	0.007	0.004	0.007
	2016	0.004	0.005	0.006	0.009	0.008	0.008	0.005	0.008
福建	2012	0.001	0.002	0.012	0.008	0.008	0.005	0.008	0.006
	2013	0.000	0.002	0.009	0.009	0.008	0.006	0.009	0.007
	2014	0.000	0.002	0.010	0.009	0.008	0.007	0.010	0.008
	2015	0.000	0.002	0.011	0.009	0.008	0.007	0.011	0.008
	2016	0.000	0.002	0.017	0.009	0.008	0.008	0.013	0.009
江西	2012	0.000	0.004	0.015	0.008	0.008	0.004	0.002	0.004
	2013	0.000	0.004	0.010	0.008	0.008	0.004	0.003	0.005
	2014	0.000	0.004	0.011	0.009	0.008	0.005	0.003	0.005
	2015	0.000	0.004	0.014	0.009	0.008	0.006	0.004	0.005
	2016	0.000	0.004	0.015	0.009	0.008	0.006	0.005	0.005
山东	2012	0.002	0.004	0.001	0.007	0.008	0.012	0.007	0.018
	2013	0.002	0.004	0.001	0.008	0.008	0.013	0.009	0.019
	2014	0.002	0.004	0.000	0.008	0.008	0.015	0.010	0.020
	2015	0.002	0.004	0.000	0.008	0.008	0.016	0.010	0.020
	2016	0.002	0.004	0.000	0.008	0.008	0.018	0.011	0.022

续表

地区	年份	A₁₁	A₁₂	A₁₃	A₂₁	A₂₂	B₁₁	B₁₂	B₁₃
河南	2012	0.003	0.005	0.001	0.007	0.007	0.006	0.003	0.012
	2013	0.002	0.005	0.000	0.008	0.007	0.007	0.003	0.012
	2014	0.002	0.005	0.001	0.008	0.008	0.008	0.004	0.012
	2015	0.002	0.005	0.001	0.008	0.008	0.009	0.005	0.012
	2016	0.002	0.005	0.001	0.008	0.008	0.009	0.005	0.013
湖北	2012	0.001	0.005	0.004	0.007	0.008	0.005	0.004	0.007
	2013	0.001	0.005	0.004	0.008	0.008	0.006	0.005	0.008
	2014	0.001	0.005	0.005	0.008	0.008	0.007	0.006	0.008
	2015	0.001	0.005	0.005	0.008	0.008	0.009	0.007	0.009
	2016	0.001	0.005	0.008	0.008	0.008	0.009	0.008	0.010
湖南	2012	0.000	0.003	0.009	0.007	0.008	0.005	0.003	0.007
	2013	0.000	0.003	0.007	0.008	0.008	0.006	0.004	0.008
	2014	0.000	0.003	0.008	0.008	0.008	0.006	0.005	0.008
	2015	0.000	0.003	0.009	0.008	0.008	0.007	0.005	0.008
	2016	0.000	0.003	0.010	0.009	0.009	0.008	0.006	0.009
广东	2012	0.000	0.001	0.006	0.009	0.008	0.019	0.008	0.020
	2013	0.000	0.001	0.006	0.009	0.008	0.021	0.009	0.021
	2014	0.000	0.001	0.005	0.009	0.008	0.024	0.010	0.023
	2015	0.000	0.001	0.005	0.009	0.008	0.028	0.011	0.024
	2016	0.000	0.001	0.007	0.009	0.008	0.031	0.013	0.026
广西	2012	0.000	0.005	0.014	0.007	0.007	0.003	0.002	0.004
	2013	0.000	0.005	0.013	0.008	0.007	0.003	0.003	0.004
	2014	0.001	0.005	0.013	0.008	0.007	0.004	0.003	0.004
	2015	0.001	0.005	0.016	0.008	0.008	0.004	0.004	0.005
	2016	0.001	0.005	0.014	0.008	0.008	0.004	0.004	0.005
海南	2012	0.001	0.005	0.013	0.008	0.008	0.001	0.003	0.000
	2013	0.001	0.005	0.017	0.008	0.008	0.001	0.004	0.000
	2014	0.001	0.004	0.013	0.008	0.008	0.001	0.004	0.000
	2015	0.001	0.004	0.007	0.008	0.008	0.001	0.005	0.000
	2016	0.001	0.004	0.017	0.009	0.008	0.001	0.006	0.000
重庆	2012	0.002	0.005	0.005	0.007	0.008	0.005	0.004	0.004
	2013	0.002	0.005	0.005	0.008	0.008	0.005	0.005	0.003
	2014	0.002	0.005	0.007	0.008	0.008	0.005	0.007	0.004
	2015	0.002	0.004	0.005	0.008	0.008	0.006	0.008	0.004
	2016	0.002	0.004	0.006	0.009	0.008	0.006	0.009	0.005

地区	年份	A_{11}	A_{12}	A_{13}	A_{21}	A_{22}	B_{11}	B_{12}	B_{13}
四 川	2012	0.003	0.005	0.011	0.007	0.008	0.007	0.002	0.008
	2013	0.003	0.005	0.009	0.007	0.008	0.008	0.003	0.009
	2014	0.003	0.005	0.010	0.008	0.008	0.009	0.004	0.009
	2015	0.003	0.005	0.008	0.008	0.008	0.010	0.004	0.008
	2016	0.003	0.005	0.009	0.008	0.008	0.010	0.005	0.008
贵 州	2012	0.005	0.008	0.009	0.003	0.005	0.003	0.000	0.001
	2013	0.006	0.008	0.007	0.004	0.005	0.003	0.001	0.002
	2014	0.007	0.008	0.011	0.005	0.006	0.004	0.002	0.002
	2015	0.008	0.007	0.010	0.005	0.006	0.004	0.002	0.002
	2016	0.008	0.007	0.009	0.006	0.006	0.004	0.003	0.003
云 南	2012	0.004	0.008	0.011	0.006	0.006	0.004	0.001	0.002
	2013	0.004	0.008	0.011	0.006	0.006	0.004	0.001	0.003
	2014	0.004	0.008	0.011	0.007	0.006	0.005	0.002	0.003
	2015	0.004	0.008	0.012	0.007	0.007	0.005	0.002	0.003
	2016	0.004	0.008	0.014	0.007	0.007	0.005	0.003	0.003
陕 西	2012	0.008	0.006	0.003	0.007	0.008	0.004	0.004	0.005
	2013	0.007	0.006	0.003	0.008	0.008	0.005	0.005	0.006
	2014	0.007	0.006	0.003	0.008	0.008	0.005	0.006	0.006
	2015	0.009	0.006	0.003	0.008	0.008	0.006	0.006	0.006
	2016	0.011	0.006	0.002	0.008	0.008	0.005	0.007	0.006
甘 肃	2012	0.004	0.013	0.003	0.004	0.005	0.001	0.001	0.001
	2013	0.004	0.013	0.003	0.005	0.005	0.001	0.001	0.001
	2014	0.004	0.012	0.002	0.005	0.005	0.001	0.002	0.001
	2015	0.004	0.012	0.002	0.006	0.005	0.002	0.002	0.001
	2016	0.003	0.012	0.002	0.006	0.006	0.002	0.002	0.001
青 海	2012	0.008	0.006	0.049	0.001	0.000	0.000	0.003	0.000
	2013	0.006	0.006	0.035	0.001	0.000	0.000	0.004	0.000
	2014	0.006	0.006	0.043	0.001	0.000	0.000	0.005	0.000
	2015	0.006	0.006	0.031	0.002	0.002	0.000	0.005	0.000
	2016	0.006	0.006	0.032	0.003	0.003	0.000	0.006	0.000
宁 夏	2012	0.012	0.012	0.000	0.000	0.000	0.000	0.004	0.000
	2013	0.014	0.012	0.000	0.001	0.000	0.000	0.005	0.000
	2014	0.014	0.012	0.000	0.001	0.000	0.000	0.005	0.000
	2015	0.014	0.012	0.000	0.001	0.001	0.001	0.006	0.000
	2016	0.013	0.011	0.000	0.001	0.001	0.001	0.006	0.000

地区	年份	A_{11}	A_{12}	A_{13}	A_{21}	A_{22}	B_{11}	B_{12}	B_{13}
新　疆	2012	0.018	0.014	0.012	0.002	0.005	0.002	0.003	0.002
	2013	0.018	0.014	0.013	0.002	0.004	0.003	0.004	0.002
	2014	0.018	0.014	0.010	0.002	0.004	0.003	0.005	0.002
	2015	0.018	0.013	0.012	0.002	0.003	0.004	0.005	0.002
	2016	0.018	0.013	0.014	0.003	0.003	0.003	0.005	0.002

注：受表格篇幅的限制，这里的指标比重数值只能保留三位小数，故这里显示数值为 0 的，其实际值并不为 0。

附表 8　合理利用自然资源财税政策效果评价指标比重数值（2）

地区	年份	B_{21}	B_{22}	C_{11}	C_{12}	C_{13}	C_{21}	C_{22}	C_{23}
北　京	2012	0.020	0.024	0.007	0.027	0.019	0.018	0.013	0.012
	2013	0.021	0.025	0.006	0.028	0.039	0.019	0.019	0.013
	2014	0.021	0.025	0.006	0.031	0.021	0.018	0.022	0.014
	2015	0.022	0.026	0.005	0.024	0.022	0.018	0.025	0.016
	2016	0.022	0.026	0.004	0.021	0.023	0.018	0.028	0.018
天　津	2012	0.003	0.008	0.008	0.016	0.006	0.005	0.009	0.009
	2013	0.004	0.009	0.008	0.017	0.015	0.005	0.008	0.011
	2014	0.005	0.010	0.008	0.017	0.007	0.006	0.010	0.012
	2015	0.006	0.011	0.006	0.017	0.007	0.006	0.012	0.014
	2016	0.009	0.013	0.004	0.015	0.008	0.006	0.014	0.015
河　北	2012	0.003	0.002	0.011	0.003	0.002	0.005	0.002	0.004
	2013	0.003	0.003	0.009	0.003	0.003	0.005	0.004	0.005
	2014	0.004	0.003	0.008	0.003	0.004	0.005	0.005	0.006
	2015	0.005	0.005	0.008	0.001	0.005	0.005	0.006	0.007
	2016	0.006	0.006	0.009	0.003	0.006	0.005	0.008	0.007
山　西	2012	0.001	0.004	0.010	0.003	0.006	0.007	0.002	0.002
	2013	0.003	0.006	0.008	0.008	0.007	0.008	0.004	0.003
	2014	0.005	0.007	0.006	0.006	0.007	0.006	0.005	0.004
	2015	0.010	0.012	0.008	0.003	0.007	0.006	0.006	0.005
	2016	0.011	0.013	0.008	0.002	0.008	0.006	0.007	0.006
内蒙古	2012	0.001	0.002	0.003	0.001	0.007	0.005	0.004	0.003
	2013	0.002	0.003	0.002	0.001	0.008	0.005	0.006	0.004
	2014	0.004	0.005	0.002	0.001	0.008	0.005	0.008	0.005
	2015	0.004	0.005	0.003	0.001	0.009	0.005	0.009	0.006
	2016	0.006	0.007	0.002	0.001	0.010	0.005	0.011	0.007

续表

地区	年份	B_{21}	B_{22}	C_{11}	C_{12}	C_{13}	C_{21}	C_{22}	C_{23}
辽宁	2012	0.003	0.004	0.006	0.009	0.007	0.005	0.004	0.005
	2013	0.004	0.005	0.003	0.009	0.008	0.006	0.007	0.006
	2014	0.004	0.006	0.002	0.008	0.007	0.006	0.008	0.007
	2015	0.007	0.008	0.004	0.005	0.008	0.006	0.010	0.008
	2016	0.011	0.011	0.004	0.004	0.009	0.004	0.011	0.008
吉林	2012	0.002	0.002	0.008	0.002	0.005	0.005	0.002	0.004
	2013	0.003	0.003	0.005	0.004	0.006	0.005	0.003	0.005
	2014	0.003	0.003	0.004	0.003	0.006	0.006	0.004	0.006
	2015	0.004	0.004	0.005	0.004	0.007	0.006	0.005	0.007
	2016	0.006	0.006	0.004	0.003	0.008	0.006	0.007	0.008
黑龙江	2012	0.008	0.005	0.007	0.003	0.005	0.002	0.000	0.004
	2013	0.010	0.006	0.005	0.003	0.006	0.001	0.003	0.005
	2014	0.012	0.008	0.005	0.003	0.006	0.000	0.004	0.006
	2015	0.015	0.010	0.004	0.002	0.007	0.000	0.005	0.007
	2016	0.017	0.012	0.003	0.002	0.007	0.002	0.006	0.007
江苏	2012	0.004	0.007	0.009	0.017	0.005	0.008	0.009	0.008
	2013	0.005	0.008	0.008	0.018	0.007	0.009	0.010	0.009
	2014	0.006	0.008	0.008	0.018	0.007	0.009	0.012	0.010
	2015	0.007	0.009	0.008	0.018	0.008	0.009	0.014	0.012
	2016	0.007	0.010	0.008	0.018	0.009	0.009	0.016	0.013
浙江	2012	0.004	0.008	0.011	0.019	0.008	0.009	0.012	0.010
	2013	0.006	0.009	0.010	0.019	0.012	0.009	0.014	0.013
	2014	0.006	0.009	0.010	0.019	0.010	0.009	0.016	0.015
	2015	0.007	0.010	0.009	0.017	0.012	0.009	0.018	0.017
	2016	0.007	0.011	0.009	0.018	0.013	0.009	0.021	0.018
安徽	2012	0.002	0.001	0.008	0.010	0.001	0.005	0.003	0.003
	2013	0.002	0.002	0.007	0.011	0.000	0.006	0.004	0.004
	2014	0.003	0.002	0.006	0.012	0.003	0.007	0.005	0.005
	2015	0.005	0.004	0.006	0.012	0.003	0.008	0.007	0.006
	2016	0.005	0.005	0.006	0.023	0.004	0.007	0.008	0.007
福建	2012	0.003	0.004	0.011	0.007	0.004	0.005	0.008	0.005
	2013	0.003	0.005	0.009	0.007	0.006	0.005	0.008	0.007
	2014	0.003	0.005	0.009	0.008	0.006	0.006	0.009	0.008
	2015	0.004	0.006	0.009	0.007	0.006	0.005	0.011	0.009
	2016	0.005	0.006	0.008	0.007	0.007	0.003	0.013	0.010

续表

地区	年份	B₂₁	B₂₂	C₁₁	C₁₂	C₁₃	C₂₁	C₂₂	C₂₃
江西	2012	0.002	0.002	0.010	0.002	0.001	0.009	0.002	0.003
	2013	0.002	0.002	0.009	0.004	0.001	0.007	0.003	0.005
	2014	0.003	0.003	0.008	0.005	0.003	0.007	0.005	0.006
	2015	0.004	0.004	0.008	0.006	0.003	0.006	0.006	0.007
	2016	0.006	0.006	0.008	0.007	0.004	0.006	0.008	0.008
山东	2012	0.004	0.005	0.012	0.008	0.006	0.007	0.006	0.005
	2013	0.005	0.006	0.011	0.009	0.008	0.007	0.007	0.006
	2014	0.005	0.007	0.010	0.008	0.008	0.007	0.008	0.007
	2015	0.006	0.008	0.010	0.007	0.009	0.006	0.010	0.008
	2016	0.007	0.008	0.011	0.007	0.009	0.006	0.012	0.009
河南	2012	0.001	0.000	0.012	0.004	0.003	0.008	0.002	0.003
	2013	0.003	0.002	0.011	0.004	0.002	0.008	0.003	0.004
	2014	0.004	0.003	0.010	0.004	0.005	0.009	0.005	0.005
	2015	0.005	0.005	0.009	0.003	0.006	0.009	0.006	0.006
	2016	0.006	0.006	0.008	0.004	0.007	0.009	0.007	0.007
湖北	2012	0.004	0.003	0.009	0.005	0.005	0.004	0.003	0.003
	2013	0.006	0.005	0.006	0.006	0.005	0.006	0.004	0.005
	2014	0.006	0.006	0.006	0.012	0.007	0.008	0.005	0.006
	2015	0.007	0.006	0.005	0.011	0.009	0.011	0.007	0.007
	2016	0.007	0.007	0.006	0.013	0.009	0.012	0.008	0.008
湖南	2012	0.006	0.004	0.010	0.003	0.003	0.002	0.003	0.003
	2013	0.006	0.005	0.007	0.003	0.003	0.002	0.005	0.004
	2014	0.007	0.006	0.007	0.003	0.005	0.002	0.007	0.006
	2015	0.008	0.007	0.006	0.003	0.006	0.002	0.008	0.006
	2016	0.009	0.008	0.006	0.003	0.007	0.002	0.010	0.007
广东	2012	0.005	0.008	0.010	0.015	0.004	0.011	0.009	0.006
	2013	0.006	0.009	0.011	0.019	0.009	0.012	0.009	0.007
	2014	0.006	0.010	0.010	0.013	0.006	0.012	0.010	0.008
	2015	0.007	0.010	0.006	0.021	0.007	0.011	0.012	0.009
	2016	0.008	0.011	0.007	0.027	0.008	0.011	0.014	0.140
广西	2012	0.006	0.002	0.010	0.005	0.004	0.006	0.003	0.001
	2013	0.006	0.003	0.009	0.006	0.003	0.007	0.004	0.003
	2014	0.006	0.004	0.009	0.006	0.006	0.007	0.005	0.004
	2015	0.007	0.004	0.009	0.003	0.007	0.009	0.006	0.005
	2016	0.007	0.005	0.009	0.002	0.008	0.009	0.008	0.006

地区	年份	B_{21}	B_{22}	C_{11}	C_{12}	C_{13}	C_{21}	C_{22}	C_{23}
海 南	2012	0.017	0.008	0.007	0.004	0.005	0.014	0.003	0.003
	2013	0.019	0.011	0.007	0.004	0.006	0.013	0.004	0.004
	2014	0.019	0.011	0.006	0.003	0.007	0.013	0.005	0.005
	2015	0.019	0.012	0.007	0.002	0.008	0.013	0.006	0.006
	2016	0.020	0.012	0.006	0.003	0.009	0.012	0.008	0.007
重 庆	2012	0.003	0.004	0.005	0.002	0.003	0.007	0.004	0.003
	2013	0.007	0.008	0.004	0.004	0.002	0.006	0.004	0.004
	2014	0.007	0.008	0.004	0.003	0.005	0.006	0.006	0.005
	2015	0.007	0.009	0.004	0.003	0.006	0.005	0.007	0.006
	2016	0.008	0.009	0.004	0.004	0.007	0.005	0.009	0.007
四 川	2012	0.003	0.002	0.008	0.003	0.004	0.003	0.002	0.002
	2013	0.004	0.003	0.007	0.003	0.004	0.002	0.004	0.004
	2014	0.005	0.004	0.006	0.003	0.007	0.002	0.005	0.005
	2015	0.008	0.007	0.007	0.004	0.007	0.002	0.006	0.006
	2016	0.010	0.009	0.006	0.004	0.008	0.002	0.008	0.007
贵 州	2012	0.011	0.009	0.008	0.002	0.000	0.007	0.001	0.000
	2013	0.010	0.009	0.008	0.003	0.000	0.007	0.002	0.001
	2014	0.009	0.007	0.008	0.003	0.004	0.007	0.004	0.002
	2015	0.010	0.007	0.010	0.005	0.006	0.007	0.005	0.003
	2016	0.010	0.007	0.010	0.006	0.007	0.007	0.007	0.004
云 南	2012	0.008	0.005	0.009	0.002	0.000	0.003	0.003	0.001
	2013	0.009	0.006	0.007	0.002	0.002	0.003	0.004	0.002
	2014	0.009	0.006	0.005	0.002	0.003	0.003	0.005	0.003
	2015	0.010	0.007	0.006	0.002	0.004	0.003	0.006	0.004
	2016	0.011	0.008	0.007	0.002	0.005	0.005	0.008	0.004
陕 西	2012	0.001	0.002	0.011	0.002	0.007	0.007	0.002	0.001
	2013	0.002	0.003	0.009	0.002	0.008	0.007	0.004	0.003
	2014	0.002	0.003	0.007	0.003	0.010	0.007	0.005	0.003
	2015	0.004	0.005	0.007	0.004	0.011	0.006	0.006	0.004
	2016	0.005	0.006	0.008	0.004	0.013	0.007	0.008	0.005
甘 肃	2012	0.007	0.005	0.008	0.001	0.002	0.010	0.000	0.000
	2013	0.008	0.007	0.006	0.001	0.002	0.013	0.002	0.001
	2014	0.009	0.007	0.006	0.001	0.004	0.013	0.003	0.002
	2015	0.012	0.010	0.007	0.002	0.005	0.014	0.005	0.002
	2016	0.013	0.011	0.007	0.001	0.005	0.013	0.006	0.003

续表

地区	年份	B₂₁	B₂₂	C₁₁	C₁₂	C₁₃	C₂₁	C₂₂	C₂₃
青 海	2012	0.000	0.001	0.005	0.000	0.005	0.006	0.000	0.001
	2013	0.002	0.003	0.000	0.000	0.007	0.007	0.002	0.002
	2014	0.002	0.003	0.002	0.001	0.007	0.007	0.004	0.003
	2015	0.004	0.006	0.001	0.001	0.008	0.007	0.005	0.003
	2016	0.005	0.006	0.001	0.001	0.008	0.008	0.007	0.004
宁 夏	2012	0.005	0.006	0.002	0.003	0.006	0.002	0.002	0.002
	2013	0.005	0.006	0.002	0.003	0.007	0.002	0.003	0.003
	2014	0.005	0.007	0.002	0.003	0.008	0.003	0.004	0.004
	2015	0.006	0.007	0.003	0.005	0.008	0.003	0.006	0.005
	2016	0.006	0.008	0.002	0.005	0.010	0.003	0.007	0.005
新 疆	2012	0.006	0.003	0.007	0.003	0.008	0.006	0.001	0.002
	2013	0.009	0.005	0.007	0.004	0.009	0.006	0.003	0.003
	2014	0.009	0.005	0.007	0.003	0.010	0.007	0.004	0.004
	2015	0.011	0.007	0.007	0.003	0.011	0.009	0.006	0.005
	2016	0.011	0.007	0.006	0.003	0.011	0.011	0.008	0.006

注：受表格篇幅的限制，这里的指标比重数值只能保留三位小数，故这里显示数值为 0 的，其实际值并不为 0。

附表 9　合理利用自然资源财税政策效果评价指标比重数值（3）

地区	年份	C₂₄	D₁₁	D₁₂	D₁₃	D₂₁	D₂₂	D₃₁	D₃₂
北 京	2012	0.000	0.010	0.008	0.009	0.001	0.008	0.001	0.008
	2013	0.000	0.010	0.008	0.009	0.001	0.009	0.001	0.008
	2014	0.000	0.010	0.008	0.009	0.002	0.016	0.001	0.008
	2015	0.000	0.010	0.008	0.009	0.002	0.019	0.000	0.005
	2016	0.001	0.010	0.008	0.009	0.002	0.021	0.000	0.008
天 津	2012	0.000	0.009	0.008	0.009	0.003	0.001	0.002	0.008
	2013	0.000	0.009	0.008	0.009	0.004	0.002	0.001	0.008
	2014	0.000	0.009	0.008	0.009	0.006	0.002	0.002	0.008
	2015	0.000	0.010	0.008	0.009	0.006	0.004	0.001	0.007
	2016	0.000	0.010	0.008	0.009	0.002	0.001	0.001	0.007
河 北	2012	0.014	0.002	0.006	0.000	0.006	0.008	0.018	0.006
	2013	0.014	0.003	0.006	0.000	0.014	0.012	0.019	0.006
	2014	0.014	0.003	0.006	0.001	0.024	0.013	0.019	0.006
	2015	0.014	0.004	0.006	0.002	0.014	0.018	0.021	0.008
	2016	0.014	0.006	0.006	0.002	0.006	0.014	0.019	0.008

续表

地区	年份	C_{24}	D_{11}	D_{12}	D_{13}	D_{21}	D_{22}	D_{31}	D_{32}
山　西	2012	0.006	0.003	0.008	0.003	0.008	0.008	0.021	0.005
	2013	0.006	0.003	0.008	0.003	0.015	0.009	0.021	0.007
	2014	0.006	0.003	0.008	0.003	0.008	0.008	0.020	0.007
	2015	0.006	0.004	0.008	0.003	0.007	0.007	0.018	0.008
	2016	0.006	0.006	0.008	0.003	0.008	0.009	0.014	0.007
内蒙古	2012	0.003	0.002	0.008	0.004	0.005	0.012	0.011	0.007
	2013	0.003	0.002	0.008	0.005	0.017	0.010	0.010	0.007
	2014	0.003	0.003	0.008	0.004	0.021	0.011	0.014	0.008
	2015	0.003	0.003	0.008	0.004	0.012	0.013	0.013	0.008
	2016	0.003	0.007	0.008	0.004	0.011	0.010	0.012	0.008
辽　宁	2012	0.004	0.004	0.007	0.004	0.003	0.002	0.012	0.006
	2013	0.004	0.004	0.007	0.004	0.007	0.003	0.012	0.006
	2014	0.004	0.005	0.007	0.003	0.010	0.003	0.011	0.007
	2015	0.004	0.005	0.007	0.003	0.005	0.005	0.010	0.008
	2016	0.004	0.008	0.007	0.005	0.005	0.002	0.010	0.007
吉　林	2012	0.002	0.008	0.008	0.008	0.001	0.016	0.003	0.001
	2013	0.002	0.008	0.008	0.008	0.002	0.016	0.004	0.003
	2014	0.002	0.008	0.008	0.008	0.004	0.017	0.003	0.003
	2015	0.002	0.008	0.008	0.008	0.003	0.011	0.003	0.006
	2016	0.002	0.010	0.008	0.008	0.002	0.009	0.002	0.006
黑龙江	2012	0.003	0.008	0.008	0.008	0.001	0.009	0.005	0.001
	2013	0.003	0.008	0.008	0.008	0.005	0.010	0.004	0.002
	2014	0.003	0.008	0.008	0.008	0.004	0.009	0.004	0.002
	2015	0.003	0.008	0.008	0.008	0.005	0.012	0.004	0.005
	2016	0.003	0.009	0.008	0.008	0.004	0.006	0.004	0.006
江　苏	2012	0.010	0.005	0.003	0.007	0.010	0.006	0.010	0.008
	2013	0.010	0.005	0.003	0.007	0.016	0.007	0.011	0.008
	2014	0.010	0.005	0.003	0.007	0.013	0.006	0.011	0.008
	2015	0.010	0.006	0.003	0.007	0.017	0.008	0.010	0.008
	2016	0.010	0.007	0.003	0.007	0.020	0.007	0.011	0.008
浙　江	2012	0.005	0.007	0.005	0.008	0.007	0.002	0.004	0.008
	2013	0.005	0.007	0.005	0.008	0.015	0.003	0.004	0.008
	2014	0.005	0.007	0.005	0.008	0.018	0.004	0.004	0.008
	2015	0.005	0.007	0.005	0.008	0.016	0.005	0.004	0.008
	2016	0.005	0.009	0.005	0.008	0.016	0.004	0.004	0.008

地区	年份	C_{24}	D_{11}	D_{12}	D_{13}	D_{21}	D_{22}	D_{31}	D_{32}
安　徽	2012	0.014	0.008	0.007	0.007	0.003	0.004	0.011	0.007
	2013	0.014	0.008	0.007	0.007	0.011	0.005	0.011	0.008
	2014	0.014	0.008	0.007	0.007	0.004	0.003	0.011	0.008
	2015	0.014	0.008	0.006	0.007	0.005	0.004	0.012	0.008
	2016	0.014	0.009	0.007	0.007	0.011	0.004	0.011	0.008
福　建	2012	0.006	0.008	0.007	0.008	0.006	0.002	0.007	0.008
	2013	0.006	0.008	0.007	0.007	0.010	0.002	0.008	0.008
	2014	0.006	0.009	0.007	0.008	0.011	0.002	0.004	0.008
	2015	0.006	0.009	0.007	0.008	0.012	0.004	0.004	0.008
	2016	0.006	0.010	0.007	0.008	0.006	0.008	0.003	0.008
江　西	2012	0.007	0.007	0.007	0.007	0.001	0.003	0.006	0.007
	2013	0.007	0.007	0.007	0.007	0.004	0.003	0.007	0.007
	2014	0.007	0.007	0.007	0.007	0.003	0.001	0.006	0.007
	2015	0.007	0.007	0.007	0.007	0.004	0.002	0.006	0.007
	2016	0.007	0.009	0.007	0.007	0.002	0.005	0.005	0.008
山　东	2012	0.018	0.000	0.005	0.005	0.018	0.005	0.018	0.008
	2013	0.019	0.001	0.004	0.005	0.023	0.008	0.018	0.008
	2014	0.019	0.001	0.004	0.005	0.038	0.004	0.019	0.008
	2015	0.019	0.001	0.004	0.005	0.026	0.005	0.019	0.008
	2016	0.019	0.004	0.004	0.005	0.034	0.006	0.020	0.008
河　南	2012	0.020	0.003	0.005	0.006	0.004	0.003	0.012	0.006
	2013	0.020	0.003	0.005	0.006	0.012	0.002	0.013	0.007
	2014	0.020	0.003	0.005	0.006	0.015	0.002	0.013	0.007
	2015	0.020	0.004	0.005	0.006	0.009	0.005	0.012	0.008
	2016	0.020	0.008	0.005	0.006	0.017	0.005	0.011	0.008
湖　北	2012	0.009	0.007	0.006	0.008	0.004	0.005	0.006	0.004
	2013	0.009	0.007	0.006	0.007	0.007	0.005	0.006	0.006
	2014	0.009	0.007	0.006	0.008	0.007	0.003	0.006	0.007
	2015	0.009	0.007	0.006	0.008	0.004	0.004	0.005	0.007
	2016	0.009	0.009	0.007	0.007	0.010	0.004	0.005	0.008
湖　南	2012	0.013	0.007	0.006	0.007	0.005	0.006	0.005	0.008
	2013	0.014	0.007	0.006	0.008	0.006	0.006	0.005	0.008
	2014	0.014	0.007	0.006	0.008	0.004	0.006	0.004	0.008
	2015	0.014	0.007	0.006	0.008	0.007	0.005	0.005	0.008
	2016	0.014	0.009	0.006	0.008	0.003	0.006	0.004	0.008

续表

地区	年份	C_{24}	D_{11}	D_{12}	D_{13}	D_{21}	D_{22}	D_{31}	D_{32}
广　东	2012	0.009	0.006	0.001	0.008	0.007	0.008	0.005	0.005
	2013	0.010	0.006	0.001	0.008	0.009	0.011	0.005	0.006
	2014	0.010	0.006	0.000	0.008	0.010	0.007	0.005	0.006
	2015	0.010	0.007	0.000	0.008	0.009	0.005	0.005	0.007
	2016	0.010	0.009	0.000	0.008	0.007	0.003	0.005	0.008
广　西	2012	0.006	0.008	0.007	0.008	0.002	0.002	0.005	0.008
	2013	0.007	0.008	0.007	0.008	0.005	0.002	0.005	0.008
	2014	0.007	0.008	0.007	0.008	0.005	0.004	0.005	0.008
	2015	0.007	0.008	0.007	0.008	0.006	0.004	0.004	0.008
	2016	0.007	0.009	0.007	0.008	0.003	0.002	0.004	0.008
海　南	2012	0.001	0.010	0.009	0.009	0.001	0.004	0.000	0.008
	2013	0.001	0.010	0.009	0.009	0.001	0.004	0.000	0.008
	2014	0.001	0.010	0.009	0.009	0.001	0.003	0.000	0.008
	2015	0.001	0.010	0.009	0.009	0.000	0.005	0.000	0.008
	2016	0.001	0.011	0.009	0.009	0.000	0.006	0.000	0.008
重　庆	2012	0.004	0.007	0.008	0.008	0.001	0.014	0.002	0.008
	2013	0.004	0.007	0.008	0.008	0.002	0.011	0.003	0.008
	2014	0.004	0.007	0.008	0.008	0.001	0.008	0.003	0.008
	2015	0.004	0.008	0.008	0.009	0.001	0.011	0.002	0.008
	2016	0.004	0.009	0.007	0.009	0.001	0.009	0.002	0.008
四　川	2012	0.012	0.005	0.006	0.006	0.003	0.005	0.006	0.007
	2013	0.012	0.006	0.006	0.006	0.005	0.005	0.006	0.008
	2014	0.012	0.006	0.006	0.006	0.006	0.005	0.006	0.008
	2015	0.012	0.006	0.006	0.007	0.003	0.004	0.006	0.008
	2016	0.013	0.008	0.006	0.007	0.003	0.003	0.005	0.008
贵　州	2012	0.005	0.004	0.008	0.008	0.003	0.004	0.005	0.007
	2013	0.006	0.005	0.008	0.007	0.005	0.003	0.004	0.007
	2014	0.006	0.005	0.008	0.008	0.005	0.004	0.004	0.007
	2015	0.007	0.005	0.008	0.008	0.003	0.005	0.004	0.007
	2016	0.007	0.007	0.008	0.008	0.001	0.007	0.005	0.007
云　南	2012	0.009	0.007	0.008	0.006	0.005	0.007	0.008	0.006
	2013	0.009	0.007	0.008	0.006	0.006	0.005	0.009	0.006
	2014	0.009	0.007	0.008	0.006	0.006	0.005	0.007	0.007
	2015	0.009	0.007	0.008	0.006	0.006	0.007	0.007	0.007
	2016	0.009	0.007	0.007	0.006	0.003	0.007	0.007	0.007

续表

地区	年份	C_{24}	D_{11}	D_{12}	D_{13}	D_{21}	D_{22}	D_{31}	D_{32}
陕 西	2012	0.007	0.006	0.008	0.008	0.007	0.007	0.004	0.007
	2013	0.007	0.006	0.008	0.008	0.011	0.007	0.005	0.008
	2014	0.007	0.006	0.008	0.007	0.009	0.007	0.005	0.008
	2015	0.007	0.006	0.008	0.007	0.007	0.010	0.006	0.008
	2016	0.007	0.009	0.008	0.007	0.005	0.007	0.007	0.008
甘 肃	2012	0.005	0.007	0.009	0.008	0.005	0.010	0.004	0.000
	2013	0.005	0.007	0.009	0.008	0.005	0.008	0.003	0.000
	2014	0.005	0.007	0.009	0.008	0.004	0.007	0.003	0.003
	2015	0.005	0.007	0.009	0.008	0.001	0.009	0.003	0.003
	2016	0.005	0.009	0.009	0.008	0.003	0.008	0.003	0.004
青 海	2012	0.000	0.010	0.009	0.007	0.000	0.012	0.007	0.007
	2013	0.001	0.010	0.009	0.007	0.000	0.020	0.007	0.005
	2014	0.001	0.010	0.009	0.007	0.002	0.014	0.007	0.006
	2015	0.001	0.010	0.009	0.006	0.001	0.022	0.007	0.006
	2016	0.001	0.010	0.009	0.006	0.002	0.017	0.007	0.008
宁 夏	2012	0.000	0.008	0.009	0.009	0.002	0.013	0.002	0.004
	2013	0.000	0.008	0.009	0.008	0.004	0.010	0.002	0.007
	2014	0.000	0.008	0.009	0.008	0.007	0.010	0.003	0.007
	2015	0.000	0.009	0.009	0.008	0.002	0.013	0.002	0.007
	2016	0.000	0.009	0.009	0.008	0.006	0.007	0.002	0.008
新 疆	2012	0.002	0.006	0.008	0.008	0.002	0.004	0.004	0.005
	2013	0.002	0.006	0.008	0.007	0.006	0.004	0.005	0.005
	2014	0.002	0.005	0.008	0.008	0.008	0.003	0.004	0.006
	2015	0.002	0.006	0.008	0.008	0.004	0.002	0.004	0.006
	2016	0.002	0.008	0.008	0.007	0.004	0.000	0.004	0.006

注：受表格篇幅的限制，这里的指标比重数值只能保留三位小数，故这里显示数值为 0 的，其实际值并不为 0。